위대한 한국인

8

경허

부처의 거울 중생의 허공

한길사

위대한 한국인

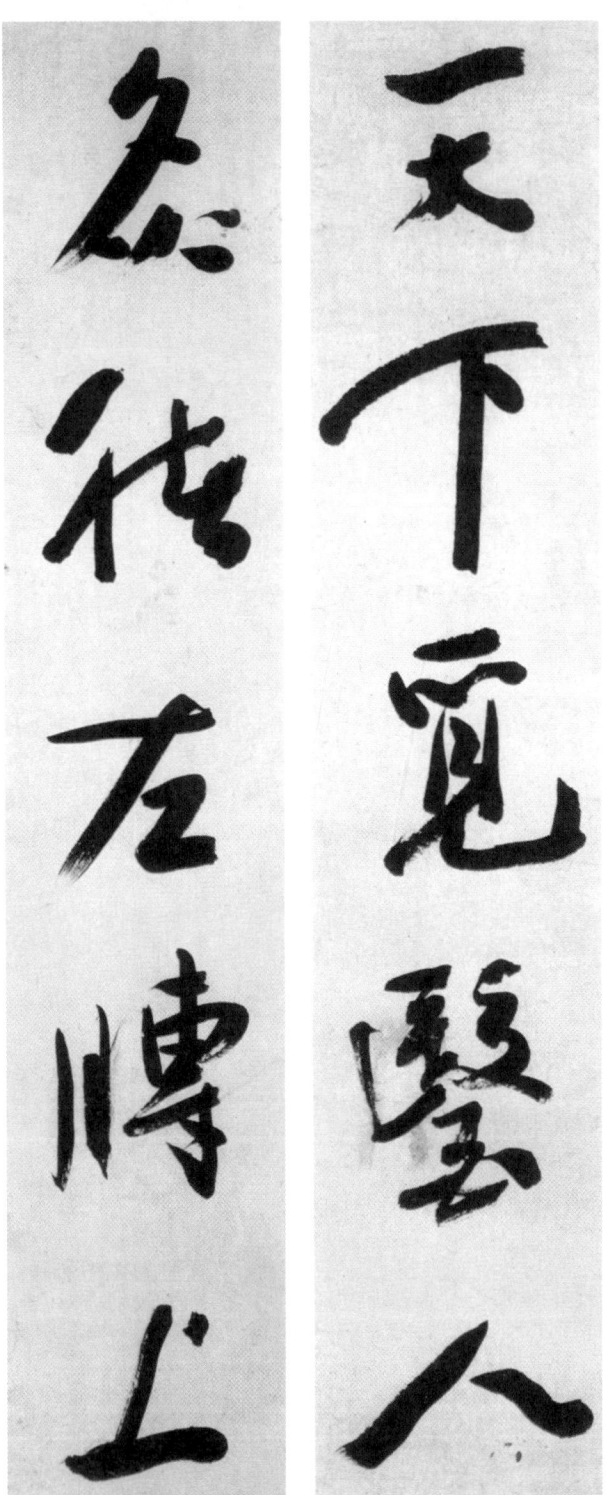

天下覓擊人

左徒左博山

한 손에는 주장자, 다른 한 손에는
붓을 들고서 삿된 법을 깨뜨리고 바른
법을 드러내어 근대선의 르네상스를
꽃피운 경허의 법필.

한국불교사상사에서 원효와 더불어 가장 큰 별로 추앙받는 경허의 진영
(설산 최광익 그림, 덕숭산 금선대 진영각 봉안).

참선은 모름지기 조사의 관문을 뚫어야 하고 묘한 깨달음은 마음길이 끊어져야 하니,
활구 아래 깨달으면 불조의 스승이 되고 사구 아래 깨달으면 자신도 구제하지 못한다.

경허의 법제자 남녘의 하현달
혜월의 진영.

우月慧明大禪師眞影

1902년 늦봄 경허가 혜월에게 준 전법게.

拈得分明

水庫中玄下瀉山龍相途糊文印靑山斷一關你世諦俗提唱無性此見盧舍那無辜有此是歸法了志一切法自性

盧吉螢月

(위)경허의 법제자 천고의 말없는 학 한암의 진영.
(옆)한암 스님이 필사한 『경허집』.

又以禪師之詩詠獎記文君千篇備供同行諸禪

和抄錄印刷行于世

佛紀二千九百五十八年辛未三月十五日

門人漢岩重遠　謹梓

悟道歌

四顧無人衣鉢誰傳衣鉢誰傳四顧無人春山花

笑鳥歌秋夜月白晝情正恁麼時幾唱無生一曲

주제진언 나무 사다 남산 딱신 못다구 죄 딱다 나

라늠좌례 쥬제 시바하

이천흥용진언역 일체액란 개소멸

숙복원 등졔 호쇠 특녕각 도 밀둔

鏡虛南和集 卷之二終

바른 스승은 지혜의 햇불이요 지혜의 문이니,
경허를 크나큰 진리의 수레로 지혜바다에 이르게 한
당시 조선 제일의 강백 만화보선.

확철대오한 후 경허가
선종사에서 그 유례를 찾아볼 수 없는
처절한 오후보임을 하며 성태(聖胎)를 기른 천장암.

경허의 법제자 중천의 보름달
만공의 진영.

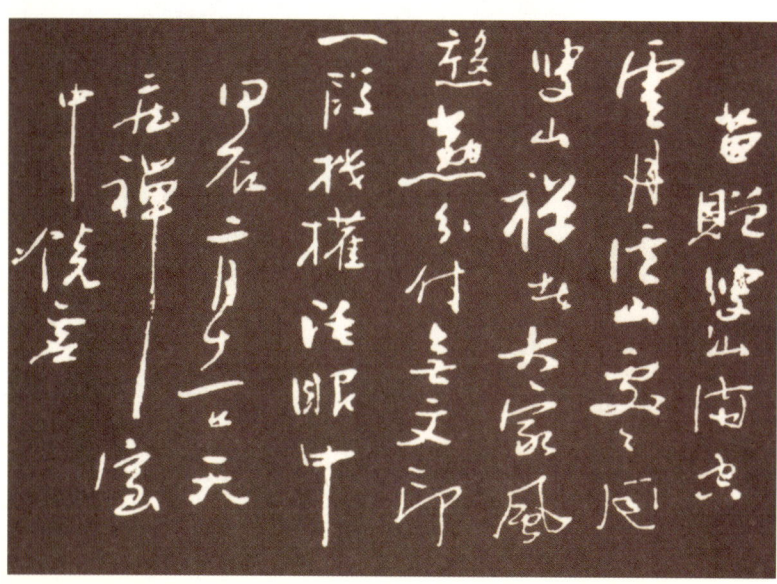

1904년 경허가 만공에게 준 전법게.

(위·아래) 경허 친필. 붓은 말있는 주장자요, 주장자는 말없는 붓이니,
참으로 경허의 붓과 주장자가 아니라면 어찌 '붓다의 길'을 알 수 있겠는가.

시불(詩佛) 경허가 175편의 연작시 「금강산유산가」를 읊으며
그물에 걸리지 않는 바람처럼 무소의 뿔처럼 홀로 소요한 금강산 건봉사.

(위) 경허가 영원한 진리를 깨달아 일체 중생을 제도하려는 목적으로
커다란 내던짐과 위대한 포기를 한 출가사찰 청계사.

(아래) 대소승경전은 물론 유학과 노장까지 연찬하는 한편
대강사로서 명성을 떨치던 동학사 강원.

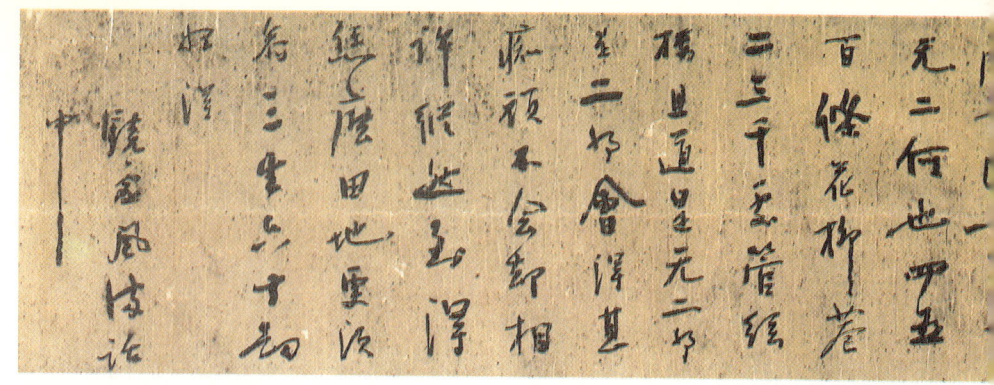

元二何也四五
百條花柳莑
二三千至管絃
稿是道是元二
至二好會澤甚
疾碩不会却相
詐假延玉澤
錐魔田地要次
希三生六十劫
好湩
　鏡虚風甘話

경허와 만공의 법향이 그윽한 덕숭총림 수덕사. 한국 근·현대선의 죽림정사요, 한국선의 중흥도량이다.

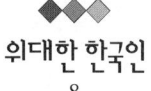

위대한 한국인
8

경허
부처의 거울 중생의 허공

한길사

인간과 우주, 역사의 화두 그리고 경허

• 머리말

우리는 인간과 우주의 본질과 그 실상(實相)에 대한 화두(제1화두)를 갖고 있으며, 문명사적 위기를 극복하고 21세기 인류가 지향해야 할 새로운 사상과 실천 체계를 모색해야 할 역사의 화두(제2화두)를 갖고 있다. 우리는 가장 근원적이고 본질적이며 궁극적인 화두(제1화두)와 문명사적·한국사적 그리고 불교사적으로 가장 절박한 화두(제2화두), 이 두 화두를 함께 풀어야 할 숭고하고도 엄숙한 책임이 있다.

제1화두 : 존재의 본질과 그 실상
제2화두 : 삶과 역사

나는 이 두 화두를 타파하여 인간과 우주의 본질, 그리고 그 실상에 대한 지혜의 눈을 뜨고, 나아가 새 천년의 새 패러다임을 제시하기 위해서는 지혜의 보고인 선사상(禪思想)에 주목해야 한다

고 생각한다. 특히 2500여 년의 불교사상사와 1600여 년의 한국
불교사상사에서 찬란히 빛나는 위대한 인물 가운데 태산북두(泰
山北斗)라 할 수 있는 한국근대선의 중흥조인 경허의 위대한 깨
침과 웅혼한 삶 속에서 새로운 천년의 새로운 패러다임을 모색하
고자 한다.

　경허(鏡虛, 1846~1912)는 한국사에 찬란히 빛나는 거성이자 지
고한 영혼의 거장이며, 한국불교사에 우뚝 솟은 비로봉이자 방
(棒)·할(喝)로 근대선의 르네상스를 꽃피운 대선사(大禪師)이다.
원효(元曉, 617~686)가 한국불교의 첫새벽이라면, 지눌(知訥,
1158~1210)은 한국간화선의 첫새벽이고, 서산(西山, 1520~1604)
은 한국중세선의 첫새벽이며, 경허는 한국근대선의 첫새벽이다.

　역사는 인물을 낳고, 인물은 역사를 빚는다. 역사는 현재를 비추
는 거울이고, 인물은 우리를 비추는 거울이다. 한국 역사가 낳은
대성현이요 대선사이며 대자유인이며 대시인인 경허가 빚은 깨침
의 거울은 인간과 우주의 본질과 그 실상에 대한 지혜의 눈을 열어
줄 것이며, 경허가 빚은 삶의 거울은 우리가 지향해야 할 영원한
진리의 삶, 크나큰 자유의 삶, 대해탈의 역사를 보여줄 것이다.

제1화두 : 존재의 본질과 그 실상

　　　→ 경허의 깨침 = 불성(佛性)·공성(空性)

　　　→ 참사람

제2화두 : 삶과 역사

　　　→ 경허의 삶 = 영원한 진리·크나큰 자유의 삶,

　　　대해탈의 역사

　　　→ 참삶

2500여 년 전 붓다가 '길'에서 태어나서 '길'에서 살며 '길'을 설하다가 '길'에서 열반에 들었듯이, 100여 년 전 경허도 일생 동안 '중생으로 향하는 길'을 걸으며 '부처로 향하는 길'을 가르치다가 '영원한 진리의 길', '크나큰 자유의 길', '역사해탈의 길'이 되었다. '길'의 성현 경허의 '길'은 '참사람의 길' '참삶의 길' 바로 그것이었다.

'나는 누구인가?'를 바르게 보고 싶으면 경허를 바르게 보라. 경허를 바르게 보면 나를 바르게 볼 수 있고, 나를 바르게 보면 그대가 바로 부처이다. '어떻게 살아야 하는가?'를 바르게 알고 싶으면 경허의 삶을 바르게 알라. 경허의 삶을 바르게 알면 나의 삶을 바르게 살 수 있고, 나의 삶을 바르게 살면 그대가 바로 보살이다.

이 평전은 '길의 성현'인 경허의 위대한 깨침과 웅혼한 삶을 통해 존재의 본질과 그 실상에 대한 화두와 삶과 역사의 화두를 참구하는 선방이며 참사람의 길, 참삶의 길을 찾아가는 구도의 여정이며 새 천년의 새 패러다임을 모색하는 행해이다. 한 자 한 자에 본참 화두를 들었으며, 마침내 한 글자도 없는 평전이 되고자 정진했다.

이 책이 나오기까지 정법의 눈을 열어주신 용화선원 송담 스님과 정법의 길로 끌어주시며 모든 지원과 격려를 해주신 수덕사 법장 스님을 비롯하여, 귀중한 자료와 사진을 허락해주신 해운정사 금모선원 진제 스님, 통도사 극락선원 명정 스님, 송광사 현호 스님과 고경 스님, 범어사 석공 스님과 선재 스님, 해인사 경성 스님, 청계사 지명 스님, 동학사 정호 스님·동효 스님·송준 스님, 수도암 원만 스님, 청암사 혜담 스님, 불교학과 불교운동의 하나됨을 몸소 가르쳐주신 목정배 교수님, 필자에게 법은을 베풀어주신 수덕사 지운 스님·정묵 스님·주경 스님·경학 스님, 용화선원 성천 스님·원봉 스님·우봉 스님·성춘 스님, 신원사 신원 스님을 비롯한 여러 스님과 교수님, 그리고 부처의 마음과 보살의 삶을 가슴속에 새겨주신 아버님 어머님께 삼배 올린다.

그리고 사진을 사용하도록 해주신 최광호, 박보하, 최영수, 윤재승 선생님과 김언호 사장님을 비롯한 한길사 여러분에게 깊이 감사드리며, 언제나 함께한 연월(蓮月)과 민효(旻曉)에게 무한한 고마움을 전한다.

끝으로 이 책은 오직 옛 부처와 옛 조사 그리고 경허의 가르침을 등불로 삼아 나 스스로가 가야 할 길을 밝히고자 했을 뿐임을 청산에 새겨둔다.

천지에 마냥 부끄럽고
세상에 아무 쓸모없어
한글자 없는 책을쓴다.

1999년 1월
각승굴(角乘窟)에서 한중광

● 차례

'길'의 성현 경허, 그 위대한 깨침과 웅혼한 삶

• 서문

눈은 청산에 있고 귀는 거문고에 있으니
세상의 무슨 일이 내 마음에 이르리요
가슴 가득한 호연지기를 아는 사람 없으니
한 곡의 미친 노래를 홀로 읊어보노라.
眼在靑山耳在琴 世間何事到吾心
滿腔浩氣無人識 一曲狂歌獨自吟[1]

옛사람이 이르기를 "지극한 도는 문자를 떠나 있고(至道離文字) 참모습은 언어를 떠나 있으니(實相離言) 문자를 세우지 않는다(不立文字)"고 했고, "참말은 입에서 나오지 않으며(眞言不出口) 입을 열기 전에 벌써 그르쳤으니(未開口錯) 입을 열면 곧 그릇치며(開口卽錯) 아는 자는 말하지 않고 말하는 자는 알지 못한다(知者不言 言者不知)"고 했으니, 경허의 위없는 깨침과 웅혼한 삶을 어찌 사량분별로 헤아릴 수 있으며 언어 문자로 표현할 수 있겠는가.

그러나 또한 옛사람이 이르되 "언어가 곧 대도(言語卽大道)요 문자가 곧 해탈(文字卽解脫)이며,[2] 참말은 법계와 같고(眞言同法界) 언어란 진리를 담는 그릇(載道之器)이라, 문자에 집착하지 않고(不着文字) 문자를 여의지 않는다(不離文字)"고 했으며, 또 "지극한 이치는 말이 없으나 말을 빌려야 그 이치가 드러나

25

니(夫至理無言 要假言而顯理),[3] 말을 인해 말을 보내며(因言遣言),[4] 나는 언설을 의지해서 언어가 끊어진 법을 보이고자 한다(我寄言說 以示絕言之法)[5]"라고 했으니, 문자반야(文字般若)를 여의고는 경허의 위없는 깨침과 훤칠한 삶을 시대와 대중 앞에 드러내어 다 함께 실상반야(實相般若)의 꽃을 피울 수 없는 것이다.

　　교학(教學)은 천산(千山)을 저울질하고
　　선지(禪旨)는 하늘과 땅을 삼켰다 뱉으며
　　생애(生涯)는 이류중행(異類中行)의 대장정이네.

　불교는 생사(生死) 속에서 생사 없는 영원한 진리를 깨달아 한 중생도 제도한 바 없이 일체 중생을 제도하는 자각(自覺), 각타(覺他), 각만(覺滿)의 가르침이다. 불교는 마음의, 마음에 의한, 마음을 위한 가르침이요, 참나의, 참나에 의한, 참나를 위한 가르침이며, 깨침의, 깨침에 의한, 깨침을 위한 가르침이고, 중생의, 중생에 의한, 중생을 위한 가르침이다.

　불교의 본질은 밖으로 치닫지 말고 오직 이 마음을 깨달아서 생사 없는 도리에 계합하고 나아가 생사 없는 도리를 자유자재로 써서 일체 중생을 제도하는 데 있다.

　삼계가 오직 마음이고(三界唯心) 만법이 오직 식이며(萬法唯識), 마음 밖에 따로 부처가 없고(心外無別佛) 부처 밖에 따로 마음이 없으며(佛外無別心), 마음이 곧 부처요(心卽是佛) 마음이 곧 법이며(心卽是法), 마음 밖에 법이 없으니(心外無法) 어찌 마음을 떠나 따로 구하겠는가?

붓다는 참마음의 근원(一心)을 알고 깊은 이치(中道實相)를 통달하여 함이 없는 법(無爲法)을 깨치면, 안으로 얻을 것도 없고 밖으로 구할 것도 없고 한번 뛰어 바로 여래의 땅에 들어가 대열반의 삶, 대해탈의 역사를 구현하는 것이 바로 불도(佛道)임을 선언하고 있다.

출가한 사문이 욕심을 끊고 애착을 버리어 자신의 마음의 근원을 알고 부처님의 깊은 이치를 통달하여 함이 없는 법을 깨치면, 안으로 얻을 바 없고 밖으로 구할 바 없어서 마음이 도에도 묶이지 않고 업도 짓지 않아 망념이 없고 지음이 없으며 닦음도 없고 깨침도 없어서 모든 지위를 거치지 않고 스스로 높고 가장 뛰어나니 이것을 도라고 한다.[6]

보조지눌(普照知訥, 1158~1210)은 붓다와 역대 조사의 8만 4천 법문이 오직 한마음(一心)을 설했을 뿐이니, 밖으로 찾지 말고 안으로 내 마음을 찾게 한 것임을 밝히고 있다.

부처님과 조사가 자비로 중생을 위해 내리신 법문을 자세히 살펴보니, 요컨대 우리들로 하여금 모든 반연(攀緣 : 마음이 대상에 대하여 작용을 일으키는 것)을 쉬고 마음을 비워서 가만히 계합하고 밖에서 찾지 말게 한 것이었다.[7]

경허도 불법이 이상하고 특별한 어떤 것이 아니라 다만 밝고 깨끗하며 함도 없고 가고 옴도 없으며 나고 죽음도 없는 참마음을 깨쳐서 존재의 본질과 그 실상을 바로 보고 참사람의 길, 참삶의 길을 가는 것임을 천명하고 있다.

대저 불법은 이상한 것이 아니다. 실로 마음을 일으켜 힘을 써서 행하여 얻기를 마치 무겁고 큰 나무와 돌을 운반하는 것 같이 하거나 문무를 배우고 익히는 것과 같이 하는 것도 아니다. 또 하늘을 놀라게 하고 땅을 움직이는 특별한 작용도 아니요 다만 망상이 본래 없음을 비추어 요달(了達)하면 성품의 바탕이 밝고 깨끗하며 안락하여 함이 없으며 가볍고 무거움도 없으며 모자라고 남음도 없으며 가고 옴도 없으며 나고 죽음도 없다. 대개 법이 이와 같으니 깨달은 자는 이러하고 미혹한 자는 이러하지 못한 것이 아니다.

夫佛法不是異常也 實非起心用力 行得如運載重大木石 學習文武 又不是大段驚天動地特地作用也 秖是照了妄想 本無性體明淨 安樂無爲 無輕重 無欠剩 無去來 無生死 蓋法爾如是 不是悟者 得如是 迷者 却不如是也[8]

생사를 버리고 열반을 구하는 것이 아니며, 번뇌 망상을 버리고 지혜를 찾는 것이 아니며, 유위법(有爲法)을 버리고 무위법(無爲法)을 깨닫는 것이 아니라 언제나 바로 지금, 바로 여기에서 영원한 진리와 하나되어 대해탈인으로 대자유인으로 걸림 없이 살아가라는 가르침이 바로 불교이다.

붓다의 가르침은 본래 한마음이고 한 법(一法)이며 한 맛(一味)이고 한 수레(一乘)이다. 그러나 『금강경』에서 "모든 현성(賢聖)이 함이 없는 법으로써 차별을 둔다"[9]고 설하듯이 중생의 근기와 병에 따라서 8만 4천 법문이 설해졌고 시대와 장소에 따라

28

서 근본 원시불교에서 부파불교, 대승불교로 전개되었으며, 뿌리
인 인도불교에서 줄기인 중국불교와 찬란한 꽃을 피운 한국불교
로 이어졌다.[10]

　이러한 불교사상사의 흐름은 오직 한 마음이고 한 법이고 한
맛이며 한 수레인 붓다정신으로의 복귀요 근본불교의 시대적 해
석이며, 2500여 년의 불교사상사를 빚은 밤하늘에 빛나는 뭇별
같은 부처와 조사들의 깨침과 삶도 또한 역사와 대중 속에서 붓
다정신의 온전한 구현이다.

　불교사상사를 수놓은 수많은 별 가운데 붓다정신을 가장 온전히
구현한 크나큰 별이 바로 '길'의 성현 경허이다. 1600여 년의 한
국불교를 대표하는 대성현이요 한국근대선을 대표하는 대선사요
동시에 원효와 더불어 노닐 수 있는 대자유인이요 대시인이다.

　19세기 중반에서 20세기 초까지 '근대의 위음왕불(威音王佛 :
공겁 때에 가장 먼저 성불한 부처)의 깨침과 삶'을 살았던 경허
의 생애는 대체로 세 시기로 나누어 볼 수 있다.

　첫째, 출생에서 8세까지의 세간기(世間期)는 가난했지만 엄격
한 가풍 속에서 자란 탄생·성장기이다.

　둘째, 9세 때부터 59세까지의 출세간기(出世間期)이다. 9세에
청계사(淸溪寺)로 출가하여 14세 때에 동학사(東鶴寺)로 가서
붓다의 일대시교를 섭렵하고, 23세 때부터 대강사로서 명성을
떨치다가 34세에 대발심하고 처절한 수행을 하여 확철대오하고
35세에 천장암(天藏庵)으로 가서 이듬해 6월까지 오후보림(悟後
保任)을 한 후 37세부터 59세까지 선풍을 진작한 수행·성도·
전법기이다.

　셋째, 60세부터 67세까지의 출출세간기(出出世間期)는 북녘에

서 빈배처럼 떠돌며 스스로 박난주(朴蘭洲)라 부르고 머리를 기르고 선비의 옷차림을 하고서 손을 드리우며 저자에 들어가 중생을 교화 제도한 화광동진기(和光同塵期)이다.

경허는 닦음과 깨침 그리고 삶에 있어 후세에 참다운 모범과 표준을 제시하고 있다. 그는 끝없이 닦되 닦음이 없이 닦고(修無修修), 위없이 바르게 깨치되 깨침이 없이 깨쳐서(證無證證), 중생과 역사를 생각하되 생각함이 없이 생각하며(念無念念), 진리와 길을 말하되 말함이 없이 말하며(言無言言), 대자비를 행하되 행함이 없이 행하여(行無行行), 중생해탈과 역사해탈의 연꽃을 피워냈다.

천산(千山)을 저울질하는 교학(敎學)은 깊이를 헤아릴 수 없고, 하늘과 땅을 삼켰다 뱉는 선지(禪旨)는 높이를 헤아릴 수 없다. 활인도(活人刀)와 살인검(殺人劍)을 자유자재로 써서 대도인들을 키워 선풍을 진작하였고, 무애자재한 순행과 역행으로 중생의 상견(相見)을 쳐부수어 정법의 눈을 뜨게 하여 한반도의 거리거리에 지혜의 달빛과 자비의 햇빛이 넘치게 했으니, 경허로부터 500년 억불(抑佛)의 역사에 새로운 전기가 시작되었다 할 것이다.

경허가 설한 원융하고 오묘한 깨침의 세계와 넓고 깊은 사상 그리고 억압받고 핍박받는 민중들을 향한 끝없는 동체대비의 실천, 자유마저도 털어버린 대자유의 삶은 이 전환기의 시대에 우리에게 밝은 빛이 되고 맑고 깨끗한 감로수가 될 것이다.

상상을 초월하는 수행과 위없는 깨침, 그리고 세간을 넘어 출세간으로, 다시 출세간을 넘어 출출세간으로 펼쳐지는 극적인 삶으로 많은 고승과 학자들에 의해서 1600여 년 한국불교사상사에서 원효와 더불어 가장 큰 별로 추앙받고 있다.

경허의 법제자인 한암(漢巖, 1876~1951)은 경허를 다음과 같이 우러러 기린다.

누가 능히 여기에서 대장부의 뜻을 갖추어 자성을 철저히 깨달아 그 제일가는 공덕을 성취하여 큰 지혜 광명의 의취로 저 후 오백 세까지 광대하게 유통하리요. 나의 선사 경허화상이 이런 분이시다.[11]

덕숭총림 방장인 원담(圓潭, 1926~)은 한국의 달마로,[12] 통도사 극락선원 선원장인 명정(明正)은 당송(唐宋) 시대 오종가풍(五宗家風)의 종장(宗匠) 반열에 끼어도 오히려 웅혼하게 빛날 거룩한 어른으로,[13] 성타(性陀)는 중국의 조주(趙州)나 임제(臨濟) 또는 원효(元曉)나 대안(大安)에 비길 수 있는 고승으로 존숭한다.[14] 권상로(1879~1965)는 선종의 거장으로,[15] 서경수 박사(1925~1986)는 최근의 종교적 천재로,[16] 고익진 박사(1934~1988)는 한국 최근세선을 중흥시킨 대선장(大禪匠)으로,[17] 김지견 박사는 조선 근대의 거인으로 숭상한다.[18]

나는 불교사상사적으로 정법불교의 주창자이며 개혁불교의 선구자이고 민중불교의 구현자이며 회통불교의 계승자이고, 선종사상사적으로 근대선의 중흥조이며 한국선의 대성자이고 진정한 선불교의 완성자가 바로 현대 한국선의 아버지인 경허라고 본다.

실로 경허는 불교 외적으로 극도로 혼란하고 불교 내적으로 정법이 쇠퇴한 시대에 정법을 선양하고 선풍(禪風)을 진작하여 부처님의 태양(佛日)과 조사의 달(祖月)을 다시 밝히고 붓다의 본

회와 대승불교의 정신, 선불교의 진면목과 간화선의 골수를 역사
와 대중 속에 구현한 참부처(眞佛)요 참사람(眞人)이며, 실로 겨
레의 빛으로 와서 영원한 인류의 빛이 된 '길'의 성현이다.

한국불교의 첫새벽인 원효와 한국근대선의 첫새벽인 경허가
없다면 56억 7000만 년의 고독을 누구와 더불어 함께하겠는가?

달을 벗하고

바람과 사귀며

구름에 노닐다가

노을에 잠들리라.

友月交風

雲遊霞宿

탄생과 성장

세존께서 도솔천을 떠나지 아니하시고
이미 왕궁에 탄생하셨으며
어머니의 태에서 나오지 아니하시고
이미 사람들을 다 제도하셨느니라.
世尊 未離兜率 已降王宮
未出母胎 度人已畢[1]

1. 시대적 배경

하늘 위나 하늘 아래에 오직 내가 존귀하다.
삼계가 모두 괴로움이므로 내가 마땅히 편안하게 하리라.[2]

인도와 중국 그리고 한국의 불교사상사를 돌이켜보면, 불교가
그 근본정신을 망각하고 썩은 고목처럼 되어갈 때마다 그리고 깨
침이라는 불교의 생명성과 깨침의 역사화·사회화라는 불교의
역동성을 잃어갈 때마다 불보살(佛菩薩)의 화신이 출현하여 썩은
고목나무에 새싹을 틔우고 정법의 꽃을 피워 중생해탈과 역사해
탈의 붓다정신을 구현한 것을 볼 수 있다.
1600여 년의 한국불교사를 돌이켜보면 신라시대는 찬란한 동
해의 태양이 떠오르는 새벽(元曉)이요 고려시대는 태양이 중천

에 떠 있는 정오(普照)이며 조선시대는 태양이 서쪽으로 지는 저녁(西山)이라 한다면 경허가 살았던 근대는 칠흑같이 깜깜한 밤이었다. 경허는 우리나라 역사상 가장 암울하고 참담했던 시대에 살면서 민족의 아픔을 뼈저리게 절감하고 진리와 민중과 하나되기 위해서 전생애를 바친 인물이다.

경허가 살았던 시대(1846~1912)는 국제적으로 한반도에서 일본, 중국, 러시아 등 주변 열강들의 각축이 날로 심해져 국가의 존립이 풍전등화와 같은 상황에 있었고 프랑스, 미국 등 제국주의 국가들의 문호를 개방하라는 압력이 그치질 않았다. 1876년에는 조선의 문호를 여는 병자수호조약이 체결되었고, 1905년에는 외교권을 빼앗긴 을사보호조약이 체결되었으며 마침내 1910년 경허의 말년에는 한일합방으로 나라의 주권을 잃어 일제의 가혹한 식민통치가 시작되었다.

국내적으로는 1811년 홍경래의 난, 1862년 진주민란, 1884년 갑신정변, 1894년 동학농민운동이 일어나는 등 극도의 정치·사회적 혼란이 거듭되었고 부패한 관리들의 폭정과 수탈로 민중의 참담한 생활은 이루 다 말로 표현할 수 없는 시대였다.

경허의 「함께 정혜를 닦아 도솔천에 나며 성불하기 위한 결사문」(結同修定慧同生兜率同成佛果禊社文)에서도 당시의 시대적 상황을 엿볼 수 있다.

그때에 유행병이 그치지 않았고, …… 그 뒤 소요사태가 잇달아 일어났으며, 세상일이 어지러워 몸조차 감출 겨를이 없거니 어찌 다른 데 생각이 미치겠는가.

時風痾未瘳, …… 以後干戈相屬 世路紛紜 念藏身之不暇 豈

有施及於他耶³⁾

불교적으로는 조선 왕조의 계속적인 억불정책으로 사회·경제적인 토대를 완전히 박탈당하고 교단은 깊은 산중으로 들어가 위축된 상태에서 겨우 명맥을 유지하고 있었다. 조선시대는 억불척승(抑佛斥僧)으로 일관한 법난의 시대로, 태종 때에 11종의 종단이 7종으로 통폐합되었고, 세종 때에는 7종이 선·교 양종으로 다시 폐합되었으며, 연산군 때에는 사실상 선·교 양종마저 철폐되었고, 중종 때에는 완전히 폐지되었다.⁴⁾ 당시 승려들은 관가와 양반들에게 종이와 기름과 짚신 등을 바쳐야 했고, 그 밖에 여러 가지 잡역을 맡아서 하였으며 성내의 출입이 금지되었고 가장 천한 신분으로 대우받았다. 이러한 숭유배불(崇儒排佛)의 가혹한 불교 탄압은 1895년 일본 일련종(日蓮宗)의 승려 사노젠레(佐野前勵)의 주선으로 500여 년 동안 유지되어오던 도성 출입금지가 해제될 때까지 계속되었다.

이러한 참담한 상황에서도 청허휴정(淸虛休靜)이 선풍(禪風)을 중흥시킨 이래로 그 법맥이 간신히 사자상승(師資相承)되었으며 삼문수업(三門修業 : 간경·참선·염불)의 전통이 확립되어 붓다의 혜명(慧命)이 계승되어왔다.

경허 무렵에는 법맥이 끊어지고 정법이 침체되어 있었다. 경허의 법어 중에서도 이러한 당시의 불교적 상황을 짐작하게 하는 내용이 있다.

슬프다. 정법이 침체되고 미약하여 삿된 도가 치성하니 한 잔의 물로써 한 수레의 불을 끄겠는가 하고 한탄함은 이미 청

허노사의 교화가 융성하던 그때도 있었거늘 하물며 오늘날일
까 보냐.

　嗚呼 正法沉微 邪道熾盛 持盃水救輿火之嘆 已有於淸虛老師
隆化之日 況乎今日乎哉[5]

　근세에 이르러 그 도가 황폐하여 전하여지지 않고 …… .
　至於近世 其道廢而不傳……[6]

경허는 불교 외적으로 국가의 존립이 위태롭고 민중들은 관가
의 폭정과 수탈로 신음하고, 불교 내적으로 가혹한 불교 탄압이
자행되던 시대에 조선의 빛으로 온 것이다.

2. 겨레의 빛으로 오다

　내 오직 이 한 태어남으로
　마땅히 일체 중생을 제도하리라.[7]

경허성우(鏡虛惺牛) 선사는 여산 송씨로 1846년 8월 24일 전
주 자동리에서 아버지 송두옥(宋斗玉)과 어머니 밀양 박씨의 둘
째 아들로 태어났다.
경허의 탄생연도에 대해서 1849년 설, 1857년 설, 1846년 설
세 가지 주장이 있다. 1943년 중앙선원이 간행한『경허집』의 한
용운이 쓴「약보」(略譜)[8]와 1981년 인물연구소에서 간행한『경
허법어』,[9] 1993년 홍법원에서 간행한『경허 선사법어 : 진흙소의
울음』,[10] 이홍우가 쓴『경허 선사 : 공성의 피안길』,[11] 서경수의

「경허연구」,[12] 성타의 「경허의 선사상」[13]에는 경허의 생년월일이 1849년(己酉) 8월 24일로 되어 있다.

1931년 한암 선사가 쓴 「선사 경허화상 행장」[14]과 1932년 5월호 『불교』,[15] 권상로의 「한국선종약사」에는 1857년(철종 8년 丁巳) 4월 24일로 되어 있고,[16] 민영규와 김지견은 경허의 생년이 1846년이라고 주장한다.[17]

여러 자료를 분석 검토해보면 정확히 1846년이 경허의 생년임을 알 수 있다. 경허가 광무 4년(1900년)에 찬술한 「서룡화상 행장」(瑞龍和尙行狀)에서 경허 스스로 그의 나이가 55세임을 밝히고 있기 때문이다.

내가 광무 4년 겨울에 화전 용문사를 지나가는데, 호은(虎隱)장로가 화상의 도행이 탁월함을 말하면서 나에게 행장을 지어서 후세에 전하기를 부탁하거늘, …… 내 나이 55세로서 털은 성글고 얼굴은 주름졌으나 불법에 개명(開明)한 바 없고 자리이타를 함이 없으니 탄식한들 무엇하리요. 화상의 도덕을 매우 사모하고 기뻐하는 마음이 있는데다가 두 스님의 간청과 호은장로의 부탁 때문에 굳이 사양하지 못하였다.

余光武四年冬 過花田之龍門寺 有虎隱丈老 盛言和尙 時順間 道行卓異 托余述行狀而不朽 …… 今年光五十有五 髮蒼凉而面皺縮 於佛法無所開明 二利俱闕 吁 可勝言哉 其於和尙道德 大有慕悅望愛之心 而二高德之勤請 與虎隱丈老之所托 不可以强辭[18]

광무 4년은 1900년이므로 계산해보면 경허의 생년은 1846년 병오년(丙午年)이 된다. 그런데 경허가 화광동진(和光同塵 : 불

경
허

보살이 끝없는 자비심으로 한량없는 중생을 교화·제도하기 위하여 자신을 감추고 티끌세상에 들어가 중생과 더불어 살아가면서 불법으로 인도하는 것)을 하기 위해서 북쪽으로 떠나면서 해인사에서 한암에게 준 이별시의 서두에 "44년의 세월을 보냈는데 우연히 해인정사에서 원개사(遠開士 : 한암)를 만나게 되었다"라는 구절이 있다.

    나는 천성이 화광동진을 좋아하고, 꼬리를 진흙 가운데 끌고 다니기를 좋아하는 사람이다. 다만 스스로 절뚝거리며 44년의 세월을 보냈는데, 우연히 해인정사에서 원개사를 만나게 되었다. …… 슬프다. 원개사가 아니면 내가 누구와 더불어 지음이 되랴! 그래서 시 한 수 지어서 뒷날에 서로 잊지 말자는 부탁을 하노라.

    余性好和光同塵 掘其泥而又喜乎曳其尾者也 只自跛跛挈挈 送過了四十四介光陰 偶於海印精舍 逢着遠開士 …… 吁 微遠開士 吾孰與爲知 所以構着其一絶荒辭 以爲日後不忘之資也[19]

한암은 1899년 23세에 청암사 수도암에서 경허의 법문을 듣고 개심(開心)하게 되며, 그후에 해인사에서 경허와 다시 만나게 된다. 1903년 겨울에 경허가 한암에게 준 이별시의 서두에 나타난 '스스로 절뚝거리며 보낸 44년의 세월'의 의미가 무엇일까? 이는 경허가 14세에 만화화상을 찾아 동학사로 온 이후의 세월을 말한다. 경허가 비록 9세에 청계사로 출가했지만, 14세에 동학사로 와서 비로소 출가 수행자로서 본격적으로 불도(佛道)를 닦기 시작했기 때문에 14세 이후 44년을 의미한다. 1846년을 경허의

38

생년으로 보면 1903년은 경허가 58세가 되므로 44년의 세월의 의미가 정확히 풀린다.

요컨대 경허의 생년은 1846년 병오년이 정확한 것이며, 이에 근거해서 경허의 생애는 다시 정리되어야 할 것이다.

경허의 어릴 때 이름은 동욱(東旭)이고 법명은 성우(惺牛)이며 법호는 경허(鏡虛)이다. 한암의 「선사 경허화상 행장」과 한용운의 「약보」에 따르면 태어난 지 사흘이 지나도록 울지 않다가 목욕을 시키자 비로소 울음을 터뜨려, 사람들이 모두 기이하게 여겼다고 한다.

확철대오해서 생사 없는 이치에 계합한 사람은 대원력으로 중생을 제도하기 위해서 다시 사바세계에 올 때에 어머니 태에 들어가는 입태(入胎), 어머니 태 속에서 열 달 동안 머무는 주태(住胎), 어머니 태에서 나오는 출태(出胎)에 어둡지(昧) 않다고 한다.

경허가 태어나서 사흘 동안 울지 않았다 함은 입태 · 주태 · 출태에 어둡지 않았음을 보여주는 것이며, 장차 삼계(三界 : 중생들이 윤회하는 세계를 욕계 · 색계 · 무색계로 구분한 것)에 울음을 그치게 하고, 조선에 법등(法燈)을 다시 밝히며, 조선 민중의 아픔을 어루만지는 대원력보살의 삶을 살게 될 것을 시사한다 할 수 있다.

『법화경』에서는 모든 부처는 다만 중생으로 하여금 자신의 지견을 열어(開) 보여서(示) 깨닫게(悟) 하여 마침내 부처의 지견의 도에 들게(入) 하려는 일대사인연(一大事因緣 : 부처가 이 세상에 출현하는 유일하고 큰 인연)으로 세상에 출현함을 설하고 있다.

경
허

부처님 세존께서는 중생으로 하여금 부처님의 지견을 열어
청정하게 하려고 세상에 출현하며, 중생에게 부처님의 지견을
보이려고 세상에 출현하며, 중생으로 하여금 부처님의 지견을
깨닫게 하려고 세상에 출현하며, 중생으로 하여금 부처님의 지
견의 도에 들게 하려고 세상에 출현하시느니라.[20]

경허의 탄생에 얽힌 일화가 시사하듯이, 불보살의 삶은 모든
고통과 굴레로부터 일체 중생을 제도하겠다는 서원의 삶이며 해
탈의 삶인 것이다.

3. 해탈로 가는 짚신을 삼으며

백년의 세상일은 삼경의 꿈이요
만리의 강산은 한판의 바둑 놀음이로구나.
닭장에 갇힌 닭은 양식은 있지만 끓는 물의 재화가 가깝고
들에 노니는 학은 양식은 없지만 천지가 너그럽구나.[21]

경허의 속가는 사대부의 전통을 이어 지켜 내려오던 양반의 집
안이었으나 집은 몰락하고 가세는 점점 기울어갔다. 경허는 어린
시절 가난하지만 엄격한 가풍 속에서 성장했다.
경허의 어린 시절에 대하여는 알려진 바가 거의 없는데, 다만
어릴 때 짚신 삼는 일을 즐겨 하였다 한다. 양반의 자제가 짚신
을 삼는다고 어른들에게 야단을 맞아가면서도 몰래 열심히 짚신
을 삼아 일찍이 짚신 삼는 법을 익혀두었다. 경허는 나중에 체구
가 보통 사람보다 훨씬 큰 육척 장신에 손과 발 또한 커서 보통

40

사람의 버선이나 신발은 사용할 수가 없었다. 장터에 가서 아무리 골라보아도 그의 발에 맞는 신발을 구할 수가 없었다 한다.

어렸을 때 배웠던 짚신 삼는 기술이 훗날 경허가 전국 산중마다 선원을 개설하여 죽비소리를 울리고 마을마을 거리거리에 연꽃을 피우는 데 얼마나 기여하였을까? 경허는 어릴 때 벌써 그가 걸어가야 할 길을 알고 있었을까? 법신(法身)의 그릇은 육신(肉身)이요, 육신의 그릇은 짚신이니, 장차 대법(大法)을 담을 웅대한 기상이 여기에 숨은 줄 누가 알았으랴.

먼 후일 경허는 자신의 짚신을 자신이 삼아서 신고 다녔으며, 주장자 끝에 짚신을 달고 다녔다. 경허의 짚신 삼는 법은 제자 수월에게 이어져, 수월이 백두산 근처 어느 산마루턱에서 토굴을 하나 짓고 머무르면서 손수 만든 짚신을 길 가는 길손들에게 나누어주곤 했다. 경허와 수월이 삼은 짚신들은 조선의 민중을 질곡과 고통이 없는 해탈의 세계로 인도하는 짚신이었다.

경허는 일찍이 아버지를 여의었다. 아버지 송두옥의 죽음에 대해 당시 부패한 관리들의 가혹한 세금 징수 때문에 울화병으로 죽었다는 이야기도 있으나 정확히 전해지는 바는 없다. 아버지의 죽음은 총명하고 생각이 깊었던 어린 경허에게 죽음에 대한 불안과 공포를 갖게 함과 동시에 삶에 대한 근원적인 문제의식을 싹트게 하는 최초의 동기가 되었을 것이다.

> 기러기는 저 하늘가로 날아갔는데
> 그 발자국은 모래 위에 남아 있고,
> 사람은 저 황천으로 갔는데
> 그 이름만 집에 남아 있네.[22]

훗날 경허의 출가와 상상을 뛰어넘는 치열한 수행과 위대한 깨침, 그리고 헌신적인 전법과 교화를 바르게 이해하기 위해서는 아버지의 죽음이 어린 경허에게 미친 영향을 파악하는 것이 중요하다. 2500여 년 전에 싯다르타 태자가 농경제에 참석하여 농부들의 비참한 삶과 동물들의 냉엄한 약육강식의 생존 형태를 보고 나서 염부나무 아래에서 명상을 했듯이, 경허는 아버지의 죽음과 당시의 모순과 고통에 찬 삶의 현실을 목격하고서 짚신을 삼으면서 치열하게 고뇌했을 것이다.

아아 세간의 중생들은 극심한 괴로움을 받나니 곧 나고 늙고 병들고 죽음이며, 겸하여 갖가지 고뇌를 받으면서 그 가운데 전전하여 떠나지 못하는구나. 어찌하여 이 모든 괴로움을 버리기를 구하지 않으며, 어찌하여 괴로움을 싫어하고 고요한 지혜를 구하지 않으며, 어찌하여 나고 늙고 병들고 죽는 괴로움의 원인을 벗어나려고 생각하지 않는가?[23]

경허는 아버지의 죽음을 통해 절실하게 느낀 인간에게 가장 본질적인 생사 문제와 질곡과 고통과 모순으로 가득 찬 역사의 문제를 궁극적으로 해결하겠다는 다짐을 했을지도 모른다. 범부는 자신의 슬픔과 고통을 자신만의 슬픔과 고통으로 괴로워하다가 말지만, 성현은 자신의 슬픔과 고통 속에서 일체 중생의 슬픔과 고통을 보고 중생의 아픔을 자신의 아픔으로 받아들이며 나아가 대자비심으로 일체 중생을 슬픔과 고통으로부터 구하는 것이다.

위대한 출가

그대는 청운에 오르는데
나는 청산에 드네.
君登靑雲去 我向靑山入

1. 홀연히 티끌세상을 벗어나다

대저 중 노릇 하는 것이 작은 일이리요
잘 먹고 잘 입기 위하여 중 노릇 하는 것이 아니라,
부처되어 살고 죽는 것을 면하자고 하는 것이니라.[1]

경허는 9세 때에 어머니를 따라 서울로 와서 경기도 의왕시
청계동 청계사(淸溪寺)에 계허(桂虛) 스님을 은사로 출가하게
된다. 싯다르타 태자가 성문 밖을 나가 늙음·병·죽음의 괴로
움과 민중들의 비참한 삶의 현실을 보고 북문 밖에서 사문을 만
나 출가를 결심한 것처럼 비록 나이는 어렸지만 총명하고 생각
이 깊었던 경허가 아버지의 죽음으로 인해 갖게 된 생사에 대한
근본적인 문제의식이 출가의 최초 동기라 할 수 있다. 또한 당
시 고통과 핍박 속에서 살고 있는 민중들을 향한 뜨거운 연민과
어머니 밀양 박씨의 두터운 불심 그리고 먼저 공주 마곡사로 출

43

가한 경허의 형인 태허성원(泰虛性圓)의 영향 등 여러 가지 이
유로 경허는 홀연히 티끌세상을 벗어날 생각을 하고 출가를 결
행했던 것이다.

출가란 세상을 버리고 현실의 고통을 피해서 산 속 깊이 들어
가는 것이 아니라, 생사 없는 영원한 진리를 깨달아 일체 중생을
제도하려는 커다란 내던짐이요 위대한 포기이다. 부모와 형제라
는 작은 가족에 대한 애착심을 버리고 일체 중생이라는 큰 가족
을 위해서 살아가는 데 출가의 근본정신이 있는 것이다.

원효는 『발심수행장』에서 사문(沙門 : 출가 수행승)과 출가의
정의를 다음과 같이 내리고 있다.

마음 가운데 애착을 떠난 이를 사문이라 하고
세속을 그리워하지 않는 것을 출가라 한다.
수행인이 비단옷 걸치는 것은 개가 코끼리 가죽을 쓴 것과
같고
도인이 세속을 그리워함은 고슴도치가 쥐구멍에 들어간 것
과 같다.[2]

불교에서는 출가의 유형을 흔히 3종출가(三種出家) 또는 4종
출가(四種出家)로 분류한다. 3종출가는 첫째 세속의 집에서 나오
는 것(出世俗家), 둘째 번뇌의 집에서 나오는 것(出煩惱家), 셋
째 생사윤회의 세계인 욕계(欲界)·색계(色界)·무색계(無色界)
삼계의 집을 벗어나는 것(出三界家)이다. 그리고 4종출가는 첫째
몸은 출가하였으나 마음은 아직 출가하지 않은 자(身出家心不出
家), 둘째 마음은 출가하였으나 몸이 아직 출가하지 않은 자(心

出家身不出家), 셋째 몸과 마음이 함께 출가한 자(身心俱出家), 넷째 몸도 마음도 다 출가하지 못한 자(身心俱不出家)이다.

단순히 집을 떠나 머리를 깎고 승복만 걸치는 출가는 진정한 출가가 아니며, 부지런히 선정과 지혜를 닦아 영원한 진리와 계합해서 삼계를 벗어나야 진정한 출가라 할 것이다. 출가와 재가의 구별은 겉모양에 있는 것이 아니라 청정한 마음에 있는 것이다. 설사 빛깔과 모양이 아무리 소금과 같다 할지라도 짠맛이 없다면 어찌 소금이라 할 수 있겠는가. 붓다는 단순히 집을 떠나 머리를 깎고 승복만 걸친 자를 사문이라고 부르지 않고, 남이 없는 참마음을 알고 세계의 참모습을 통달하여 함이 없는 법을 깨쳐야 사문이라고 부른다.

마음을 알고 근본을 통달하여 함이 없는 법을 깨쳐야 사문이라 말할 수 있다.[3]

훗날 경허의 이류중행(異類中行 : 불보살이 스스로 생사윤회하는 육도중생 속에 들어가 교화 제도하는 것)의 대장정이 웅변하듯이 출가의 목적은 세간을 떠나 출세간에 머무는 데에 있는 것이 아니라, 세간과 출세간을 여의지도 않고 집착하지도 않는 출출세간에 있는 것이다.

서산대사의 『선가귀감』에도 출가의 본질이 무엇인가를 분명하게 밝히고 있다.

출가하여 중이 되는 것이 어찌 작은 일이랴! 몸의 안일을 구하려는 것도 아니고, 따뜻이 입고 배불리 먹으려는 것도 아니

며, 명예와 재물을 구하려는 것도 아니다. 나고 죽음을 면하
고, 번뇌를 끊으려는 것이며, 부처님의 지혜를 이으려는 것이
며, 삼계에 뛰어나서 중생을 건지려는 것이니라.⁴⁾

경허가 출가한 청계사는 신라시대에 창건되었다고 전해오는
유서 깊은 사찰이다. 경허는 청계사에서 계허에게 머리를 깎
고 계를 받아 사미승이 되었다. 경허의 어머니는 사미승인 경
허와 함께 청계사에서 같이 살다가, 얼마 뒤에 서산 연암산 천
장암으로 갔다. 경허의 형인 태허가 그곳의 주지로 있었기 때
문이다.

木魚를 두드리다
졸음에 겨워

고오운 상좌아이도
잠이 들었다.

부처님은 말이 없이
웃으시는데

西城 萬里길
눈부신 노을 아래

모란이 진다.⁵⁾

불교의 궁극적 이상인 깨달음과 정토 실현을 위해 헌신할 좋은 벗들의 모임, 즉 정법(正法)을 생명으로 하는 수행자들의 청정하고 화합된 공동체를 승가(僧伽, Saṃgha) 또는 교단이라고 한다. 승가는 교진여 등 다섯 비구의 귀의에 의하여 비로소 성립되었다. 붓다가 성도한 뒤 녹야원에서 다섯 제자에게 사제법(四諦法)을 설함으로 인해, 사제법을 설한 붓다와 사제법과 사제법을 듣고 깨친 다섯 비구 즉 불(佛)·법(法)·승(僧)의 삼보(三寶)가 최초로 인류 역사에 등장하였다.

불교 교단은 재가의 남자 신도인 우바새(優婆塞)와 여자 신도인 우바이(優婆夷), 출가한 비구(比丘)와 비구니(比丘尼)로 구성되는데 이를 합하여 사부대중(四部大衆)이라고 부르며, 여기에 식차마나(式叉摩那)와 사미(沙彌)·사미니(沙彌尼)를 합하여 칠중(七衆)이라 한다. 사미와 사미니는 출가하여 십계(十戒)를 받은 초심자 즉 비구와 비구니의 견습생이며, 식차마나란 사미니가 나이 18세가 되어 육법계(六法戒)를 받고 2년 동안 비구니의 348계를 배우는 기간을 말한다.

불교의 궁극적 이상인 성불과 정토 실현의 길에 있어서 일주문(一柱門)이라 할 수 있는 계율은 계(戒, 계율)·정(定, 선정)·혜(慧, 지혜) 삼학(三學) 가운데 기본이 되고, 대자대비(大慈大悲)의 실천행인 육바라밀(六波羅蜜)의 하나이며, 경(經)·율(律)·론(論) 삼장(三藏) 가운데 율장(律藏)에 해당하는 불교의 윤리적 실천규범의 총칭이다. 계율에는 재가불자의 계로 오계(五戒)와 팔관재계(八關齋戒)가 있고, 출가 수행자의 계로 사미·사미니의 십계(十戒), 식차마나의 육법계(六法戒), 비구의 250계, 비구니의 348계 등이 있다.

출가해서 비구·비구니가 되기 위한 견습 기간에 있는 사미·
사미니가 지켜야 할 계가 바로 사미·사미니 십계인데, 경허가
청계사에 출가하여 은사인 계허로부터 받은 계가 바로 사미십계
(1. 살생하지 말라 2. 도둑질하지 말라 3. 음행하지 말라 4. 거짓
말하지 말라 5. 술을 마시지 말라 6. 꽃다발을 쓰거나 향을 바르
지 말라 7. 노래하고 춤추고 구경하지 말라 8. 높고 큰 평상에 앉
지 말라 9. 때 아닌 때에 먹지 말라 10. 금이나 보물들을 가지지
말라)이다.

사미십계를 받고 사미승이 된 경허는 나이는 어렸지만 뜻이 크
고 굳었으며, 나무하고 물 긷고 밥을 지으며 스승인 계허를 극진
히 공양하였다.

경허는 14세가 되도록 글을 배울 겨를이 없었는데, 그해 여름
어느 날 한 선비가 와서 청계사에서 여름을 보내게 되었다. 그
선비는 소일거리로 경허를 곁에 불러 앉히고 천자문을 가르쳤는
데, 가르치는 대로 단번에 배우고 곧바로 다 외웠다. 다시 통감
(通鑑)과 사략(史略) 등을 가르치니 하루에 대여섯 장씩 외우므
로 선비는 무릎을 치면서 크게 감탄하며 말하였다.

참으로 비상한 재주로다. 옛사람이 이르기를, 천리를 달리
는 말이 백락(伯樂 : 말의 좋고 나쁨을 잘 감정하는 사람 또
는 인물을 알아보는 안목이 있는 사람을 비유하여 이르는
말)을 만나지 못하면 피곤하게 소금짐이나 끈다더니, 이 아
이는 뒷날에 반드시 큰 그릇이 되어 모든 사람들을 제도하
리라.[6]

그 선비는 경허가 천리를 달리는 명마요 구만리 장천을 날아가는 대붕이며 큰 그릇임을 바로 알아보았던 것이다. 경허는 나무하고 물 긷고 밥 짓고 스승을 시봉하면서, 불과 한여름 동안 틈틈이 선비에게 글을 배웠지만 이미 선비가 더 이상 가르칠 것이 없는 경지에 이르게 되었다.

여름을 지낸 선비는 계허에게 경허의 총명함과 비범함에 대해 말하며 경허를 큰 절로 보내서 공부시켜야 한다고 당부하고 청계사를 떠났다.

그해 가을이 깊어가던 어느 날, 은사인 계허가 환속을 하게 되었다. 계허는 환속을 하면서 경허가 더 배우지 못하게 됨을 애석하게 여겨 계룡산 동학사 만화화상(萬化和尙)에게 추천하는 글을 써서 보냈다.

사미승 경허는 계허에게 삼배를 올리고, 계허가 써준 편지를 품속에 간직한 채 걸망을 둘러메고 청계사를 내려와 계룡산 동학사를 향해서 길을 떠났다.

하늘에 넘치는 큰일들은
붉은 화롯불에 한 점의 눈송이요,
바다를 덮는 큰 기틀이라도
밝은 햇볕에 한 방울 이슬일세.
그 누가 잠깐의 꿈속 세상에
꿈을 꾸며 살다가 죽어가랴,
만고의 진리를 향해 모든 것 다 버리고
초연히 내 홀로 걸어가노라.[7]

2. 선지식을 찾아서

급히 스승을 찾지 않으면 일생을 헛되이 보내리라.
스승 없이 바로 깨친 이는 만 명 가운데에도 드물다.[8]

2500여 년 전 싯다르타(Siddhārtha)가 출가한 후에 새로운 스승을 찾아간 것처럼, 1859년 늦가을에 14세의 사미승 경허는 당시 조선 제일의 강백으로 명성을 떨치던 만화보선(萬化普善)을 찾아 계룡산 기슭에 자리잡고 있는 천 년 고찰 동학사로 간다.

선지식(善知識)이란 중생을 교화하고 인도하여 진리의 눈을 뜨게 하는 자를 말하며, 선우(善友)·승우(勝友)·선친우(善親友)라고도 한다.

경허가 학처럼 깃들어 붓다의 일대시교와 유학·노장까지 섭렵하며 20대를 보낸 계룡산 동학사.

『법화경』의 「묘장엄왕본사품」(妙莊嚴王本事品)에서 선지식은 일체 중생을 교화하고 인도하여 부처님을 친견하게 하고 아뇩다라삼먁삼보리(阿縟多羅三藐三菩提 : 위없이 바른 깨달음)의 마음을 내게 하는 큰 인연이라고 정의하고 있다.

대왕이여, 마땅히 알라. 선지식은 큰 인연이니, 이른바 중생을 교화하고 인도하여 부처님을 친견하고 아뇩다라삼먁삼보리의 마음을 내게 하느니라.[9]

『화엄경』 「입법계품」(入法界品)에서는 선지식이 여래·일체 법의 구름·모든 공덕의 곳집·십력(十力)의 원인·지혜의 횃불·복덕의 뿌리와 싹·일체 지혜의 문·지혜바다의 길잡이·일체 지혜에 이르게 하는 조도(助道 : 깨달음을 얻는 데 도움이 되는 수행도)의 기구와 같은 존재임을 밝혀 바르게 닦고 바르게 깨쳐서 위없는 바른 깨달음을 성취하는 데 선지식이 반드시 필요함을 누누이 강조하고 있다.

선지식은 곧 여래이며, 선지식은 일체 법의 구름이며, 선지식은 모든 공덕의 곳집이며, 선지식은 만나기 어려우며, 선지식은 열 가지 힘의 원인이며, 선지식은 다함이 없는 지혜의 횃불이며, 선지식은 복덕의 뿌리와 싹이며, 선지식은 일체 지혜의 문이며, 선지식은 지혜바다의 길잡이며, 선지식은 일체 지혜에 이르게 하는 조도의 기구이다.[10]

원효는 『대승기신론소』에서 『허공장경』(虛空藏經)을 인용하여

대승을 설명하면서 진리의 크나큰 수레(大乘)를 모는 사람은 참
다운 선지식이어야 함을 역설하고 있으며,[11] 육조혜능(六祖慧能,
638~713)은 자성을 깨치지 못한 이는 반드시 큰 선지식의 지도
를 받아서 자성을 깨쳐야 함을 역설한다.

　　어떤 것을 큰 선지식이라고 하는가? 최상승법이 바른 길을
곧게 가리키는 것임을 아는 것이 큰 선지식이며 큰 인연이
다. 이는 이른바 교화하고 지도하여 부처를 보게 하는 것이
니, 모든 착한 법이 다 선지식으로 말미암아 능히 일어나느
니라. 그러므로 삼세의 모든 부처와 십이부의 경전들이 사
람의 성품 가운데 본래부터 스스로 갖추어져 있다고 말할지
라도, 능히 자성을 깨치지 못하면 모름지기 선지식의 지도
를 받아서 자성을 볼지니라.[12]

　경허도 「진흙소의 울음」(泥牛吼)에서, 무상함이 덧없이 빠름을
사무치게 깨달은 이는 급히 바른 선지식을 찾아야 생사해탈할 수
있는 바른 길을 지도받을 수 있음을 강조하고 있다.

　　대저 무상함을 경계해서 큰일을 깨달아 밝히고자 하는 이는
급히 스승을 찾지 아니하고 장차 어찌 그 바른 길을 얻겠는가.
　夫欲誠常 悟明大事者 不急尋師 將何以得其正路哉[13]

　길 있는 길도 안내자와 지도책이 있어야 목적지에 이를 수 있
거늘 길 없는 길, 생사 없는 영원한 진리를 찾아가는 길을 가는
데 바른 스승을 만나지 못하고는 목적지에 이를 수 없을 것이다.

아무리 좋은 나무도 훌륭한 목수를 만나야 큰 대들보가 될 수 있고, 아무리 좋은 흙이라도 훌륭한 도공을 만나야 찬란한 고려청자가 될 수 있는 것이다.

경허의 법제자인 만공(滿空, 1871~1946)은 참나를 깨닫기 위해서는 청정한 도량(道場)·바른 선지식(道師)·훌륭한 도반(道伴)의 3대 조건이 갖추어져야 하며, 특히 바른 선지식의 중요성을 강조하고 있다.

참선은 절대로 혼자서 하지 못하는 것이니 반드시 선지식을 여의지 말아야 하느니, 선지식은 인생 문제를 비롯하여 일체 문제에 걸림이 없이 바르게 가르쳐주느니라. …… 이(理)와 사(事)는 같은 원(圓)이라, 어느 각도에서 출발하든지 쉬지 않고 걸어가면 그 목적이 이루어질 수 있기는 하지만, 나를 발견하기까지는 선지식의 가르침이 없이는 될 수 없느니라. …… 선지식을 그 믿는 정도에 따라 자신의 공부가 성취되느니라. …… 이 법은 언어가 끊어지고 심행처(心行處)가 멸한 곳에서 발견되는 도리라, 다만 마음과 마음이 서로 응답하여 상속하는 법으로, 선지식의 직접 가르침이 아니면 배울 수 없는 도리니라. …… 나를 완성시키는 데는 3대 조건이 구비되어야 하는데, 그것은 도량·도사·도반이니라. …… 짚신 한 켤레를 삼는 데도 선생이 있고, 이름 있는 버섯 한 송이도 나는 땅이 있는데, 일체 만물을 총섭(總攝)하는 도를 알려는 사람이 도인의 가르침 없이 어찌 도인이 될 수 있으며, 천하정기(天下正氣)를 다 모아 차지한 도인이 나는 땅이 어찌 특별히 있지 않을 것인가. 그리고 도반의 감화력은 선생의 가르침

보다도 강한 것이니라.[14]

불법(佛法)은 입으로 설할 수 없는 법이지만 눈썹을 아끼지 아
니하고 설해야 하고, 귀로 들을 수 없는 법이지만 위법망구(爲法
忘軀 : 법을 위하여 몸과 목숨을 아끼지 않는 것)로 들어야 하고,
가르쳐줄래야 가르쳐줄 수가 없지만 가르쳐주려고 노력을 해야
하고, 배워서 알래야 알 수가 없지만 천리 만리를 멀다 하지 아
니하고 선지식을 찾아가서 배우려고 노력을 해야 하는 것이다.
스승한테서 무엇을 얻는 것은 아니지만, 스승이 없으면 바르게
수행을 할 수가 없고 바르게 수행을 아니 하면 바른 깨달음을 얻
을 수가 없기 때문이다.

눈으로 볼 수 있는 길, 길 있는 길을 갈 때에도 바른 안내자가
필요한데 하물며 눈으로 볼 수 없는 길, 길 없는 길을 갈 때에는
바른 스승이 없이 어찌 바르게 가며 바른 목적지에 이를 수가 있
겠는가?

마음을 닦는 이 길은 믿을 수 있는, 믿어지는 선지식으로부터
지도를 받아서 공부를 시작해야 하며 공부를 해가는 도중에도 항
상 바르게 하고 있는가를 점검받아야 한다. 깨달음의 경지에 이
르렀을 때에도 반드시 선지식의 점검을 받아서 인가를 받아야 하
며, 깨달은 뒤의 보림 공부에 있어서도 선지식의 직접적인 지도
를 받아야만 불조와 같은 경지에 이를 수가 있는 것이다.

우리가 사무치게 무상을 깨닫고 철저하게 발심을 해서 진실한
마음으로 간절한 마음으로 선지식을 만나기를 기원한다면 믿어
지는, 믿을 수 있는 선지식은 언제 어디에서도 만날 수 있다. 그
러나 모양(相見)으로 선지식을 구한다면 바른 선지식을 만나는

것은 어려울 것이다. 왜냐하면 모양으로 구하는 것은 삿된 견해(邪見)이고 삿된 견해는 삿된 법(邪法)이기 때문이다.

3. 늘 붓다를 따라 배우다

> 살갗을 벗겨 종이를 삼고
> 뼈를 쪼개어 붓을 삼고
> 피를 뽑아 먹물을 삼아서
> 경전을 베껴 써서 수미산처럼 쌓았지만
> 법을 소중히 여기므로 몸과 목숨도 아끼지 않았다.[15]

만화화상은 사미승 경허의 비범함과 영걸스러운 기상을 보고 기뻐하며 맞아들이니 당대의 대강사와 훗날 한국선을 중흥시킬 경허의 만남은 역사적 만남이라 할 것이다.

경허는 만화화상에게 붓다의 일대시교(一代時敎)를 배우기 시작했다. 일과의 경소(經疏)를 한 번 보고 외워 마치고는 하루 종일 잠만 잤으나 그 이튿날 논강(論講)을 할 때에는 마치 장작을 쪼개고 촛불을 켜는 것처럼 명쾌하고 논리정연했다. 한용운은 「약보」(略譜)에서 "공부를 하는데 한가하지도 바쁘지도 않게 해도 남보다 열배 백배 앞섰다"라고 했다.

만화화상이 경허가 잠이 많은 것을 꾸짖고, 그 재주를 시험하고자 특별히 『원각경』 가운데 「소초」(疏抄)까지 대여섯 장 내지 십여 장을 일과로 정해주었는데도 여전히 자며 다 외우니, 대중들이 모두 일찍이 없었던 일이라고 감탄하였다.

경허는 천성이 소탈하고 활달하여 밖으로 꾸밈이 없었다. 무더

운 여름에 경을 볼 때에 대중들은 모두 옷을 입고 앉아서 땀을
비오듯이 흘리는데, 경허는 혼자서 옷을 훌훌 벗어버리고 태연히
형상과 거동에 마음을 쓰지 않았다. 일우(一愚) 강사가 이를 보
고는 학인들에게 말하기를, "참으로 대승(大乘)의 법기(法器)로
다. 너희들은 도저히 미칠 수 없느니라" 하였다.

동학사뿐만 아니라 영남과 호남의 강원에 두루 참석하여 널리
배우니, 경허의 학문은 날로 일취월장하여 경·율·론 삼장뿐만
아니라, 유학과 노장까지도 정통하지 않음이 없었다. 한용운은
「약보」에서 "널리 내외전(內外典)을 섭렵하여 정통하지 않은 것
이 없어서 이름을 팔도에 떨쳤다"라고 적고 있다.

이러한 사실은 『경허집』을 통해 충분히 짐작할 수 있다. 비록
『경허집』이 경허가 남긴 법어의 극히 일부에 지나지 않지만 치열
한 수행과 방대한 독서, 심원한 사상과 고결한 인품, 위대한 깨
침과 웅혼한 삶을 짐작하고도 남음이 있다. 한 글자 한 글자가
삼세 모든 부처님의 골수요 한 구절 한 구절이 역대 조사의 안목
이니 실로 『경허집』은 참다운 닦음과 깨침의 정로(正路)요 참사
람 참삶의 거울이라 할 것이다.

경허는 경·율·론 삼장과 대·소승 경전에 정통하지 않음이
없었고, 반야공·화엄·법화·정토·계율 등 전 불교사상을 꿰
뚫고 있었으며, 유학과 노장까지도 두루 섭렵했던 웅대한 안목의
대선사였다.

4. 대강사가 되어

靑山은 나를 보고 말없이 살라 하고

한 글자 한 글자가 삼세 모든 부처님의 골수요 한 구절 한 구절이 역대 조사의 안목인 『경허집』(한국불교전서).

蒼空은 나를 보고 티없이 살라 하네.
탐욕도 벗어놓고 성냄도 벗어놓고
물같이 바람같이 살다가 가라 하네.

9세에 어머니를 따라 청계사로 제1출가를 하고 14세에 동학사로 제2출가를 한 후 10여 년을 절차탁마한 경허는 1868년 23세 때 대중의 요청으로 동학사에서 개강(開講)하였다. 훤칠한 키에 우렁찬 음성과 초연하고 호탕한 성품을 가진 23세의 젊은 강사의 기백은 수미산을 무너뜨릴 만했다. 그의 강의는 큰 파도와 같았다. 경허의 명성은 전국으로 퍼져나가 전국에서 수많은 학인들이 구름처럼 몰려들었다.

경허의 선시(禪詩) 가운데 계룡산의 화창한 봄날을 즐기며, 탈

속한 경지를 나타낸 시가 있다.

　　화창한 태평스러운 봄에
　　보고 볼수록 온갖 초목이 다 새롭네.
　　계룡산 위에 비가 내려
　　어젯밤 티끌을 함초롬히 적셨네.
　　熙熙太平春　看看百草新
　　鷄龍山上雨　昨夜浥輕塵[16]

　인적이 끊긴 깊은 산의 풍광과 경허의 깊은 내면 세계를 표출한 선시이다. 티끌세상을 여읜 물아일체의 고매한 경지를 표현하고 있다. 대강사가 된 경허는 계룡산 동학사에 학처럼 깃들이어 티끌세상을 한바탕 웃음에 날려버리고 밝은 달을 벗하며 20대를 보낸다.

　　地上에 비내리고 山頂엔 눈내린다
　　눈은 어찌하여 地上까지 오기 꺼리는가
　　산봉우리에 학처럼 깃들고 싶은
　　저 뜻 숨기기 위함인가.[17]

　그후 11년 동안 경허는 끝없이 교학을 연찬하는 한편, 젊은 대강사로서 명성을 전국에 떨친다.

수행과 성도

봄을 찾아서 모름지기 동쪽을 향해 가지 말아라
서쪽 뜰에는 찬 매화가 이미 눈 속에 피어 있느니라.
尋春莫須向東去　西園寒梅已破雪

1. 죽음에 직면하여 대발심하다

누가 옳고 누가 그른가
모두 꿈속의 일이로다.
북망산 아래
누가 너이고 누가 나인가.
誰是孰非　夢中之事
北邙山下　誰爾誰我[1]

경허가 34세가 되던 고종 16년(己卯年) 1879년 여름 어느 날,
옛 은사 계허 스님이 자상하게 돌보아주고 아껴주던 은혜가 생각
나서 한번 찾아뵙고자 하여, 강원의 대중에게 그 뜻을 말하고 길
을 떠났다. 계허는 환속해서 한양 근처에 살고 있었다.
경허는 길 가던 중 천안 근처에서 갑자기 폭풍우를 만나 비
를 피하려고 급히 어느 집 처마 밑으로 뛰어들어갔으나 그 집

주인이 내쫓았다. 그 마을 수십 집을 찾아갔지만 모두 내쫓으
면서 말하기를, "지금 이 마을에는 전염병이 크게 돌아 걸리기
만 하면 서 있던 사람도 죽으니 어찌 감히 손님을 받겠습니
까?" 하였다.

1879년 6월 전국에 폭우가 쏟아져 인명과 재산 피해가 막심했
으며 콜레라가 일본에서 전파되어 전국에 만연했다. 7월에는 콜
레라 창궐로 부산항의 무역이 중지될 정도였다.[2] 경허가 들어간
마을도 콜레라가 돌고 있었고, 집집마다 송장이 즐비하였다.

경허는 이 말을 듣고 모골이 송연하고 심신이 아찔하여 마치
죽음이 당장 임박한 것 같아 목숨이 호흡하는 사이에 있고, 일체
세간의 일이 모두 꿈 밖의 청산인 것같이 느껴졌다.

홀연히 생각하니 도시몽중(都是夢中)이로다. 천만고 영웅호
걸 북망산 무덤이요, 부귀문장 쓸데없다. 황천객을 면할소냐.
오호라, 나의 몸이 풀 끝에 이슬이요 바람 속의 등불이라.[3]

인간의 고독은 근원적으로 생과 사의 괴리에서 오는 것이 아닐
까? 생사가 본래 없음을 깨달아 생과 사가 하나라면 어찌 고독할
것인가? 인간이 본질적으로 고독한 원인은 나와 너 사이의 거리
가 아니라, 나와 참나 사이의 거리 때문이다. 나와 참나가 둘이
아니라면 생과 사가 어찌 둘이겠는가?

황혼의 산길을 거닐다가 한 마리 곤충의 시체를 발견했다.
바라보고 또 들여다본다……. 지금 이 우주의 아무도 이 곤충
의 죽음을 아는 이는 없다.[4]

붓다의 근본적인 가르침인 사법인(四法印) 즉 제행무상(諸行無常)·일체개고(一切皆苦)·제법무아(諸法無我)·열반적정(涅槃寂靜)은 중생들의 전도된 견해를 일깨워서 중생이 우주와 인생의 참모습을 깨닫게 하여 열반에 들게 하기 위해 설해진 것이다. 이 가운데 제행무상이란 현상계의 어떠한 것도 변하지 않고 영원한 것은 없다는 것인데, 이른바 우주는 이루어져 머물다가 파괴되어 없어져버리며(成·住·壞·空), 우리의 몸은 나서 늙고 병들어 죽으며(生·老·病·死), 우리의 생각은 일어나서 머물다가 변해서 사라져버린다(生·住·異·滅).

이와 같이 모든 존재가 무상하기 때문에 삶의 진정한 의미를 자각하게 되고, 삶의 맹목적 집착에서 벗어날 수 있는 것이다. 따라서 무상을 철저히 깨닫는 것이 열반으로 가는 첫걸음이 된다. 그래서 『금강경』에서 "일체의 함이 있는 법은 꿈과 같고 허깨비와 같고 물거품과 같으며 그림자 같으며 이슬과 같고 또한 번개와도 같으니 응당 이와 같이 관할지니라"[5]고 설하는 것이다.

붓다는 사람의 목숨이 참으로 무상함을 깨우쳐 육체에 대한 허망한 집착을 없애고 발심수행하여 참으로 영원한 진리의 세계로 이끌어 들이고 있다.

> 부처님께서 여러 사문에게 물으셨다.
> "사람의 목숨이 얼마 사이에 있느냐?"
> "며칠 사이에 있습니다."
> 부처님께서 말씀하셨다.
> "너는 아직 도를 닦을 수 없다."
> 다시 한 사문에게 물으셨다.

"사람의 목숨이 얼마 사이에 있느냐?"

"밥먹을 사이에 있습니다."

부처님께서 말씀하셨다.

"너는 아직 도를 닦을 수 없다."

다시 한 사문에게 물으셨다.

"사람의 목숨이 얼마 사이에 있느냐?"

"숨 내쉬고 들이쉬는 사이에 있습니다."

부처님께서 말씀하셨다.

"훌륭하도다. 너는 도를 닦는 이라고 말할 수 있느니라."[6]

간화선을 대성한 대혜종고(大慧宗杲, 1089~1163)는 무상(無常)이 덧없이 빠르고 나고 죽는 일이 크니 화두를 들고 용맹 정진할 것을 간곡히 권한다.

무상이 덧없이 빠르고 나고 죽는 일이 크니, …… 다만 생사 두 글자를 잡아서 코끝 위에 붙여두고 반드시 잊지 말고, 때때로 화두를 잡으십시오.[7]

보조지눌도 『권수정혜결사문』(勸修定慧結社文), 『수심결』(修心訣) 등 여러 저서에서 무상을 철저히 느끼고 발심수행할 것을 간절하게 당부하고 있다.

원컨대 모든 도를 닦는 사람들은 방일하지 말고 탐욕과 음욕에 집착하지 말며 머리에 붙은 불을 끄듯 비추어 돌아봄을 잊지 말아야 한다. 무상이 빨라서 몸은 아침 이슬과 같고 목숨은

지는 해와 같으니, 비록 오늘은 보존하나 내일은 또한 보존하기 어려운 것이니 모름지기 간절히 마음에 둘지어다. 모름지기 간절히 마음에 둘지어다.[8]

경허도 「진흙소의 울음」, 「등암화상에게 주다」(與藤菴和尙), 「참선곡」(參禪曲), 「가가가음」(可歌可吟) 등 여러 법어에서 무상을 사무치게 자각하고 머리에 붙은 불을 끄듯이 참선 수행해야 나고 죽음에서 해탈할 수 있음을 가르치고 있다.

인생의 한 세상이 마치 천리마가 틈을 지나가는 것과 같으며, 덧없음이 풀 끝에 맺힌 이슬과 같으며, 위태로움이 바람 앞에 등불 같다. 온갖 계교를 다 부려도 마지막 이르는 곳은 한 무더기 마른 뼈뿐이로다. 생각해보니 이와 같이 무상이 덧없이 빠르고 생사의 일이 크고 급한 것이라, 급하기는 머리에 붙은 불을 끄듯이 해야 한다. 태어났어도 온 곳을 모르며 죽어도 가는 곳을 모르며 업식(業識)이 아득하고 몸은 무너지며 불길이 치솟아 사생(四生)과 육취(六趣)가 가슴속으로부터 잉태되니 어찌 두렵지 아니하랴. 만약 참되고 바르게 참선하여 불도를 배움이 없으면 어떻게 생사의 업력을 대적하리요.

人生一世 如驥駒過隙 焂如草露 危如風燈 用盡百計 艱辛到頭 一堆枯骨 念此無常迅速 生死事大 急急如救頭燃 生不知來處 死不知去處 而業識茫茫 機關紛綸 薪火蕩搖 四生六趣 胎孕于胸中 豈不可畏哉 若未有眞正參學 如何抵敵生死業力[9]

깨친 경계에서는 생사는 본래 없는 것이고, 존재의 무상함이 살아 있는 진리의 모습이지만, 참나를 깨닫지 못한 범부 중생의 경계에서는 살아 있는 진리의 모습이 바로 무상한 것이다. 깨친 부처와 조사의 경계에서는 무상 속에서 영원을 살아가지만, 깨치지 못한 범부 중생의 경계에서는 영원 속에서 무상을 살아가는 것이다. 따라서 깨닫지 못한 범부 중생의 입장에서는 무상을 철저히 느껴서 대발심을 하는 것이 생사해탈의 첫걸음이며 참선 수행의 밑바탕이 된다.

> 옥토끼 오르내려 늙음을 재촉하고
> 금까마귀 들락날락 세월을 재촉하네
> 명예와 재물을 구함은 아침 이슬이요
> 괴로움과 영화는 저녁 연기로다. [10]

경허는 경·율·론 삼장에 정통하고 유학과 노장까지 두루 섭렵하지 않은 것이 없는 당대의 대강사였지만, 죽음의 벼랑에 이르러서는 문자와 중생의 알음알이는 아무 소용이 없음을 사무치게 절감하고는 대발심을 했다. 그리고 스스로 "금생에 차라리 바보가 될지언정 문자에 구속되지 않고 조도를 찾아 삼계를 벗어나리라"고 다짐하였다.

2. 오직 깨침으로써 법칙을 삼아

> 이름과 모양 분별함을 쉴 줄 모르고
> 바다 속 모래 헤아리듯 헛되이 스스로 피곤하였도다.
> 문득 여래의 호된 꾸지람을 들었으니

남의 보배 세어서 무슨 이익 있을 건가.[11]

자기 마음속에 무진장한 보배는 계발하지 않고 부처와 조사의
말만 읽고 익히는 것은 남의 보배만 세는 것이다. 아무리 밥 이
야기를 해도 끝내 배부르지 않듯이, 설사 팔만대장경을 다 읽고
외워서 설한다 할지라도 실답게 참구하여 실답게 깨치지 못한다
면 눈빛이 땅에 떨어질 때 아무 소용이 없는 것이다.

불교의 진면목은 채움이 아니라 비움에 있으며, 배움이 아니라
배울 수 없음에 있으며, 가르침이 아니라 가르칠 수 없음에 있으
며, 언어 문자가 아니라 언어 문자가 끊어짐에 있으며, 지식이
아니라 지혜에 있으며, 앎이 아니라 깨침에 있다.

불법의 심오한 뜻은 언어 문자나 사량분별로는 도저히 알 수
없는 것이며, 위없는 바른 깨침을 이루어 불성(佛性)을 바로 보
아야만 알 수 있는 것이다. 그러므로 『법화경』에서 불법은 생각
이나 분별로는 이해할 수 없으며 오직 견성성불한 부처만이 알
수 있음을 설한 것이다.

내가 무수한 방편과 갖가지 인연과 이야기로 모든 법을 연설
하지만, 이 법은 생각이나 분별로는 능히 이해할 수 없는 것이
니, 오직 부처님들만이 아시느니라.[12]

『원각경』(圓覺經)에서는 "하물며 사유가 있는 마음으로 여래의
원각(圓覺)의 경계를 헤아리겠는가? 마치 반딧불로써 수미산을
태우려면 끝내 될 수 없는 것과 같이, 윤회의 마음으로 윤회의
소견을 내어 여래의 큰 적멸(寂滅)의 바다에 들려면 끝내 이르지

해동화엄의 초조(初祖)
의상의 표준영정.

못하느니라"[13]고 하여 사량분별심으로는 여래의 깊은 경계를 알
려고 하는 것이 불가능함을 밝히고 있다.

　의상(義湘, 625~702)도 「법성게」(法性偈)에서 "법성은 원융
하여 두 모습 없고 모든 법은 부동하여 본래 고요하네. 이름도
없고 모습도 없어 일체가 끊어져 깨친 지혜로 알 바요 다른 경계
가 아니로다"[14]고 하여, 오직 법성을 깨친 부처만이 알 수 있음
을 노래하고 있다.

　오직 깨쳐야만 알 수 있기 때문에 불법은 깨침으로써 법칙을
삼는 것이다. 간화선을 대성한 대혜종고 선사는 모든 불조가 다

만 스스로 깨닫게 했으니 깨침을 법칙으로 삼아서 반드시 스스로 깨쳐야 함을 여러 곳에서 거듭 역설하고 있다.

모든 부처와 조사가 다 한 법도 사람에게 주심이 없고, 다만 종요로이 당사자가 스스로 믿고 스스로 긍정하며 스스로 보고 스스로 깨닫게 할 뿐이다.[15]

고덕이 말씀하시되, '지극한 이치를 궁구함은 깨침으로써 법 칙을 삼는다' 하시니 만일 설법하여 하늘꽃이 어지러이 떨어진 다 하더라도 깨닫지 못하면 모두 어리석고 미처 밖으로 치닫는 것일 뿐입니다.[16]

보조지눌은 『진심직설』(眞心直說) 등 여러 저서에서 부처와 조 사가 중생들로 하여금 스스로 본성을 보게 하였으며, 오직 참마 음을 깨쳐야 함을 밝히고 있다.

부처와 조사가 세상에 나오셔서 법을 사람들에게 주심이 없 고, 다만 중생들로 하여금 스스로 본성을 보게 하셨다. ……
대도(大道)는 심오하고 비어서 유(有)도 아니고 무(無)도 아니 며, 참마음은 그윽하고 미묘하여 생각도 끊어지고 논의도 끊어 진 것임을 어찌하랴. 그러므로 그 문으로 들어오지 못한 자는 비록 5천 권 장경의 가르침을 다 살펴보더라도 많다고 할 수 없겠지만, 참마음을 환하게 깨달은 자는 다만 한마디의 헤아리 고 비교함을 내어도 벌써 군일이다.[17]

서산대사(西山大師, 1520~1604)도 문자나 중생의 사량분별 심으로는 깨달을 수 없으며 오직 깨쳐야 생사를 요달할 수 있음을 밝히고 있다.

말만 배우는 무리들은 말할 때에는 깨친 듯하다가도 실지 경계에 당하게 되면 도리어 미혹하게 되니, 이른바 말과 행동이 서로 어긴 자로다. 만일 생사를 막아내려면 모름지기 이 한 생각을 탁 깨뜨려야만 비로소 생사를 요달하리라.[18]

경허도 불조(佛祖)의 가르침이 오직 마음 깨쳐 성불하는 데 있으니, 깨침으로써 법칙을 삼아 자기의 마음을 닦을 것을 간곡히 당부하고, 문자와 중생의 알음알이로는 결코 생사 윤회를 뛰쳐날 수 없음을 토로하고 있다.

고인이 이르시되, '지극한 이치를 궁구함은 깨침으로써 법칙을 삼으라' 하였으니, 대저 불법을 배우는 이가 진실된 경지를 밟지 않고 문자와 알음알이로 따지니 이는 모두 업의 바람(業風)의 힘에 유전하는 것이라, 마침내 부서져 무너지고 마니 스스로 자기집 살림살이를 점검하고 깨달아서 소홀히 하지 마십시오.

古人云 研窮至理 以悟爲則 大抵學佛者 脚不踏實地 文字知解 盡是風力所轉 終成敗壞 自家點檢理會 不得鹵莽[19]

요컨대 불교사상사의 대종장 대선지식들이 한결같이 설하는 바 중생의 알음알이 사량분별로는 도저히 생사를 요달할 수 없고 오직 스스로 닦아서 스스로 깨쳐야만 성불할 수 있기 때문에, 깨

침으로써 법칙을 삼을 수밖에는 없는 것이다. 참으로 깨침은 불
교의 생명이니 마땅히 깨침으로써 법칙을 삼고(以悟爲則) 깨침으
로써 표준을 삼아야 하는(以悟爲準) 것이다.

> 가령 설법을 구름 덮듯 비 내리듯 하여
> 하늘에서 꽃비 내리고 바위가 끄덕여도
> 마른 지혜(乾慧)로는 생사(生死)를 면치 못하리니
> 생각하면 이것도 허망할사 뜬 일이로다.[20]

콜레라가 창궐하는 마을에서 대발심을 한 경허는 평소에 읽은
바 화두를 생각해보니, 의리(義理)로써 배우던 습성 때문에 모두
알음알이가 생겨나서 참구가 되지 않았다.
오직 영운지근(靈雲志勤, 당대 선사)의 '여사미거 마사도래'
(驢事未去 馬事到來 : 나귀의 일이 가지도 않아서 말의 일이 왔
다)라는 화두는 알 수도 없고 은산철벽(銀山鐵壁)에 부딪힌 듯하
여 곧바로 이 화두를 참구하였다. '여사미거 마사도래'라는 화두
는 『전등록』(傳燈錄) 권11과 『조당집』(祖堂集) 권19에 나오는 화
두이다.[21]

어느 날 한 승려가 영운 선사를 찾아와 불법의 대의를 물었다.
"불법의 대의가 무엇입니까?"
"나귀의 일이 가지도 않아서 말의 일이 왔느니라."

경허는 옛 은사 계허를 찾아가던 길을 되돌려 '여사미거 마사
도래'라는 화두를 참구하며 계룡산 동학사로 되돌아왔다.

필자는 1300여 년 전 원효가 의상과 함께 당나라로 유학 가는 도중에 깨침을 얻고 신라로 되돌아온 일과 100여 년 전 경허가 옛 은사를 찾아가는 도중에 콜레라가 창궐한 마을에서 대발심하고 동학사로 되돌아온 일을 한국불교사에서 대단히 중요한 사건으로 보고 있다.

650년 당시 34세의 원효(元曉, 617~686)와 26세의 의상은 1차 당나라 유학을 시도하나 고구려 요동까지 갔다가 순라군에게 간첩 혐의로 잡혀 감옥에 갇히게 되었다가 간신히 탈출하여 신라로 되돌아온다.

그후 10여 년이 지나서 백제가 망하여 바닷길이 열리게 되자 원효는 다시 의상과 함께 당나라로 구법(求法)의 길을 떠난다. 2차 유학을 시도한 때가 661년 원효가 45세, 의상은 37세였다. 당나라로 가는 배를 타기 위해 항구로 가는 도중에 심한 비바람을 만나 땅막(土龕)에서 하룻밤을 자게 되었다. 이튿날 아침에 일어나 보니 그곳은 땅막이 아니라 옛 무덤이었다. 비가 계속 내려서 무덤 속에서 하룻밤을 더 지내게 되었다.

그러나 그날 밤은 잠을 이룰 수가 없었다. 어젯밤에는 땅막이었기에 편히 잘 수 있었으나, 오늘밤은 무덤이기 때문에 잠을 이룰 수 없는 것이다. 여기에서 원효는 크게 깨닫고 신라로 되돌아왔다.

> 마음이 일어나므로 갖가지 법(존재, 현상)이 일어나고
> 마음이 없어지므로 땅막과 무덤이 둘이 아니네
> 삼계는 오직 마음이요
> 만법은 오직 식일 뿐이다
> 마음 밖에 법이 없는데 어찌 따로 구하겠는가. [22]

한국불교의 첫새벽
원효의 표준영정.

   원효는 옛 무덤 속에서 깨침을 얻고 신라로 되돌아왔고, 경
허는 시신이 널려 있는 참혹한 마을에서 대발심을 하여 동학
사로 되돌아왔다. 우리는 언제 어디에서 대발심을 하고 깨침
을 얻어야 하며 또 어디로 되돌아가야 하는가? 바로 지금 바로
여기에서 대발심을 하고 깨침을 얻어 참나로 되돌아가야 하지
않을까.

3. 처절한 수행

무상이 덧없이 빠르고
나고 죽는 일이 크니
마땅히 부지런히 정진하라
머리에 붙은 불을 끄듯이.
無常迅速　生死事大
當勤精進　如救頭燃

화두의 의미와 본질

중국불교사에서 당대(唐代)의 뛰어난 선승(禪僧)들에 의해 완성된 선불교(禪佛敎)는 대승불교사상의 정수인 반야공(般若空)사상과 불성(佛性)사상을 사상적 토대로 하고, 본각(本覺)·불각(不覺)·시각(始覺)의 수증구조(修證構造)를 실천적 토대로 하고 있다. 그리고 하나의 종파불교(宗派佛敎)로서의 선종이 아니라 종래의 모든 불교사상을 선의 실천으로 재정립하여, 붓다의 근본 정신을 역사와 대중 앞에 구현하려는 가르침이다.

선불교는 조사선(祖師禪)·묵조선(默照禪)·간화선(看話禪)으로 전개되는데, 송대(宋代) 대혜종고 선사에 의해서 대성된 간화선은 화두를 참구하여 화두를 타파하고 진여불성을 깨닫는 수행으로 고려시대 보조지눌이 주창한 이후 오늘에 이르기까지 한국불교의 주요한 수행 방법으로 자리잡고 있다.

화두(話頭)란 '말'이란 뜻으로 두(頭)는 어조사이다. 깨침을 판단하고 지극한 이치를 드러내는 참말이요 산 말귀이다. 참선 수행자에게 참구하는 과제로 주어지는 지극한 이치를 표시하는

불조의 기연(機緣)이나 언구(言句)·문답·동작을 말하며, 공안
(公案)·고칙(古則)·화칙(話則)·조사관(祖師關)이라고도 한다.
보통 『전등록』에 수록된 불조 1701인의 숫자에 따라서 천칠백공
안이라고 말하지만, 법계의 삼라만상(森羅萬象) 두두물물(頭頭物
物)이 공안 아닌 것이 없다.

 '공안'이란 '공부지안독'(公府之案牘)의 준말로 원뜻은 관청의
문서 또는 법령을 말하나 선종에서는 수행인의 지침이 되고 좌
표가 되는 불조의 기연언구(機緣言句)를 말한다. 부처님과 조사
들이 깨달은 기연을 공안이라고 하는 것은 국가의 법령이 누구
나 준수해야 하는 법령인 것처럼 수행인의 깨달음이 불조의 깨
달음과 계합하는지를 점검하는 법령과 같은 것이기 때문이다.
그리고 '고칙'이란 옛 불조의 기연언구가 종지(宗旨)를 열어 보
인 불변의 법칙이라는 의미이다. '조사관'이란 화두가 견성성불
(見性成佛)하기 위하여 통과해야 하는 종문(宗門)의 관문(關門)
이라는 의미이다.

 중봉명본(中峰明本) 선사는 『산방야화』(山房夜話)에서 공(公)
과 안(案)의 참뜻과 공안이라고 이름붙인 이유에 대해서 자세히
언급하고 있다.

 공안이라고 한 것은 관청에 있는 문서에다 비유해서 말한 것
 입니다. 국가에는 법령이 있어야만 왕도정치가 제대로 실현되
 는지를 알 수 있습니다. '공'이란 훌륭한 도를 깨달아 세상사
 람들에게 그 길을 모두 함께 가도록 하는 지극한 가르침이며,
 '안'이란 성현들께서 그 도를 수행하는 바른 방법을 기록한 것
 입니다.

무릇 천하를 다스리는 자라면 누구든지 관청을 설립하지 않을 수 없고, 관청이 설치되면 자연히 그것을 운영하는 법령이 없을 수가 없습니다. 이렇게 하는 이유는 바른 이치를 받아들여 법령을 만들고 바르지 못한 것들을 박멸하려고 그러는 것입니다. 공안이 시행되면 바른 법령이 통용되고, 바른 **법령**이 통용되면 천하의 기강이 바로잡히고, 기강이 바로잡히면 왕도정치가 제대로 되는 것입니다.

부처님과 조사들이 깨우치게 된 계기를 공안이라 이름붙인 이유도 역시 위와 같은 뜻에서 그랬습니다.[23]

요컨대 불조의 기연언구인 공안은 불조가 일상의 언어와 일상의 몸짓으로 바로 실상(實相)을 열어 보인 것이며 붓다의 팔만장교를 한 말귀 한 몸짓 안에 담아낸 것으로 모든 부처님의 면목이며 조사들의 골수이므로 간화수행자(看話修行者)가 반드시 타파해야 할 관문이며 수행인의 깨달음을 점검하는 법령과 같은 것이다.

따라서 공안은 이론이나 사량분별로 알 수 있는 것이 아니며, 오직 진여불성을 철견하고 자기의 본래면목(本來面目)을 깨친 사람만이 알 수가 있는 것이다. 마음의 눈을 떠서 확철히 깨쳐야만 알 수 있는 것이지 그 전에는 절대로 알 수 없는 것이다.

이론이나 사량분별로는 도저히 알 수 없는 이 공안은 나쁜 지견이나 알음알이를 꺾는 무기요,[24] 생사의심(生死疑心)을 깨뜨리는 칼이다.[25] 번뇌망상의 어둠을 밝혀주는 지혜의 횃불이며, 보고 듣는 것에 얽매인 결박을 끊어주는 날카로운 칼날이며, 번뇌의 뿌리를 끊어버리는 날카로운 도끼이며, 성인과 범부를 가려내

는 신령스러운 거울이며,[26] 알음알이를 못 붙게 하는 한 덩이 불
과[27] 같은 공능을 갖고 있어서 공안을 참구하는 수행인에게 지혜
의 안목을 열어주고 본래면목을 깨닫게 하여 생사윤회의 굴레를
벗어나게 하는 것이다.

> 말이 많고 생각이 많으면
> 더욱더 상응치 못함이요
> 말이 끊어지고 생각이 끊어지면
> 통하지 않는 곳 없느니라.[28]

활구참선

깨달음에 이르는 관문이 공안이며 공안을 참구하는 바른 수행
법이 활구참선(活句參禪)이다. 참선은 사구참선(死句參禪)과 활
구참선으로 나누어 볼 수 있는데, 사구참선은 공안을 이론으로
따지고 더듬어서 알아 들어가는 참선이고, 활구참선은 일체 이론
을 배제하고 오직 꽉 막힌 알 수 없는 의심으로 공안을 관조해
나가는 참선이다.

공안을 이론적으로 분석하거나 사량분별로 따져 들어가거나 또
는 상식과 지식으로 더듬어 알아 들어가는 사구참선으로는 결국
중생심 · 분별심 · 사량분별심 · 생사심을 여의지 못하기 때문에 깨
달음에 이르지 못하고 생사윤회를 벗어날 수 없는 것이다. 생사윤
회가 중생의 생사심(生死心)으로 인해서 일어난 것인데, 생사심을
치성하게 해서 어떻게 생사를 벗어날 수 있겠는가? 따라서 일체의
말길이 끊어지고 이치길이 끊어지고 마음길이 끊어진 활구참선을
해야 공안을 타파하고 생사해탈을 할 수 있는 것이다.

설두중현(雪竇重顯, 980~1052)이 『전등록』에 실린 천칠백공안 중에서 100칙을 선택하여 송(頌)을 붙이고, 원오극근(圜悟克勤, 1063~1125)이 그 송고(頌古)에 대하여 수시(垂示)·착어(著語)·평창(評唱)을 붙인 『벽암록』(碧巖錄)에서 반드시 활구참선을 해야 함을 강조하고 있다.

모름지기 활구를 참구하고 사구를 참구하지 말라. 활구 아래 얻으면 영겁에 잊지 않을 것이요, 사구 아래 얻으면 자신도 구제하지 못할 것이다.[29]

무문혜개(無門慧開, 1183~1260)는 『무문관』(無門關)에서 참선은 조사의 관문을 뚫어야 하고 묘한 깨달음은 마음길이 끊어져야 함을 설파하고 있다.

참선은 모름지기 조사의 관문을 뚫어야 하고, 묘한 깨침은 마음길이 끊어져야 한다.[30]

보조지눌(普照知訥)도 『간화결의론』(看話決疑論)에서 참선하는 이는 열 가지 병에 걸리지 않고 바로 깨닫는 활구참선을 해야 함을 역설하고 있다.

선문의 여실한 언구를 만일 교문에 비하면 비록 간략하지만, 만일 경절문의 화두에 비하면 불법에 대한 알음알이가 있으므로 열 가지 병을 벗어나지 못하는 것이다. 그러므로 '대저 참선하여 도를 배우는 이는 모름지기 활구를 참구하고 사구를 참

구하지 말라. 활구 아래 얻으면 영겁에 잊지 않을 것이요 사구
아래 얻으면 자신도 구제하지 못할 것이다'라고 이르셨다. 그
래서 대혜 선사는 재미없는 화두로써 참선하여 도를 배우는 이
들로 하여금 참구하게 하여 열 가지 병에 걸리지 않고 곧바로
깨달아 삼구(三句)를 능히 부리고 삼구에 부리는 바가 되지 않
게 하였다. …… 삼가 바라노니 관행하여 세간을 벗어나려는
이는 선문의 활구를 참구하여 빨리 보리를 증득하면 심히 다행
하고 심히 다행한 일이다.[31]

서산대사도 『선가귀감』, 『심법요초』(心法要抄) 등 여러 저술에
서 활구에서 깨치면 불조의 스승이 될 것이고, 사구에서 깨치면
자신도 구제하지 못함을 천명하고 있다.

대저 참선학자는 모름지기 활구를 참구하고 사구를 참구하
지 말라. 활구 아래 깨달으면 불조의 스승이 되고, 사구 아래
깨달으면 자신도 구제하지 못한다. 활구는 경절문(徑截門 : 바
로 끊어드는 문)이니 마음길과 말길과 모색이 없기 때문이고,
사구는 원돈문(圓頓門 : 원돈교의 문)이니 이치길과 마음길과
견문과 이해와 사상이 있기 때문이다.[32]

경허도 「13세 동자 경석에게 보이다」(示慶奭十三歲童子)에서
참선은 조사관을 뚫어야 하고 묘한 깨침은 마음길이 끊어져야 하
며, 총명으로는 업력을 대적하지 못하며 건혜로는 생사를 면할
수 없음을 단언하고 있다.

　　참선은 모름지기 조사의 관문을 뚫어야 하고, 묘한 깨달음은 마음길이 끊어져야 한다. 총명으로는 능히 업력(業力)을 대적하지 못하며, 건혜(乾慧)로 어찌 능히 생사를 면하겠는가? 그러므로 생사윤회를 면하고자 한다면 오로지 선정(禪定)의 힘을 익혀야 한다.

　　參禪須透祖師關 妙悟要窮心路絶 聰明不能敵業力 乾慧豈能免生死 故欲免輪廻 專習定力[33)]

　　설사 구름 덮고 비 내리듯이 법을 설해서 하늘에서 꽃비가 내리고 바위가 끄덕끄덕 할지라도, 확철대오하지 못하면 생사를 면할 수 없다. 생사 없는 도리는 설할래야 설할 수 없고, 들을래야 들을 수 없는 것이라 중생의 분별망상으로는 도저히 알 수 없는 것이기 때문이다. 그러므로 일체의 마음길과 말길과 이치길이 끊어지고 다만 알 수 없는 의심으로 공안을 참구하는 활구참선을 해야만 진여불성을 깨달아 불조의 스승이 될 수 있는 것이다.

　간화선의 닦음과 깨침의 구조

　　가히 우습다 소 탄 자여
　　소를 타고 다시 소를 찾는구나.
　　可笑騎牛者 騎牛更覓牛

　　일체의 이론을 배제하고 다만 알 수 없는 꽉 막힌 의심으로 공안을 참구해 나가는 간화선의 닦음과 깨침의 구조는 다음과 같다.

| 불각(不覺) | → 시각(始覺) | → 본각(本覺) |
| 번뇌망상(煩惱妄想) | → 공안 참구(公案參究) | → 불성(佛性) |

본각(본래 깨쳐 있음)에 입각해서 보면 일체 중생이 다 진여불성을 구족하고 있기 때문에 본래 부처이므로 닦을 것도 깨달을 것도 없다. 그러나 불각(깨치지 못하고 무명망상으로 미혹함)에 입각해서 보면 현실적으로 깨닫지 못한 범부 중생이고, 시각(수행하여 비로소 깨침)에 입각해서 보면 몸과 목숨을 바쳐서 공안을 참구해야 하는 것이다. 일체 중생이 불조와 조금도 차별이 없는 부처님이지만(本覺) 깨닫지 못한 부처님이기 때문에(不覺) 닦음이 없이 닦아야 하는 것이다(始覺).

불교의 본질이 생사 속에서 생사 없는 이치를 증득해서 그 생사 없는 이치를 자유자재로 써서 일체 중생을 제도하는 데 있다면, 생사 없는 이치를 깨닫는 수행법도 또한 생사와 번뇌, 망상을 여의고 따로 찾는 것이 아니다.

번뇌가 곧 보리니, 앞 생각을 붙잡아 미혹하면 곧 범부요 뒷생각에 깨달으면 곧 부처이니라.[34]

생사를 버리고 열반을 구하는 것이 아니라 생사 속에서 바로 열반을 증득하며, 번뇌망상을 끊고 지혜를 찾는 것이 아니라 번뇌망상 속에서 바로 지혜를 증득하는 것이다. 마조도일(馬祖道一, 707~788)의 제자인 대주혜해(大珠慧海)는 『돈오입도요문론』(頓悟入道要門論)에서 돈오(頓悟 : 몰록 깨침)를 닦는 사람은 이 몸을 떠나지 않고 삼계를 뛰어남을 설하고 있다.

돈오를 닦는 사람은 이 몸을 떠나지 아니하고 곧 삼계를 뛰어나나니, 경에 이르기를 '세간을 무너뜨리지 아니하고 세간을 뛰어나며 번뇌를 버리지 아니하고 열반에 들어간다'고 하였느니라.[35]

보조지눌은 『법집별행록절요병입사기』(法集別行錄節要並入私記)에서 이러한 수행이 진정한 버림이요 진정한 끊음이며 진정한 닦음임을 역설하고 있다.

이 뜻은 번뇌를 끊고 보리를 얻는 것이 아니라 바로 번뇌를 요달(了達)하는 것을 보리라 한다는 것이니, 그것이야말로 진정한 닦음이요 진정한 끊음이다. 그러므로 옛 스님이 이르시되, '보살이 미혹한 때에는 보리로써 번뇌를 삼고, 보살이 깨달았을 때에는 번뇌로써 보리를 삼는다'고 하신 말씀이 바로 이 뜻이다.[36]

따라서 간화선의 수행도 번뇌망상을 버리고 공안을 참구하는 것이 아니라, 일어나는 번뇌망상에 즉해서(번뇌망상이 일어날 때 그 번뇌망상을 여의지 말고) 알 수 없는 의심으로 공안을 참구하는 데 그 요체가 있는 것이다. 일어나는 번뇌망상을 돌이키고 돌이켜서 그 번뇌망상의 근본을 요달해서 깨달음을 얻게 되는 것이다. 번뇌망상의 자성(自性)이 따로 있는 것이 아니고 그 참 성품이 바로 불성(佛性)이기 때문에, 일어나는 번뇌망상을 돌이키고 돌이켜서 그 근원으로, 불성으로 돌아가는 것이 간화수행(看話修行)이다.

지눌은 『원돈성불론』(圓頓成佛論)에서 무명망상(無明妄想)의 자성이 따로 없으며 무명망상이 온전히 법신(法身)·보신(報身)·응신(應身) 삼신(三身)과 성소작지(成所作智)·묘관찰지(妙觀察智)·평등성지(平等性智)·대원경지(大圓鏡智) 사지(四智)의 근원임을 설파하고 있다.

일체 중생의 무명망상은 제 성품이 따로 없다. 그것은 온전히 시방세계 모든 부처의 삼신(三身)과 사지(四智)의 근원이다. 그러므로 '모든 부처의 근원을 알고자 하면 제 무명이 본래 부처임을 깨달으라' 한 것이다.[37]

경허도 「승화상인에게 주다」(贈承華上人)에서 영가현각(永嘉玄覺, 665~713)의 『증도가』를 인용하여 무명(無明)의 참 성품이 곧 불성임을 설하고 있다.

무명의 참 성품이 곧 불성이요, 허깨비 같은 빈 몸이 곧 법신이로다.
無明實性 卽佛性 幻化空身 卽法身[38]

강을 거슬러 올라가면 마침내 그 강의 수원지에 도달하듯이 일어나는 모든 번뇌망상을 거슬러 올라가면 반드시 그 번뇌망상의 근원지에 도달하게 된다. 번뇌망상의 참 성품이 곧 불성이기 때문에 번뇌망상을 거슬러 올라가면 마침내 불성에 도달하게 되는 것이다.

모든 번뇌망상을 거슬러 올라가는 방법이 바로 공안 참구이다.

일어나는 번뇌망상에 즉해서 자기의 본참 공안(本參公案)을 다만 알 수 없는 의심으로 한결같이 관조해 나가면 그 번뇌망상의 근원지인 마음자리에 도달하게 되는 것이다.

경허는 「등암화상에게 주다」에서 어느 때 어느 곳에서나 번뇌 망상을 무자 공안(無字公案) 위에 돌이켜서 의심해 오고 의심해 가면 깨달음에 계합하게 됨을 설하고 있다.

만일 참구하는 수행문을 논하자면 어떤 스님이 조주(趙州, 778～897) 스님에게 묻되, '개도 불성이 있습니까?' 조주가 이르되, '없느니라' (無)고 하였느니, 꿈적거리는 미물도 다 불성이 있다고 하였거늘 조주는 무엇 때문에 '없느니라' 고 하였는가.

옷을 입고 밥을 먹고 대소변을 보거나 시봉하고 남을 가르치거나 경을 읽고 손님을 맞이하고 보내거나 가고 머물고 앉고 눕는 어느 때 어느 곳에서나 빛을 돌이켜 비추어보고 이 공안을 들고 오고 들고 가며 의심해 오고 의심해 가며 살펴서 다시 관하여 갈고 다시 닦아서 사량분별심과 세간의 번뇌심을 다만 무(無)자 위에 돌이켜놓는다.

이와 같이 공부하기를 날이 오래고 달이 깊으면 자연히 깨달음에 계합하리니, 마치 굶주린 이가 한술 밥으로 능히 단번에 배부르지 못하며 글씨를 배우는 이가 한 권의 종이로 능히 글씨를 이루지 못함과 같느니라. 굳건한 마음을 판단하여 처음부터 끝까지 달리 함이 없으면 그 도를 이루기 쉬우리라.

若論參究行門 如僧問趙州 狗子還有佛性也無 趙州云無 蠢動含靈 皆有佛性 趙州因甚道無 着衣喫飯 屙屎放尿 侍奉敎導 看

讀迎送 乃至行住坐臥 一切時處 廻光返照 擧來擧去 疑來疑去
察而復觀 磨而復硏 將思量世間塵勞之心 回來秖在無字上 如是
用功 日久月深 自然契悟 如療飢者 一匙食 未能頓飽 學書者 一
卷紙 未能成文 辦堅實心 始終莫異 其道易成 [39]

일어나는 번뇌망상에 즉해서 화두를 드는 것이 바로 삼독(三
毒 : 貪 · 瞋 · 癡)을 돌이켜 삼취정계(三聚淨戒)로 삼는 길이고,
육식(六識)을 돌이켜 육신통(六神通)으로 삼는 길이며, 번뇌(煩
惱)를 돌이켜 보리(菩提)로 삼는 길이고, 무명(無明)을 돌이켜
대지(大智)로 삼는 길이다.

땅으로 인하여 넘어진 사람은 땅으로 인하여 일어나야 하는 것
처럼, 번뇌망상으로 인하여 육도윤회를 하는 중생은 번뇌망상으
로 인하여 육도윤회를 해탈하는 것이다. 한 생각 미혹하면 깨닫
지 못한 중생이요, 화두를 들어 한 생각 돌이켜서 근원에 사무쳐
버리면 바로 부처인 것이다.

깨치지 못하면 부처가 곧 중생이요 한 생각 깨치면 중생이
곧 부처니라. [40]

지눌은 『권수정혜결사문』에서 한마음을 미(迷)하여 번뇌망상을
일으키면 중생이며, 한마음을 깨달아 묘한 작용을 일으키면 부처
임을 분명히 밝히고 있다.

공손히 들으니, '땅으로 인하여 넘어진 사람은 땅으로 인하
여 일어난다' 했으니, 땅을 여의고 일어나려는 것은 있을 수

없는 일이다. 한마음을 미하여 가없는 번뇌를 일으키는 이는 중생이요, 한마음을 깨달아 가없는 묘한 작용을 일으키는 이는 부처이니, 미함과 깨침은 비록 다르지만 요컨대 다 한마음으로 말미암는 것이어서 마음을 여의고 부처를 구한다는 것은 또한 있을 수 없는 일이다.[41)]

간화선의 닦음과 깨침의 구조를 비유해서 설명하면, '끊임없이 일어나는 번뇌망상을 섶으로 삼고(不覺), 화두라는 아궁이에다가 그 일어나는 번뇌망상을 바로 집어넣고 태워서(始覺), 지혜라고 하는 불을 타오르게 해서 열반이라고 하는 밥을 짓는다(本覺)'라고 할 수 있다.

불각　　　→ 시각　　　　→ 본각
번뇌망상　→ 공안　→ 지혜　→ 열반
섶　　　　→ 아궁이 → 불　→ 밥

간화선은 참나를 믿고 참나를 찾아서 참나를 깨닫는 공부이며, 공안을 참구하는 것은 참나를 찾는 그 놈을 다시 되찾는 공부이다. 먼저 본래 부처인 참나를 철저히 믿고, 일어나는 한 생각에 즉해서 알 수 없는 의심으로 공안을 들어 참나를 찾는 그 놈을 다시 되찾는 것이다.

공안 참구는 참나를 찾는 그 놈을 다시 되찾는 공부이며, 중생심(衆生心)에서 본래심(本來心)으로 돌아가는 공부이며, 한 생각 돌이켜 한 생각의 근원을 요달하는 공부이며, 한 글자도 없는 경전을 읽는 공부이며, 시각으로써 본각에 계합하는 공부이며, 바로 지금 바로 여기에서 부처되는 공부라고 할 수 있다.

요컨대 간화선의 닦음과 깨침의 구조는 일어나는 한 생각에(不覺) 즉해서 화두를 들어서 그 한 생각을 돌이키고 돌이켜서(始覺), 한 생각의 근원을 요달해서 진여불성으로(本覺) 돌아가는 본각과 시각의 중도적 닦음과 깨침의 구조이다. 중생심에서(不覺) 공안을 들어서(始覺) 본래심으로(本覺) 돌아가는 수행이다. 닦되 닦음이 없이 닦고(修無修修) 깨치되 깨침이 없이 깨치는(證無證證) 참된 닦음과 참된 깨침의 길이 바로 여기에 있으며, 부처 되는 길이 바로 여기에 있으며, 영원한 진리와 크나큰 자유의 길이 바로 여기에 있는 것이다.

> 꽃다운 풀이 우거진 길을 걷지 않으면
> 꽃이 지는 마을에 이르기 어려워라.
> 不行芳草路 難至落花村

동학사로 되돌아온 경허는 강원의 학인들을 모두 흩어 보내며 비장한 목소리로 말했다.

"그대들은 인연을 따라 잘 가게나. 나의 뜻과 원력은 이에 있지 않다네."

그리고 나서 경허는 깨닫기 전에는 결코 조실방 밖에 나오지 않으리라 맹세를 하고 조실방으로 들어갔다. 조실방 한구석에 대소변을 볼 수 있는 구멍을 뚫어 밖으로 내고, 하루 한 끼 공양이 들어올 수 있는 조그만 창문 하나만을 내었다. 그리고 안에서 문

을 폐쇄하고, 결가부좌를 하고 단정히 앉아서 상상을 초월하는
용맹 정진에 들어갔다.

　경허는 '여사미거 마사도래' 화두를 전심으로 참구하며, 밤
에 졸리면 송곳으로 허벅지를 찌르고, 혹은 칼을 갈아 턱에 괴
며 이와 같이 3개월 동안 처절한 수행을 하였다. 바위처럼 앉
아 있는 경허의 모습은 송곳과 칼에 찔려 상처투성이인데다 피
까지 흘러내려 차마 눈뜨고는 볼 수 없었다. 오직 눈만 별처럼
반짝이며 빛나고 있었다. 2500여 년 전 보리수 아래에서 선정
에 들었던 싯다르타의 눈처럼.

　　수행하는 데 귀밑털 희어지기를 기다리지 마소
　　공동묘지에 새 무덤은 다 소년의 무덤이더라
　　사람 몸 한 번 잃으면 어느 때 돌아오며

경허가 송곳으로 허벅
지를 찌르며 칼을 갈아
턱에 괴고 처절한 수행
을 했던 동학사 조실방.

지옥의 고통이 길고 긴데 어찌 등한히 보내는고.

修行莫待鬢毛鬆 蒿里新墳皆少年

人身一失幾時還 地獄時長豈等閑

간화선의 수행법

간화선의 수행법은 세 단계로 나누어볼 수 있는데, 첫째 자세를 바르게 해야 하고(調身), 둘째 호흡을 바르게 해야 하며(調息), 셋째 공안을 바르게 참구해야 한다(調心).

좌선에 대한 위의작법(威儀作法)을 서술한 「좌선의」(坐禪儀)에서는 참선하는 바른 자세에 대해서 다음과 같이 밝히고 있다.

고요한 곳에서 두꺼운 방석을 깔고, 결가부좌를 하거나 혹은 반가부좌를 하며, 왼쪽 손바닥을 오른쪽 손바닥 위에 놓고, 두 엄지손가락을 서로 떠받치게 하며(서로 맞대게 하며) 몸을 바르게 하여 단정하게 앉는다. 귀와 어깨는 마주 대하게 하고(똑바르게 하고) 코와 배꼽은 마주 대하게 하며(직선이 되게 하며), 혀는 윗 잇몸에 대고 입은 다물며, 눈은 모름지기 가늘게 떠서 혼침과 수면에 떨어지지 않도록 해야 할 것이니, 만약 선정(禪定)을 얻는다면 그 정력(定力)이 가장 수승할 것이다.[42]

「좌선의」, 『몽산법어』(蒙山法語), 『천태소지관』(天台小止觀)에서는 좌선에서 일어날 때 그리고 일어난 뒤의 유의사항에 대해서도 언급하고 있다.

좌선에서 일어나려고 할 때에는 몸을 천천히 움직여 평온하게 일어나고 갑자기 하지 말라. 좌선에서 일어난 후에는 항상 주의하여 정력(定力)을 보호하고 유지해야 할 것이다.[43]

요컨대 「좌선의」, 『몽산법어』, 『천태소지관』 등을 종합해 보면 참선하는 바른 자세는 다음과 같다.

• 장소 : 한가하고 고요한 곳(閒靜處).
• 위의(威儀) : 허리띠를 느슨하게 하고 위의를 가지런히 한다.
• 방석 : 두텁고 부드러운 방석을 깐다.
• 앉는 자세 : 결가부좌 또는 반가부좌. 먼저 오른쪽 발을 왼쪽 허벅지 위에 얹고 왼쪽 발을 오른쪽 허벅지 위에 놓는다.
• 손 : 오른쪽 손을 왼쪽 발 위에 놓고 왼쪽 손을 오른쪽 손바닥 위에 놓은 다음, 두 엄지손가락을 가볍게 맞댄다.
• 눈 : 평상으로 떠서 혼침과 수면에 떨어지지 않도록 해야 한다. 너무 가늘게 뜨면 졸음에 빠지기 쉽고, 너무 뚝 부릅뜨면 산만해지기 쉽다. 시선은 전방 3미터 지점에다 두되, 의식적으로는 아무것도 본 바가 없어야 하며 눈동자는 움직이지 않는다.
• 귀 : 두 귀는 두 어깨와 직선이 되게 하며 좌우로 기울어지지 아니해야 한다.
• 코 : 코와 배꼽이 직선이 되게 한다.
• 어금니 : 지그시 문다.
• 혀 : 위로 구부려서 윗잇몸 또는 입천장에 가볍게 댄다. 이때 나오는 침은 금방 삼키지 말고 입 안에 고일 때까지 기다렸다가 호흡을 들이쉴 때 조용히 삼킨다.
• 입 : 다문다.
• 고개 · 어깨 : 긴장을 풀고, 양 어깨가 수평이 되도록 하여 전

후좌우로 기울지 않도록 한다.

•척추·허리 : 쭉 펴서 일직선이 되게 하여 전후 좌우로 기울지 않도록 한다.

•몸 : 천천히 몸을 전후 좌우로 가볍게 흔들어 몸을 바르게 하여 단정하게 앉는다. 왼쪽이나 오른쪽으로 기울이거나, 앞으로 구부리거나 뒤로 젖히지 않으며, 몸을 지나치게 곤두세워 호흡을 급하고 불안하지 않도록 한다. 단정하게 하되 자연스럽게 해야 한다.

호흡은 단전호흡(丹田呼吸)을 하는데, 준비호흡과 본호흡이 있다. 준비호흡은 본호흡으로 들어가기 전에 숨을 가득 깊이 들이쉬어서 잠시 머물렀다가 다 내쉬는 호흡을 두세 번 해서 폐 속의 묵은 공기를 완전히 내보내는 호흡을 말한다.

준비호흡을 한 후에 본호흡을 한다. 본호흡은 준비호흡과는 달리 조용히 깊이 8부쯤만 들이쉬어서 단전이 볼록해진 상태에서 3~4초(차츰 시간을 늘려가되 무리가 없이 자연스럽게 한다) 머물렀다가, 가늘고 길게 8부쯤만 내쉬어서 단전이 차츰차츰 홀쭉해지도록 한다. 이때 호흡은 코에 부드러운 털을 대어도 흔들리지 않을 정도로 부드럽고 가늘고 고르고 깊고 유연하고 천천히 고요하고 길게 쉬며, 무리가 없이 자연스럽게 해야 한다.

참선할 때 반드시 단전호흡을 해야 하는 것은 아니지만, 공안을 참구할 때에 발생하기 쉬운 위장병, 상기병(上氣病) 등 여러 가지 부작용을 미연에 방지하고 아울러 건강을 유지하기 위해서이 단전호흡을 병행하는 것이 바람직하다.

　　다만 알 수 없는 의심으로 간절히 공안을 참구할 때 공안을 머리에 두는 것이 아니라 단전에 두고 참구하는 것이다. 숨을 조용히 깊히 들이쉬어서 단전이 볼록해진 상태에서 3~4초 가량 머물렀다가 가늘고 길게 내쉬면서 '이뭣고', '어째서 무라고 했는고' 하는 알 수 없는 의심으로 관조하는 것이다.

　　처음에는 숨을 내쉴 때마다 '이뭣고' '어째서 무라고 했는고' 이렇게 공안을 들지만, 차츰 공부가 익숙해지면 내쉴 때마다 공안을 들 필요가 없이 알 수 없는 의심을 관조하다가 문득 딴 생각이 일어나면 그때 공안을 들면 된다. 나중에는 아침에 일어났을 때 공안을 한번 들면 하루 종일 다시 공안을 들지 않아도 되는 그런 경지가 반드시 오는 것이다. 이것이 공안을 머리에 두지 않고 단전에 두고 공안 참구와 단전호흡을 묘하게 조화시키는 수행법이다.

　　우뚝 일없이 앉았으니
　　봄이 오매 풀이 절로 푸르구나.
　　兀然無事坐　春來草自青

　　바른 자세 · 바른 호흡 · 바른 참구가 활구참선의 세 가지 기본 요건이라면, 크나큰 신심(大信心) · 크나큰 분심(大憤心) · 크나큰 의심(大疑心)은 바른 공안 참구의 세 가지 기본 요건이다.

　　크나큰 신심이란 자신이 본래 부처임을 철저히 믿고 공안을 바르게 열심히 참구하면 반드시 확철대오해서 견성성불할 수 있다는 것을 크게 믿는 마음이다. 크나큰 분심이란 과거의 모든 불보살과 조사들은 견성성불해서 생사해탈을 하고 일체 중생을 제도하고 있는데 나는 왜 오늘날까지 깨닫지 못해서 생사윤회를 하고 있는가 하고 크게 분한 마음을 내는 것을 가리킨다. 크나큰 의심이란 자기의 본참 공안에 대한 큰 의심을 내는 것이다.

대혜종고 선사는 『화엄경』의 "믿음은 도의 근원이요 공덕의 어머니이며 일체의 모든 선법을 증장시킨다"라는 내용을 인용하면서 누누이 믿음의 중요성을 강조하고, 바른 믿음(正信)과 바른 뜻(正志)이 부처를 이루고 조사가 되는 기본임을 역설하면서, 신심과 의심이 공안 참구에 있어서 가장 중요한 것임을 밝히고 있다.

당신이 바른 믿음을 갖추고 바른 뜻을 세웠으니, 이것은 곧 부처를 이루고 조사가 되는 기본입니다.[44]

고봉원묘(高峰原妙, 1238~1295) 선사는 『고봉화상선요』(高峰和尙禪要)에서 간화수행에 있어 삼요(三要) 즉 대신근(大信根)·대분지(大憤志)·대의정(大疑情)을 구족해야 한다고 주장한다.

만일 착실히 참선함을 말하자면 반드시 삼요를 구족해야 한다. 첫째 중요한 것은 큰 신근(信根)이 있어야 하니, 이 일은 하나의 수미산을 의지함과 같은 줄을 분명히 아는 것이다. 둘째 중요한 것은 크게 분한 뜻이 있어야 하니, 마치 부모를 죽인 원수를 만났을 적에 당장 한칼에 두 동강을 내려는 것과 같은 것이다. 셋째 중요한 것은 큰 의정(疑情)이 있어야 하니, 마치 어두운 곳에서 한 가지 중대한 일을 하였는데 곧 드러나려 하면서 아직 드러나지 않는 때에 있는 것과 같은 것이다.

하루 열두 때 가운데 과연 이 삼요를 구족할 수 있다면 한 정된 시일에 공을 성취하여 항아리 속에 달리는 자라를 두려 워하지 않겠지만, 만일 그 가운데 하나라도 빠지면 마치 다 리 부러진 솥이 그러하듯 마침내 못쓰게 된 그릇과 같을 것 이다.[45)]

요컨대 자기가 본래 부처임을 크게 믿고 큰 분한 마음을 일으 켜서 공안을 크게 의심하는 것이 바른 공안 참구의 세 가지 기본 요건인 것이다.

크나큰 믿음과 크나큰 분심을 갖추었으면, 자세를 바르게 하고 호흡을 바르게 하면서 공안을 바르게 참구해야 한다. 다만 알 수 없는 의심으로 꽉 막힌 의심으로 간절하게 알뜰히 공안을 한결같 이 관조해 나가면, 그 의심이 더 이상 간절할 수 없고 더 이상 커질 수 없으며 더 이상 깊을 수 없어서 나와 우주가 그 의심으 로 가득 차게 되는 경지에 이르는 것이다. 이러한 경지에서는 공 안을 들려고 아니 해도 저절로 들려져 있으며, 꿈속에서도 공안 이 들려져 있는데, 어떠한 찰나에 공안을 타파하고 확철대오하여 참나와 우주의 본래면목을 깨닫게 되는 것이다.

대혜종고 선사는 공안을 참구하여 하나의 의심이 타파됨으로 써 천만 가지 의심이 일시에 타파됨을 밝히고 크게 의심하면 크 게 깨닫게 됨을 설파하고 있다.

큰 의심 끝에 반드시 큰 깨달음이 있다.[46)]

무문혜개 선사는 『무문관』 제1칙에 조주의 무자 공안을 두고, 온몸이 하나의 의심 덩어리가 되어야 조사관을 뚫을 수 있음을 설하고 있다.

360 골절과 8만 4천 털구멍으로 온몸에 한 개의 의심 덩어리를 일으켜 이 무(無)자를 참구하여 주야로 들어가라.[47]

자기가 본래 부처임을 크게 믿는다면, 깨닫지 못하고 생사윤회하는 자신을 돌이켜보며 크게 분한 마음을 낼 수밖에 없고, 크게 분한 마음을 냈다면 치열한 구도정신으로, 큰 의심으로 공안을 관조해 나가야 하는 것이다.

경허는 「중 노릇 하는 법」에서 부처가 되려면 내 마음을 깨달아야 함을 단언하고, 내 마음을 깨닫는 경절문으로 공안을 참구하되 항상 마음을 집중하여 간절하게 의심해 가면 필경 내 마음을 깨닫게 됨을 설하고 있다.

부처 되려면 내 몸에 있는 내 마음을 찾아보아야 하는 것이니, 내 마음을 찾으려면 …… 항상 내 마음을 궁구하되 보고 듣고 일체 일을 생각하는 놈의 모양이 어떻게 생겼는고? 모양이 있는 것인가? 모양이 없는 것인가? 큰가? 작은가? 누른가? 푸른가? 밝은가? 어두운가? 의심을 내어 궁구하되 고양이가 쥐 잡듯 하며 닭이 알 안듯 하며 늙은 쥐가 쌀 든 궤짝 좇듯 하여, 항상 마음을 한 군데 두어 궁구하여 잊어버리지 말고 의심하여 일을 하더라도 의심을 놓지 말고 그저 있을 때라도 의심하여 지성으로 하여 가면, 필경에 내 마음을 깨달을 때가 있을 것이니 부디 신심을 내어 공부할지니라.
······ 이 마음이 어떻게 생겼는고 의심하여 오고 의심하여 가
고 간절히 생각하기를 배고픈 사람이 밥 생각하듯 하여 잊지
말고 할지니라.[48]

「법문곡」에서도 마음 찾는 법으로 화두참구법을 설하면서 어느
곳 어느 때라도 의심하여 상속부단할 지경에 이르면 자기의 본래
면목을 깨닫게 됨을 천명하고 있다.

그 마음을	알게 되면	진작 부처	이것일세.
찾는 법을	일러보세	누나 서나	밥먹으나
자나 깨나	움직이나	똥을 누나	오줌 누나
웃을 때나	골낼 때나	일체처	일체시에
항상 깊이	의심하여	궁구하되	이것이
무엇인고	어떻게	생겼는가	큰가 작은가
긴가 짧은가	밝은가	어두운가	누른가
푸른가	있는 것인가	없는 것인가	도시 어떻게
생겼는고	시시때때로	의심하여	의심을
놓지 말고	염념불망	하여 가면	마음은
점점 맑고	의심은	점점 깊어	상속부단
할 지경에	홀연히	깨달으니	천진면목
좋은 부처	완연히	내게 있다	살도 죽도
않는 물건	완연히	이것이다.[49]	

일체의 사량분별과 이론을 배제하고 어느 곳 어느 때라도 오직

알 수 없는 꽉 막힌 의심으로 공안을 들어가되, 진실한 마음 간절한 마음으로 고요한 마음 깨끗한 마음으로 거문고 줄 고르듯이 급하지도 느슨하지도 않게 또렷또렷하고 고요하게(惺惺寂寂) 하고 세밀하고 끊어지지 않게(密密綿綿) 해야 한다.

고봉원묘 선사는 『고봉화상선요』에서 간절한 마음이 있으면 참 의심이 일어나고, 참 의심이 일어나면 번뇌가 끊어지고 혼침과 산란이 모두 제거되어 한 생각도 나지 않게 됨을 설파하고 있다.

만일 이 일을 논하자면 다만 본인이 적실히 간절한 마음이 있어야 한다. 간절한 마음이 있기만 하면 참 의심이 문득 일어날 것이다. 참 의심이 일어날 때에 점차(漸次)에 속하지 않고 곧바로 문득 능히 번뇌를 몰록 쉬고, 혼침과 산란을 아울러 제거하여 한 생각도 나지 않고 앞뒤가 끊어지게 될 것이다. 이러한 시절에 이르기만 하면 틀림없이 결과를 얻겠지만, 만일 이 생각이 간절하지 않아서 참 의심이 일어나지 않으면 설령 그대들이 앉아서 포단을 백천만 개를 해어뜨리더라도 여전히 한낮에 삼경을 칠 것이다.[50]

경허는 「참선곡」에서 어느 곳 어느 때라도 의심하고 의심하되 고양이가 쥐 잡듯이 주린 사람 밥 찾듯이 목마른 이 물 찾듯이 늙은 과부 자식을 잃은 후에 자식 생각하듯 간절하게 참구해야 함을 밝히고 있다.

의심하고 의심하되 고양이가 쥐 잡듯이

주린 사람 밥 찾듯이 목마른 이 물 찾듯이
육칠십 늙은 과부 자식을 잃은 후에
자식 생각 간절틋이 생각생각 잊지 말고
깊이 궁구하여가되 일념만년(一念萬年) 되게 하여
폐침망손(廢寢忘飧)할 지경에 대오(大悟)하기 가깝도다.[51]

　진실한 마음과 간절한 마음으로 본참 공안을 참구하되, 거문고 줄이 너무 느슨하면 소리가 나지 않고 너무 팽팽하면 소리가 끊어지듯이 급하지도 느슨하지도 않게 참구해가야 한다.

　"거문고 줄이 느슨하면 어떻던가?"
　"소리가 나지 않습니다."
　"거문고 줄이 팽팽하면 어떻던가?"
　"소리가 끊어집니다."
　"느슨하거나 팽팽하지 않고 거문고 줄이 알맞으면 어떻던가?"
　"모든 소리가 잘 울립니다."
　"도를 배우는 것도 그와 같아서 마음이 고르고 알맞으면 도를 얻을 수 있느니라."[52]

　경허는 공안을 의심해 오고 의심해 가되 급하거나 느슨하지도 않게 또렷또렷하고 고요하게 세밀하고 끊어지지 않게 하는 것에 그 묘함이 있음을 강조하고 있다.

　화두를 들 때에 물을 거슬러 돛을 달듯이 하되 혹은 냉정하고 담담히 하여서 재미가 없기도 하며 혹은 가슴이 더워지고

답답하기도 하니, 이것이 남의 집의 일이 아니니라. 다만 화두
를 드는 것이 묘한 수행이 되는데 가장 묘한 것은 정신을 집중
시키되 너무 급하거나 너무 느리지 않게 또렷또렷하고 고요하
게 세밀하고 끊어지지 않게, 호흡은 평상시와 같게 하고, 주리
고 배부름은 평균하게 하며, 눈에다 정기를 두고, 등뼈는 꼿꼿
이 세우는 것이다.

擧話頭時 如逆水張帆 或冷淡無滋味 或心頭熱悶 亦不是他家
事 但提撕話頭爲妙 最是蘊素精神 不癲急 不惰緩 惺惺寂寂 密
密綿綿 氣息如常 飢飽準平 眼目自好精彩 脊樑不妨竪起[53]

그리고 「진흙소의 울음」에서는 지극히 간절한 마음으로 참구하
여 참구한다는 마음조차 없는 경지에 이르면 홀연히 마음길이 끊
어져 근본 생명자리에 계합하게 됨을 가르치고 있다.

대저 이 현묘한 법문을 참구하는 이는 항상 반조하기를 힘쓰
고 참구하는 용심을 또렷또렷하고 세밀하여 간단없이 하며, 참
구하는 것이 지극히 간절하여 참구한다는 마음조차 없는 경지
에 이르면 홀연히 마음길이 끊어져 근본생명자리에 이르게 되
면 저 본지풍광이 본래 스스로 갖추어져 원만한 경지라 모자람
도 남음도 없느니라.

夫參此玄門者 常務返照 究之用心 惺密無間斷 究之至切 至於
無用心可究之地 驀然心路忽絶 踏着本命元辰 秪這本地風光 本
自具足 圓陀陀地 無欠無剩[54]

요컨대 크나큰 신심과 크나큰 분심과 크나큰 의심으로 진실하

고 간절하게 고요하고 깨끗하게 급하지도 느슨하지도 않게 또렷
또렷하고 고요하게 세밀히 끊어짐이 없이 일체의 알음알이와 사
량분별을 버리고 오직 꽉 막힌 알 수 없는 의심으로 어느 때 어
느 곳에서나 본참 공안을 참구해 나가야 한다.

예컨대 무자 공안을 참구하는 경우 일체의 알음알이를 버리고
다만 꽉 막힌 알 수 없는 의심으로 '어째서 무(無)라고 했는고'
이렇게 참구해야 한다. 망상이 일어나면 그것을 상관하지 말고
그대로 내버려두고 다만 알 수 없는 의심만을 간절히 일으켜야
하는 것이다.

　만일 의심을 일으킬 때는 먼저 모름지기 분노심을 내어 '조
주는 어째서 무라고 했는고?' 하고 의심해야 한다. …… 이 하
나의 '조주는 어째서 무라고 했는고?' 라는 의심을 의심해가는
것이다. 조주의 무를 보는 것이 아니며 조주의 무를 생각하는
것이 아니다. 요즘 학인들은 흔히 이 무자를 보거나 생각하고
있다. 참으로 가엾도다.[55]

조주의 무자 공안은 무자에 뜻이 있는 것이 아니고 무라고 한
조주에게 뜻이 있는 것이다. 따라서 조주가 무라고 한 뜻을 바로
보아야 생사해탈하는 것이니, '어째서 무라고 했는고' 이렇게 의
심을 관하여 조주의 뜻을 참구해야지, '무' 자에 떨어져서 무라는
말을 천착하여 광음을 헛되이 보내서는 안 될 것이다.

　생사를 멀리 벗어나는 것이 보통 일이 아니니
　화두를 꽉 잡고 한바탕 지을지어다.

　　한차례 추위가 뼈에 사무치지 않으면

　　어찌 매화가 코를 찌르는 향기를 얻으리요.[56]

　황벽(黃蘗, ?~850) 선사의 이 게송과 경허의 진리를 위해 몸
과 목숨을 바친 초인적인 수행은 게으르고 나태한 우리들의 가
슴을 뭉클하게 한다. 뼈에 사무치는 용맹 정진을 하지 않고서
어찌 불조와 같은 깨침을 얻어서 생사윤회를 벗어나며 일체 중
생을 제도할 수 있으리요. 풀 끝의 이슬 같은 부귀 영화와 진흙
위의 똥덩이 같은 권력을 구하는 것이 아니라 모든 고통과 질곡
을 벗어나 영원한 자유 영원한 행복을 구하는 것이 어찌 쉬운
일이겠는가.

　공안을 참구하는 간화수행은 남녀노소 빈부귀천 유식무식에
관계없이 누구나 어느 때 어느 곳에서나 할 수 있는 것이지만,
참 발심을 해서 몸과 목숨을 바쳐 간절하고 알뜰하게 열심히 하
지 않으면 확철히 깨칠 수 없는 것이다. 참으로 하지 않을 뿐 못
하는 것이 아니니 누구라도 용맹 정진하면 한 번 뛰어 바로 여래
의 지위에 들 수 있는 것이다.

　　사람 되기 어려운데 이미 되었고

　　불법 듣기 어려운데 이미 듣나니

　　이내 몸을 금생에 제도 못하면

　　어느 생을 기다려서 제도하리요.

　부처님께서 열반에 드실 때 "방일하지 말라. 나는 방일하지 않
음으로써 스스로 정각(正覺)을 이루었다"고 한 최후의 말씀처럼,

오직 위없는 깨침을 이루어 미래 겁이 다하도록 중생을 제도하기 위해서는 철석 같은 결의와 차라리 목숨을 버릴지언정 결코 물러서지 않는다는 굳은 각오로 방일하지 않고 정진해야 하는 것이다. 이와 같이 정진하는 가운데 번뇌와 망상은 줄어들고 무량겁 동안 지어온 죄가 봄눈처럼 녹는 것이다.

경허는 무상함이 덧없이 빠르고 나고 죽는 일이 큰 것이니 조금이라도 방일해서는 도를 이루기 어려움을 경계하고, 마치 모기가 무쇠로 된 소에게 덤벼들듯 몸과 목숨을 바쳐서 정진해야 함을 강조하고 있다.

대저 참선하는 이는 첫째로 무상함이 덧없이 빠르고 나고 죽는 일이 큰 것임을 두려워해야 한다. 그러므로 옛사람이 이르기를 '오늘은 비록 보존하나 내일은 보존하기 어렵다'고 하였으니, 정신을 바짝 차리고 조금도 방일함이 없어야 한다.
　夫參禪者 第一怕怖着 無常迅速 生死事大 故古人云 今日雖存 明亦難保 緊緊念着 少無放逸[57]

경허는「함께 정혜를 닦아 도솔천에 나며 성불하기 위한 결사문」에서도 부지런히 정진하되 머리에 붙은 불을 끄듯이 할 것을 당부하고(應是此稧社文 三復披究 銘箴心腑 精進也 如救頭燃 莫使此生空過也),[58]「동래군 금정산 범어사 계명암 창설 선사기」(東萊郡金井山梵魚寺鷄鳴庵創設禪社記)와「참선곡」에서는 광음이 덧없고 네 가지 은혜가 지중함을 생각하여 자명(慈明, 986~1040) 선사와 귀종(歸宗) 선사처럼 용맹 정진할 것을 누누이 당부하고 있다.

옛사람이 이르기를 '도안(道眼)이 밝지 못하면 한 방울의 물
도 소화하기 어렵다' 하니 무릇 이 선사(禪社)에서 참구하는
이는 마땅히 광음이 덧없고 네 가지 은혜가 무겁고 큼을 생각
하여 자명(慈明)의 넓적다리를 찌름과 귀종(歸宗)의 다리를 뻗
고 통곡한 것을 법칙으로 삼아야 옳음이로다.

古人云 道眼未明 滴水難消 凡參究于此社者 當念光陰飄忽 四
恩重大 以慈明圓之刺股 歸宗權之展脚以哭爲則可也[59]

현대 한국불교의 대선장인 성철(性徹, 1912~1993) 선사는 정
진은 필사의 노력이 필요조건이니 등한 방일하면 미래 겁이 다하
여도 대도를 성취하지 못함을 경책하고 엄수해야 할 다섯 가지
조항(네 시간 이상 자지 않는다/벙어리같이 지내며 잡담하지 않
는다/문맹같이 일체 문자를 보지 않는다/포식 간식하지 않는다/
적당한 노동을 한다)[60]을 들고, 수도인은 송곳으로 다리를 찌르고
바늘로 입을 끌어매고서 오로지 일체 만사를 다 버리고 영원불멸
하는 자성을 밝혀야 함을 역설하고 있다.

송장이 널려 있는 참혹한 현장에서 생사가 무상함을 온몸으로
체득하고 불조와 같은 깨침, 위없는 깨침을 얻기 전에는 결코 일
어나지 않겠다고 맹세한 경허는 석 달을 수미산처럼 앉아서 '여
사미거 마사도래' 화두를 들어 나갔다.

경허는 마치 닭이 알을 품듯, 고양이가 쥐를 잡을 때와 같이, 주
린 사람이 밥 생각하듯, 목마른 사람이 물 생각하듯, 아기가 엄마
생각하듯 간절한 마음으로 '여사미거 마사도래' 화두를 참구했다.

생사 두 글자를 이마에 붙여두고 숙맥같이 바보천치같이 소경
같이 벙어리같이 불이 눈썹을 태우듯이 머리에 붙은 불을 끄듯이

밤낮으로 용맹 정진하여 3개월쯤 되자 수마(睡魔)가 물러가고 혼침과 산란심이 끊어지고, '여사미거 마사도래' 화두에 의심이 끊이지 아니하여 화두를 들지 아니하여도 화두가 현전하였다. 종일토록 화두가 순일무잡하고 의심이 한 덩어리가 되어 꿈속에도 또한 화두가 들리게 되었다.

　　마음을 써서 화두를 들지 아니하여도 자연히 화두가 현전할 때에 이르면, 경계와 몸과 마음이 다 이전 같지 아니하며 꿈속에서도 또한 화두가 들리리니 이와 같은 때에 큰 깨달음이 가까우리라.[61]

하루 스물네 시간을 밤낮없이 다니거나 머물거나 앉거나 눕거나 오직 화두만을 간절하고 알뜰하게 참구하여 날이 오래고 달이 깊어지면 의심이 한 덩어리가 되어 화두를 의식적으로 들지 아니해도 저절로 들려져 있게 되며 꿈속에서도 화두가 들려져 있게 되는데, 공부에 힘을 얻는 이러한 경계를 득력(得力)이라고 한다.

대혜종고 선사는 간절하고 진실하게 한결같이 의심해 가고 의심해 오면 공부에 힘을 얻게 됨을 밝히고 있다.

　　날이 오래고 달이 깊어서 겨우 힘을 덜게 됨은 깨달음이 문득 힘을 얻는 곳입니다.[62]

　　힘을 얻는 곳이 곧 힘을 더는 곳이요, 힘을 더는 곳이 곧 힘을 얻는 곳입니다.[63]

경허는 「참선곡」에서 화두에 대한 의심이 한 조각을 이루어(打成一片) 의심만이 독로(獨露)하여 침식을 잊을 지경에 이르면 큰 깨달음이 가까움을 설파하고 있다.

생각생각 잊지 말고 깊이 궁구하여가되
일념만년(一念萬年) 되게 하여 폐침망손(廢寢忘飱)할 지경에
대오(大悟)하기 가깝도다.[64]

몸과 목숨을 바쳐서 본참화두를 계속 의심하고 의심해가면 화두에 대한 의심이 더 이상 간절할 수가 없고 더 이상 커질 수가 없고 더 이상 깊어질 수가 없으며, 나와 온 세계가 화두에 대한 의심으로 가득 차게 되는 경계에 반드시 이르게 되는 것이다.

오직 화두에 대한 큰 의심만이 독로하여 종일토록 밥을 먹되 일찍이 한 톨의 쌀알도 씹은 바가 없으며, 종일토록 걸어다니되 일찍이 한 조각의 땅도 밟은 바가 없으며, 종일토록 옷을 입되 일찍이 한 올의 실도 걸친 바가 없게 되는 것이다.

화두에 대한 의심이 한 조각이 되어(打成一片) 화두를 들지 아니해도 저절로 들려져 있고 잠을 자도 꿈속에서 들려져 있으며 이튿날 눈을 뜨면 어젯밤에 들고 자던 화두가 그대로 들려져 있으면 큰 깨달음이 가까운 것이다.

4. 확철대오

꽃은 피어날 때 향기를 토하고
물은 못이 될 때 소리가 없다.

花欲開時方吐香 水咸潭成便無聲

경허가 조실방에서 석 달 동안 꼼짝도 않고 용맹 정진할 때에, 동은(東隱)이라는 사미승이 경허의 시봉을 들고 있었다. 동은 사미승의 부친은 여러 해 동안 좌선을 하여 스스로 깨달은 바가 있어서, 사람들이 모두 그를 이 처사라고 불렀다.

어느 날 동은 사미승의 사부인 학명도일(學明道一)이 마을에 내려갔다가 마침 그 집에 가서 이 처사와 이야기를 하는데 이 처사가 말했다.

"중 노릇 잘못하면 중이 마침내 소가 됩니다."

학명도일이 이 말을 듣고 대답했다.

"중이 되어 마음을 밝히지 못하고 다만 신도의 시주만 받으면, 반드시 소가 되어서 그 시주의 은혜를 갚게 됩니다."

이 처사가 꾸짖으며 말했다.

"이른바 사문의 대답이 이렇게 도리에 맞지 않을 수가 있습니까?"

학명도일이 물었다.

"나는 선지(禪旨)를 잘 알지 못하여서 그러하오니, 어떻게 대답하여야 옳습니까?"

이 처사가 대답했다.

"어찌 소가 되어도 콧구멍 뚫을 곳이 없다고 이르지 않습니까?"

학명도일은 묵연히 더 이상 대답을 하지 못하고 동학사로 돌아와서 사미승 동은에게 말했다.

"너의 아버지가 이와 같은 말을 하였으나, 나는 도무지 그 뜻이 무엇인지 모르겠다."

사미승 동은이 대답했다.

"지금 조실화상이 선공부를 심히 간절히 하여 잠도 자지 않고 밥 먹는 것도 잊었으니 마땅히 이 이치를 아실 것입니다. 사부께 서는 가서 물으소서."

학명도일이 흔연히 가서 경허에게 예를 갖추고 앉아서 이 처사 의 말을 전하였는데, '소가 코뚜레를 꿸 콧구멍이 없다'는 말에 이르러 경허는 활연대오(豁然大悟)하였다.

홀연히 재미도 없고 더듬어 찾을 수도 없는 화두에서 단박에 한 번 깨치면 한마음의 법계가 환히 밝아질 것이다. 그러므로 심성에 갖추어져 있던 백천 삼매와 한량없는 이치의 문을 구하 지 않더라도 원만하게 얻어진다.[65]

'지극히 묘한 이치의 한마디는 범부를 성현으로 바꾼다'(至 理一言 轉凡成聖)고 했으니, '소가 코뚜레를 꿸 콧구멍이 없 다'는 한마디에 경허는 진여자성을 철견하고 옛 부처와 옛 조 사의 크게 깨친 경지에 도달하니, 백천 가지 법문과 헤아릴 수 없는 묘한 이치가 당장에 얼음 녹듯 하고 기와 깨어지듯 하였다. 때는 1879년(고종 16년 己卯) 겨울 11월 보름께 경 허의 나이 34세였다.

이로부터 한국근대선이 요원의 불길처럼 타오르고 동해의 태 양처럼 떠오르니 실로 한국선 한국불교가 중흥되는 순간이며 붓 다의 혜명이 다시 이어지고 진리의 등불이 다시 켜지는 순간이라 할 것이다. 실로 경허의 위대한 깨침은 근대선의 '빅뱅'(big bang)이라 할 수 있다.

보름달은 휘영청 밝고 무수한 별들이 빛나는 11월 보름께, 경
허는 드디어 도를 깨달았다. 스스로 굳게 닫은 문을 박차고 나와
그 동안 길게 자란 머리카락과 수염을 깎으니 무명의 어둠은 가
고 깨달음의 역사는 시작되었다. 괴로움의 불길은 꺼지고 영원한
행복의 역사가 시작된 것이며, 질곡의 쇠사슬은 끊어지고 대해탈
의 역사가 시작된 것이다.

조금도 간단없이
부지런히 화두 들어
전념 후념 끊어지고
일념이 현전하야
밥 먹기도 잊어지고
잠자기도 폐해질 때
이때가 좋은 때니
홀연히 깨달으면
본래 생긴 나의 부처
천진면목 절묘하다.[66]

크나큰 신심과 크나큰 분심과 크나큰 의심으로 바르게 간절
히 열심히 해가면 반드시 공부에 힘을 얻게 되어 움직이거나
가만 있거나 한결같으며(動靜一如) 자나깨나 한결같이(寤寐一
如) 화두가 현전하여 한 덩어리가 되면 결국 이레를 넘기지 아
니하고 공안에 대한 의단(疑團)을 타파해서 확철대오를 하게
되는 것이다.

나와 온 세계가 본참 공안에 대한 의심으로 가득 차서 그 의심

이 더 이상 간절할 수가 없고 더 이상 커질 수가 없으며 더 이상 깊을 수 없는 경지에 이르면, 홀연히 공안을 타파하게 된다. 의심하는 화두는 다를지라도 깨침에는 다를 수 없다. 한 공안을 타파하면 천칠백 공안을 일시에 타파하게 되며 참나를 깨닫게 되고 불조의 본래면목을 깨닫게 되며 우주의 근본 진리를 깨닫게 되고 생사해탈을 해서 불조의 혜명을 잇게 되는 것이다.

일체처 일체시에 조금도 간단없이 화두를 들어가면 의심이 더 이상 간절할 수가 없고 더 이상 커질 수가 없는 때에 홀연히 댓돌 맞듯 맷돌 맞듯 깨치게 되는 것이다.

> 뭇 의심이 다그쳐서 폭발할 때에 댓돌 맞듯 맷돌 맞듯 해서 '아!' 하는 한 소리에 바른 눈이 열려 밝아지면, 문득 능히 집에 이른 말과 기연(機緣)에 맞는 말과 화살촉이 서로 맞닿은 듯한 말을 이르며, 차별기연을 알아 전에 있던 일체 의심과 막힌 것이 얼음 녹듯 하야 남음이 없으리라.[67]

만해 한용운의 「약보」에서는 경허가 깨닫는 순간을 다음과 같이 표현하고 있다.

> 하루는 어떤 스님이 묻기를, "소가 되어도 고삐 뚫을 구멍이 없다는 것이 무슨 말입니까?"라고 하였다. 이 말 아래 경허는 대지가 둘러 빠지고 물아(物我)를 함께 잊으며 백천 가지 법문과 무량한 묘한 이치가 당장 얼음 녹듯 하였다.[68]

'소가 되어도 고삐 뚫을 구멍이 없다'는 말을 듣는 순간 경허

는 영운 선사의 '여사미거 마사도래' 화두를 비로소 타파하고 천
칠백 공안을 일시에 타파하여 천칠백 공안에 하나도 막힘이 없었
으니 불조의 본래면목을 철견하여 생사 없는 도리를 깨닫게 된
것이다.

역대 불조의 깨친 기연은 그때그때 인연에 따라 한결같지 않
으니 붓다는 반짝이는 샛별을 보고 깨쳤고 이조혜가(二祖慧可,
487~593)는 달마 선사의 '마음을 가져오라'는 한마디에 깨쳤
고, 육조혜능은『금강경』의 '머무는 바 없이 그 마음을 낸다'는
구절에서 깨쳤고, 향엄지한(香嚴智閑, ?~898)은 돌이 대나무
에 부딪히는 소리를 듣고 깨쳤고, 영운지근은 복숭아꽃을 보고
깨쳤고, 대혜종고는 원오극근(圜悟克勤, 1063~1125)의 '훈풍
이 남쪽에서 불어오니 전각이 서늘해진다'는 한 구절에서 깨쳤
고, 보조지눌은『육조단경』과『대혜어록』을 읽다가 깨쳤고, 청
허휴정(淸虛休靜, 1520~1604)은 닭 우는 소리를 듣고 깨쳤고,
경허는 '소가 되어도 고삐 뚫을 구멍이 없다'는 한마디를 듣고
깨쳤다.

한암 선사의 「선사 경허화상 행장」에는 경허의 깨달은 직후의
심경을 이렇게 밝히고 있다.

　　마음 밖에 법이 없고
　　눈에 설월(雪月)이 가득하네.
　　높은 산 흐르는 물 소나무 아래 여울지고
　　긴긴 밤 맑은 하늘 아래 무엇을 하랴.[69]

확철대오한 뒤 경허는 조실방에 높이 누워 사람들이 들어오거나 나가거나 상관하지 않았다. 만화화상이 들어와서 보아도 누워서 일어나지 않으니 화상이 물었다.

"무엇 때문에 누워서 일어나지 않는고?"

경허는 여전히 누워서 대답했다.

"일이 없는 사람은 본래 이러합니다."

만화는 아무 말 없이 나갔다. 경허의 선시에도 이러한 경계를 읊고 있는 것이 있다.

머리를 떨구며 언제나 졸고 있나니
조는 일밖에 별일이 없네.
조는 일밖에 별일이 없으니
머리를 떨구며 언제나 졸고 있네.

低頭常睡眠 睡外更無事 睡外更無事 低頭常睡眠[70]

일대사인연(一大事因緣)을 요달하여 장부의 일을 마쳤으니, 때로는 밝은 달을 베개 하고 때로는 물소리를 베개 하면서 끝없이 불어오는 솔바람의 곡조를 즐기는 일 외에 또 무엇이 있겠는가.

5. 보임장양(保任長養)

수행 없는 참 수행과
방편 없는 참 방편은
삼세제불 역대 조사
이구동성 일렀으니

경
허

자고자대(自高自大) 부디 말고
도회보양(韜晦保養)하는 본을 보소.⁷¹⁾

　공안을 타파하여 깨친 뒤에는 반드시 눈 밝은 선지식을 찾아가
깨달음을 점검받고 인가를 받아야 한다. 선지식이 아니면 잘못
안 것과 옅게 깨친 것을 판단해줄 수 없으며 바르게 지도해줄 수
없기 때문이다.
　서산대사는 『선가귀감』에서 깨친 뒤에 작은 깨침에 만족하지
말고 반드시 눈 밝은 선지식을 만나서 바르게 깨쳤는가를 점검받
아야 함을 강조하고 있다.

　　한 생각을 깨친 뒤에는 반드시 밝은 스승을 찾아가 눈이 바
른가를 결택받아야 하느니라. 이 일은 결코 쉽지 않으니 모름
지기 부끄러운 생각을 내야 한다. 도(道)란 큰 바다와 같아서
들어갈수록 더욱더 깊어가는 것이니, 작은 것을 얻어 가지고
만족하지 말라. 깨친 뒤에 만약 밝은 스승을 만나지 못하면 제
호(醍醐)와 같은 좋은 맛이 도리어 독약이 되리라.⁷²⁾

　경허도 「참선곡」에서 홀연히 공안을 타파하여 깨친 후에 반드
시 선지식을 찾아가서 인가를 받아야 함을 강조하고 있다.

　선지식을 찾아가서 요연(了然)히 인가맞아
　다시 의심 없은 후에 세상만사 망각하고
　수연방광(隨緣放曠) 지내가되 빈배같이 떠놀면서
　수연중생(隨緣衆生) 제도하면 보불은덕(報佛恩德) 이 아닌가⁷³⁾

110

그러나 당시에는 법맥이 끊어져 경허의 깨달음을 점검할 만한 눈 밝은 선지식이 없었기 때문에, 경허는 천장암에서 보임장양(保任長養)을 하기로 생각한다. 보임장양이란 진여불성을 깨친 뒤에 다시 숲속이나 토굴에 들어가 자취를 감추고(晦光韜跡, 韜晦) 이름을 숨기며 물러나 성태(聖胎)를 오래오래 기르는 것을 말하며, 오후보임(悟後保任) 또는 장양성태(長養聖胎)라고도 한다.

경허는 「중 노릇 하는 법」과 「심우송」(尋牛頌)에서도 보임장양의 중요성을 누누이 강조하고 있다.

내 마음을 깨달은 후에 항상 그 마음을 보전하야 깨끗이 하고 고요히 하야 세상에 물들지 말고 닦아가면, 한없는 좋은 일이 하도 많으니……. [74)]

얻기는 쉬우나 지키기는 어렵도다. 또한 조금 얻은 것에 만족하지 말고 모름지기 선지식을 찾아가 단련하고 단련하여야 옳도다.

得易守難 且莫得少爲足 須叅知識 鑢輔多方 始得 [75)]

한암 선사는 경봉(鏡峰, 1892~1982) 선사에게 보낸 서간문에서 깨친 후 수행에 관해서 자세히 언급하면서 깨친 뒤에 반드시 자취를 감추고 보임장양을 정밀히 해야 함을 강조하고 있다.

깨닫기 전에는 깨달을 분(分)이라도 있지만, 깨달은 뒤에 만일 수행을 정밀히 하지 않고 게으름을 피우면 여전히 생사에 유랑하여 영영 헤어나올 기약이 없는 것입니다.

한암 선사가 경봉 선사
에게 보낸 편지

　흔히 고인네들이 깨달은 뒤에 자취를 감추고, 이름을 숨겨서 물러나 성태를 오래오래 기르는 것이 바로 이것입니다. 어쩌다 사람을 대하면 지혜의 칼을 휘둘러 마군을 항복받고, 어쩌다 사람이 오면 벽을 보고 돌아앉습니다. 그렇게 하기를 삼십 년 사십 년 내지 평생토록 영영 산에서 나오지 않기도 하였으니, 예전에 상상(上上)의 큰 기틀을 지닌 분들도 그렇게 하였거늘 하물며 말엽(末葉)의 우리들이겠습니까.

　대혜(大慧)화상이 말하기를, '간혹 근기가 날카로운 무리들이 많은 힘을 들이지 않고 이 일을 판단하여 마치고는 문득 쉽다는 생각을 해서 닦아 다스리지 않다가 오랜 세월이 지남에 영영 마군에게 포섭된다' 하니, 이와 같이 뒷날 중생들을 위하여 고구정녕하게 지도하여 삿된 그물에 걸리지 않게 하신 말씀을 일일이 들어서 다 말할 수가 없습니다.

　……만약 한때 깨달음에 만족하여 뒤에 닦음을 거두어 치우면 영가(永嘉)께서 말한 '활달한 체 공연히 인과를 무시하고 어지러이 방탕하여 재앙을 초래한다' 는 것이 이것이오니, 절대로 세상 천식배들의 잘못 알고 편집하여 인과를 무시하고 죄와

복을 배척하는 이가 되지 마소서.[76]

　겨울을 보낸 경허는 이듬해 1880년(고종 17년, 庚辰) 봄에 동
학사를 떠나 오후보림을 하기 위해서 633년 담화(曇和)가 창건
했다고 전해지는 충남 서산시 고북면 장요리에 있는 연암산 천장
암으로 갔다. 천장암에는 속가의 형인 태허가 주지로 어머니를
모시고 있었다.

　경허가 천장암을 보임장양처로 선택한 이유는 그가 자암거사
(慈庵居士)에게 보낸 편지에 잘 나타나 있다.

　천장암이 좋은 것은 한쪽은 산이요 한쪽은 바다이다. 비록
그러하나 경치를 구경하려는 사람들만 올 수 없는 것이 아니라
통인달사(通人達士)도 교섭을 할 수가 없다. 통인달사들만 교
섭할 수 없는 것이 아니라 부처와 조사 또한 오히려 그러하다.
괴롭고 괴롭도다. 이곳을 어찌 가히 말할 수 있으랴.

　　天藏庵好　一面山一面海　然雖如是　非但翫景者不到處　通人達
　士亦不交涉　非但通人達士不交涉　佛也祖也　猶較些子　苦哉苦哉
　是豈可言處[77]

　천장암이 깊은 산 험한 계곡에 있는 산사가 아니고 연암산이
품고 있는 작은 암자에 불과했지만, 한쪽은 산이요 한쪽은 바다
라 사람의 발길이 끊어져 오후보림하기에는 최적으로 판단한 것
이다. 경허 스스로가 태산과 같은 기백과 바다 같은 호방함을 갖
고 있기에, 산처럼 사유하고 바다처럼 행동하기에 천장암은 그에
게 최고의 보림처였던 것이다. 산이 커서 명산이리요 그 산에 신

선과 도인이 살아야 명산이 아니겠는가!

공자께서 말씀하시되 "지혜로운 사람은 물을 좋아하고, 어진 사람은 산을 좋아한다"(知者樂水 仁者樂山)[78]라고 하지 않았던 가. 물처럼 흐르되 태산처럼 의연한 경허가 푸른 산과 망망한 바다를 동시에 갖춘 천장암으로 온 것은 어쩌면 필연이 아니었을 까? 물은 만물을 기르고 산은 만물을 거두어들이니, 일체 중생을 기르고 일체 중생을 거두어들이고자 하는 경허가 연암산 천장암으로 온 것은 실로 필연이라 하지 않을 수 없다.

첩첩한 푸른 산은 아미타의 굴이요
망망한 바다는 적멸의 궁이로다.[79]

1880년 봄에 천장암에 온 경허는 지고 온 바랑에서 옷 한 벌을 내어 솜을 넣어 두툼한 누더기 한 벌을 손수 지어 입고, 곧바로 쪽방으로 들어가 이듬해 6월까지 1년여 동안 상상조차 어려

경허가 누더기 한 벌로 보임 공부를 한 천장암 쪽방.

운 보임장양에 들어갔다. 1년여 기간을 단 한 번도 눕지 않고 장좌불와(長座不臥)했으며, 공양을 들거나 대소변을 보는 일 외에는 바위처럼 앉아서 움직이지 않았다.

> 獨樂堂 對月樓는
> 벼랑꼭대기에 있지만
> 옛부터 그리로 오르는 길이 없다.
> 누굴까, 저 까마득한 벼랑 끝에 은거하며
> 내려오는 길을 부셔버린 이.[80]

1년이 넘도록 세수도 하지 않고 몸도 씻지 않고 오직 솜으로 누빈 누더기 한 벌만 입은 채 보냈으므로, 누더기 옷과 온몸에는 싸락눈이 내린 것처럼 이가 들끓었다. 이들이 얼마나 많았는지 마치 두부를 짠 비지를 온몸에 문질러 놓은 듯이 허옇게 들끓었다. 이들의 놀라운 번식으로 온몸이 만신창이가 되었건만 경허는 한 번도 긁는다거나 가렵다는 생각조차 하지 않았다.

한암 선사는 이러한 경허의 처절한 오후보임을 이렇게 쓰고 있다.

> 천장암에 주석하실 때에 누더기 한 벌로 추울 때나 더울 때나 바꾸어 입지 않으니, 모기가 물고 이가 옷에 가득하여 밤낮으로 물려 피부가 헐어도 적연히 움직이지 않음이 산악과 같으며, …… 도가 응집된 경지가 아니면 누가 이와 같겠는가.[81]

옛사람이 이르되, "깨닫기 전에도 부모 초상을 당한 것과 같은 마음으로 정진을 하고 깨달은 뒤에도 부모 초상을 당한 것과 같은 마음으로 정진을 하라"고 했듯이, 경허는 깨닫기 전과 깨달은 후 한결같이 용맹 정진을 했다. 실로 천고의 모범이요 만대의 귀감이라 하지 않을 수 없다.

법왕의 노래

나는 스승이 없이 스스로 깨쳐서
세간에 다시 더불어 짝할 이 없노라.
천상과 인간 중에 나만이 홀로 높아
몸과 마음이 청정하여 해탈을 얻었네.
일체 통달할 것을 모두 통달하고
증득할 수 있는 것은 이미 증득하여 알았네.
일체 세상의 더럽힌 바 되지 않나니
그러므로 나는 붓다라 이름하노라.[1]

1. 오도가(悟道歌)를 부르다

무한청풍(無限淸風) 이는 곳에
노지백우(露地白牛) 잡아 타고
구멍 없는 피리 들고
태평일곡(太平一曲) 더욱 좋다.[2]

2500여 년의 전 불교사에서 유례를 찾아보기 어려운 경허의
무서운 오후보임은 이듬해 6월까지 계속되었다. 마침내 1881년
6월 어느 날 경허는 이가 들끓고 있는 누더기를 활짝 벗어버리고
여래의 세계를 선포하는 오도가를 불렀다.

사방을 돌아보아도 사람이 없으니

의발(衣鉢 : 법을 전하는 신표로 스승이 법제자에게 전한 가사와 발우)을 누구에게 전하리요.

의발을 누구에게 전하리요,

사방을 돌아보아도 사람이 없네.

봄산에 꽃이 피고 새가 노래하며, 가을밤에는 달은 밝고 바람은 맑구나. 바로 이러한 때에 무생의 한 곡조 노래(無生一曲歌 : 나고 죽음이 없는 도리를 읊은 한 곡조 노래)를 얼마나 불렀던가. 한 곡조의 노래를 아는 이가 없으니, 시절이 그러한가 숙명이던가 또한 어찌하랴.

산빛은 문수의 눈이요 물소리는 관음의 귀로구나. 소를 부르고 말을 부름이 곧 보현이요 장 서방 이 서방이 본래 비로자나로다.

부처와 조사라고 이름하며 선(禪)과 교(敎)를 설하지만 무엇이 특별히 다른 것이 있겠는가. 분별만 냄이로다. 돌사람이 피리 불고, 목마가 졸고 있네.

범부가 자기의 성품을 알지 못하고 말하기를, '성인의 경계는 나의 분수가 아니다'라 하니 가련하구나. 이러한 사람은 지옥의 찌꺼기밖에는 되지 못하리라.

나의 전생 일을 돌이켜 생각해보니, 사생(四生 : 胎生ㆍ卵生ㆍ濕生ㆍ化生)과 육취(六趣 : 지옥ㆍ아귀ㆍ축생ㆍ아수라ㆍ인간ㆍ천상)의 모든 험난한 길에 오랜 세월을 돌고 돌며 고생을 겪음이 이제 눈앞에 보듯이 분명하니 사람들로 하여금 어찌 견디라고 하리요. 다행히 숙세의 인연이 있어서 사람 되고 장부 되어 출가하고 도를 얻으니, 네 가지 얻기 어려운 것(四難 : 부처님을 만나 정법을 듣기가 어려운 것을 네 가지로 나눈 것. 値佛難·說法難·聞法難·信受難) 가운데 하나도 모자람이 없도다.

어떤 사람이 희롱하여 말하기를, '소가 되어도 콧구멍이 없다'라는 말을 듣고 그 말 아래 나의 본래면목을 깨달으니 이름도 공하고 형상도 공하였는데 공하여 텅 비고 고요한 가운데 항상 빛나더라. 이로부터 하나를 들으면 천 가지를 깨달으니, 눈앞은 외로이 밝은 적광토(寂光土)요 정수리 뒤에 신비한 모습은 금강계(金剛界)로다.

사대(四大 : 地·水·火·風)와 오음(五陰 : 色·受·想·行·識)이 청정법신이요 극락국토가 확탕지옥(鑊湯地獄)과 한빙지옥(寒氷地獄)이며, 화장찰해(華藏刹海)가 검수지옥(劍樹地獄)과 도산지옥(刀山地獄)이며, 법성토(法性土)가 썩은 거름 무더기와 똥 무더기이며, 대천세계가 개미 구멍과 모기 눈썹이며, 삼신(三身 : 法身·報身·應身)과 사지(四智 : 大圓鏡智·平等性智·妙觀察智·成所作智)가 허공과 삼라만상이니, 눈에 띄는 대로 본래 천진이며 크게 기이하고 기이하도다.

솔바람은 소슬하고 사면은 청산이로다. 가을달은 밝고 온 하늘은 맑은 물과 같구나. 노란 꽃 푸른 대 꾀꼬리 소리와 제비의 재잘거림이 항상 그대로 대용(大用)이어서 나타내지 않는 곳이 없도다. 시중의 천자가 무엇이 특별히 귀할까 보냐.

평지 위의 파도요 구천(九天)의 옥인(玉印)이로다. 참으로 괴이하도다. 해골 속의 눈동자여, 한량없는 불조(佛祖)가 항상 나타나고 초목과 기왓장이 곧 화엄이며 법화로다.

내가 항상 설하노니, 가고 머물고 앉고 눕는 것이 곧 이것이며, 부처도 없고 중생도 없는 것이 곧 이것이로다. 내가 거짓 말을 하지 않노라. 지옥이 변하여 천당이 되는 것이니 모두 나의 작용에 있으며, 백천 가지 법문과 무량한 묘한 이치가 마치 꿈을 깨니 연꽃이 핀 것과 같도다.

이변(二邊 : 중도를 여읜 양 극단)과 삼제(三際 : 과거·현재·미래)를 어느 곳에서 찾으리요. 시방세계가 안팎이 없이 큰 광명이로다. 한마디로 말해서 내가 대법왕이 되어 일체 법에 모두 자재하도다. 옳고 그름과 좋고 나쁨에 어찌 걸림이 있으리요. 어리석은 사람이 이 말을 듣고 내가 헛소리를 한다 하며 믿지 않고 또한 따르지도 않지만, 만약 귀가 뚫린 사람이 자세히 믿어 의심이 없으면 문득 안심입명처를 얻으리라.

티끌세상 사람들에게 한마디 부치노니, 한번 사람의 몸을 잃으면 만겁에 다시 얻기 어렵고, 하물며 덧없는 목숨이 아침에 저녁을 꾀하지 못하니 눈먼 당나귀가 다리만 믿고 가다가 안전하고 위험함을 전혀 알지 못하는 것과 같도다.

저 사람도 이러하고 이 사람도 이러한데, 어찌 나에게 와서 무생법(無生法 : 나고 죽음이 없는 이치)을 배워 인간과 하늘에 대장부가 되려 하지 않는가. 내가 이와 같은 까닭에 입을 재삼 수고로이 하여 부탁하노니, 일찍이 방랑을 해보았기에 나그네를 불쌍히 여기노라.

슬프도다, 어이하리요.
대저 의발을 누구에게 전하리요
사방을 돌아보아도 사람이 없구나
사방을 돌아보아도 사람이 없구나

의발을 누구에게 전하리요

게송으로 이르되,

홀연히 코뚜레를 꿸 콧구멍 없다는 말을 듣고
몰록 삼천대천 세계가 내 집임을 깨달았네
유월 연암산 아랫길에
들사람 일없이 태평가를 부르는구나.

四顧無人 衣鉢誰傳 衣鉢誰傳 四顧無人

春山花笑鳥歌 秋夜月白風淸 正恁麽時 幾唱無生一曲歌 一曲
歌無人識 時耶命耶且奈何 山色文殊眼水聲觀音耳 呼牛喚馬是普
賢 張三李四本毘盧 名佛祖說禪敎何殊 特地生分別 石人唱笛 木
馬打睡 凡人不識自性 謂言聖境非我分 可憐此人地獄滓 回憶我
前生事 四生六趣諸險路 長劫輪廻受苦辛 今對目前分明 使人叵
耐兮 幸有宿緣 人而丈夫 出家得道 四難之中無一闕 有人爲戲言
作牛無鼻孔 因於言下 悟我本心 名亦空相亦空 空虛寂處常光明
從此一聞卽千悟 眼前孤明寂光土 頂後神相金剛界 四大五陰淸淨
身 極樂國鑊湯兼寒氷 華藏利劍樹及刀山 法性土朽壤糞堆 大千
界蟣穴蚊睫 三身四智虛空及萬像 觸目本天眞也大奇也大奇 松
風寒 四面靑山 秋月明 一天如水 黃花翠竹 鶯音燕語 常然大用
無處不現 市門天子何須取 平地上波濤九天玉印眞怪在 髑髏裏
眼睛 無量佛祖常現前 草木瓦石是華嚴法華 我常說 行住坐臥是
無佛無衆生是 我非妄言 變地獄作天堂 摠在我作用 百千法門無
量義 恰似夢覺蓮華開 二邊三際何處覓 十方無外大光明 一言而

蔽之乎 我爲大法王 於法摠自在 是非好惡 焉有罣碍 無智人聞此
言 以我造虛語 不信又不遵 若有穿耳客 諦信卽無疑 便得安身立
命處 奇語塵世人 一失人身 萬劫難逢 況且浮命朝不謨夕 盲驢
信脚行 安危摠不知 彼如是此如是 何不來我學無生 作得人天大
丈夫 吾所以如是勞口再三囑 曾爲浪子偏憐客

嗚呼已矣 夫衣鉢誰傳 四顧無人 四顧無人 衣鉢誰傳 頌曰

忽聞人語無鼻孔 頓覺三千是我家

六月鷲巖山下路 野人無事太平歌 [3]

'오도가'(悟道歌), '오도송'(悟道頌), '증도가'(證道歌)는 확철
히 깨친 경계에서 인간과 우주의 본질과 그 실상을 노래로써 읊
은 것이다. 깨침의 경계는 마음길이 끊어지고 말길이 끊어진 경
계이기 때문에 깨침의 경계를 드러낸 오도가, 오도송, 증도가는
중생의 사량분별로는 도저히 알 수 없는 것이며 다만 깨쳐서 같
은 경계가 되어야만 알 수 있는 것이다. 실로 궁극적 가치는 인
식될 수 없고 고백될 뿐이다.

한암 선사는 경허의 「오도가」에 대해 이렇게 말하고 있다.

게송과 노래로써 그 깨달아 증득한 곳을 발휘하니 높고 높아
서 천 길 낭떠러지요 넓고 넓어서 이름과 말이 함께 끊어지니,
실로 저 옛 조사의 가풍에 양보하지 않음이로다. [4]

2. 여래의 세계를 선포하다

이른바 내가 법왕이 되어 법에 자재함이니

얻고 잃음과 옳고 그름에 어찌 걸림이 있으리요.⁵⁾

　경허가 천장암에서 "내가 대법왕이 되어 일체법에 모두 자재하
도다"라고 대사자후하여 여래의 세계를 선포한 것은 여래장사상
을 체계적으로 설명한 대승논서인 『불성론』(佛性論)의 "일체지의
지위에 들어가 법왕의 대자재력을 얻은 것을 여래라 한다"라고 한
것과 일치한다. 천부논사(千部論師)로 일컬어지는 세친(世親,
Vasubandhu, 4~5세기경)의 저술이며 진제(眞諦 : Paramārtha,
499~569)가 6세기경에 한역(漢譯)한 『불성론』에서는 청정하지
않은 계위인 중생계(衆生界), 청정한 계위인 보살지(菩薩地), 가
장 청정한 계위인 불지(佛地)의 세 가지로 나누고,⁶⁾ 『무상의경』
(無上依經)을 인용해서 "일체 중생이 불성이 있음에도 불구하고
번뇌에 물들어 육도윤회를 하는 것을 중생계라 하고, 8만 4천의
법문과 모든 바라밀이 섭수(攝受)하는 바에 의지하여 보리를 닦
는 것을 보살이라 하며, 일체의 괴로움을 벗어나 청정하고 미묘
하며 일체지의 지위에 들어가 법왕의 대자재력을 얻은 것을 여래
라 한다"⁷⁾고 설하고 있다.
　홀연히 본참 공안을 타파하여 자기의 본래면목을 단박에 깨치
면 항하(갠지스 강)의 모래처럼 많은 법문과 백천 가지 삼매와 한
량없는 묘한 이치를 구하지 않더라도 원만하게 얻게 되며 실로 한
번 뛰어 여래지에 바로 들어가게 되는 것이다(一超直入如來地).

　다만 자기 마음만 알면 항하의 모래처럼 많은 법문과 한량없
는 묘한 이치를 구하지 않더라도 얻게 되는 것이다.⁸⁾

경허는 공안을 타파하고 확철대오해서 백천 가지 삼매와 한량 없이 묘한 이치를 다 구족하고 생사에 자재한 불조의 경지를 다 음과 같이 설명하고 있다.

마땅히 그 본래심을 참구하여 세밀히 연마해서 밝고 오묘한 경지에 이르면, 백천 가지의 삼매와 한량없이 묘한 이치를 구 태여 구하지 않아도 스스로 얻으리니 모든 부처와 조사가 어찌 별다른 사람이겠는가.

　當究其本心 硏精明紗 則百千三昧 無量妙義 不求而自得 諸佛 祖豈異人哉[9]

백천 가지 삼매와 한량없는 묘한 이치를 원만히 구족하여 일체 법에 자재한 대법왕이 되었으니 어찌 나고 죽음·옳고 그름·선 과 악·좋고 나쁨·아름다움과 추함에 걸림이 있으리요. 진리를 확철히 깨쳐서 진리와 하나가 되어 일체법에 자재한 경지에 이르 러야 비로소 삼독(三毒 : 貪·瞋·痴)을 돌이켜 삼취정계(三聚淨 戒 : 攝律儀戒·攝善法戒·攝衆生戒)로 삼을 수 있고 육식(六 識 : 眼識·耳識·鼻識·舌識·身識·意識)을 돌이켜 육신통(六 神通 · 神足通 · 天眼通 · 天耳通 · 他心通 · 宿命通 · 漏盡通)으로 삼을 수 있고 번뇌를 돌이켜 보리로 삼을 수 있고 무명을 돌이켜 큰 지혜로 삼을 수 있는 것이다.[10]

경허는 「법문곡」, 「가가가음」에서 견성성불하여 일 마친 사람 은 일체에 걸림 없이 호호탕탕 무애자재함을 설하고 있다.

홀연히 깨달으니 천진면목 좋은 부처

완연히 내게 있다 살도 죽도 않는 물건

완연히 이것이다 ……

천지에 불관이요 생사에 불관이요

빈부에 불관이요 시비에 불관이요.[11]

확철히 깨닫고 보면 산하 대지와 육도법계가 다 나의 집이요 삼라만상과 두두물물이 다 나의 진면목인데, 어찌 분별하고 취사하며 시비함이 있으리요. 대해탈인 대자유인 대자재인이 되었으니 어찌 한 법이라도 버릴 법이 있겠는가.

옛사람이 이르기를 '한 법도 옳다고 결정하지 말며, 한 법도 그르다고 결정하지 말라' 고 하였으니 거짓됨을 물리치고 참됨을 도모하며 이것을 버리고 저것을 취함이 모두 밧줄로 스스로를 묶는 것이다. 만일 대도를 깨달은 사람은 한 법도 옳은 것을 보지 않나니 어찌 한 법이 그름이 있으리요.

古人云 不定一法是 不定一法非 斥妄謀眞 捨此取彼 幷是執縛 自繩 若悟大道之人 不見一法是 何有一法非[12]

3. 진리의 등불을 다시 밝히다

한 등불이 능히 천년의 어둠을 없애고

한 지혜가 능히 만년의 어리석음을 없애느니라.[13]

경허는 「오도가」의 처음에서 "사방을 돌아보아도 사람이 없으니, 의발을 누구에게 전하리요. 의발을 누구에게 전하리요, 사방을 돌아보아도 사람이 없네. …… 한 곡조의 노래를 아는 이가 없으니, 시절이 그러한가 숙명이던가 또한 어찌하랴'라고 깊이 탄식하고 있다.

깨달음을 얻으면 반드시 눈 밝은 선지식을 찾아가서 깨달음을 인가받고 오후보림을 지도받아야 하건만 경허는 당시에 법맥이 끊어져 깨달음을 인가받을 스승도 법을 전해줄 제자도 없음을 한탄한 것이다. 한암 선사도 「선사 경허화상 행장」에서 '사방을 돌아보아도 사람이 없네'(四顧無人)라는 네 구를 첫머리에서 시작하고 끝머리에도 맺어놓은 것은 사우(師友)와 연원이 이미 끊어져 서로 인증하여줄 곳이 없음을 깊이 탄식한 것임을 밝히고 있다.[14]

경허는 「화엄사 상원암을 복원하고 선방을 설립하며 정하는 완규문」(華嚴寺上院庵復設禪室定完規文), 「범어사 금강암 칠성각 창건기」(梵魚寺金剛庵七星閣創建記)에서도 도가 황폐하여 전하여지지 않고 부처님의 금강정정(金剛正定 : 일체의 번뇌를 끊고 구경과를 증득한 삼매)이 끊어지고 혜명이 전하여지지 않음을 한탄하고 있다.

근세에 이르러 그 도가 황폐하여 전하여지지 않고 설사 발심한 이가 있다 하여도, 처음에 참구하는 법을 결택하는 데 힘쓰지 않아서 마침내 혼침과 망상 가운데 떨어져서 일생을 마치면서 조금이라도 그 이치를 보아 체득하지 않기 때문에 다른 행업자나 외호자가 잘하고 못하는 것은 가리지 않고 다 비탄만하니 슬프도다 가히 구원할 수가 없도다.

至於近世 其道廢而不傳 設有發跡者 初不務決擇其參究法 竟

渾沌於掉之中 過了一生而未能小分覰得其理故 凡他行業者 或外
護者 不擇善否 例皆悲嘆 嗚呼 不可以救得也[15]

슬프도다, 성현이 가신 지 오래 되어서 출가한 사람이 온전
히 자기 집 일을 체득하여 알지 못하니, 우리 부처님 금강정정
이 끊어지고 혜명을 전하지 못함이로다.

嗚呼 去聖愈遠 出家之人 專不體知自家之事 吾佛金剛正定斯
絶 壽命莫傳[16]

경허는 당시 도가 황폐하고 정법이 땅에 떨어져 법맥이 끊어지
고 불조의 혜명이 전해지지 않는 칠흑같이 어두운 근대에 홀로
부처님의 태양과(佛日)과 조사의 달(祖月)을 다시 밝혀 거리거리
마다 지혜의 달빛으로 가득 차게 했던 것이다.

4. 나고 죽음이 본래 없다

그대 못 보는가
삼계는 어지럽고 시끄럽구나
다만 무명을 끊지 못한 때문이니
한 생각 일어나지 않아 마음이 맑으면
오고 감도 나고 죽음도 없느니라.[17]

경허는 자신의 오도가를 '무생의 한 곡조 노래'라고 하고 "티
끌세상 사람들에게 한마디 부치노니 한번 사람의 몸을 잃으면
만겁에 다시 얻기 어렵고, 하물며 덧없는 목숨이 아침에 저녁을

꾀하지 못하니, 눈먼 당나귀가 다리만 믿고 가다가 안전하고 위험함을 전혀 알지 못하는 것과 같도다. 저 사람도 이러하고 이 사람도 이러한데, 어찌 나에게 와서 '나고 죽음이 없는 이치'(無生法)를 배워 인간과 하늘에 대장부가 되려 하지 않는가. 내가 이와 같은 까닭에 입을 재삼 수고로이 하여 부탁하노니, 일찍이 방랑을 해보았기에 나그네를 불쌍히 여기노라"라고 노래하면서 무상이 덧없이 빠르니 무생법(無生法)을 깨쳐서 대장부가 될 것을 간곡히 권고하고 있다.

무생(無生)이란 일체의 존재 현상은 그 실상이 공(空)하기 때문에 나고 죽음이 본래 없음(無生無滅)을 말한다. 이 무생의 이치가 경에 따라 중도·공·불성·진여 등으로 표현되고 있다. 모든 존재는 생함도 멸함도 본래 없기(無生無滅) 때문에 생기지도 않고 소멸하지도 않으며(不生不滅) 능히 생하고 능히 멸하는(能生能滅) 것이다.

대승경전의 대표되는 가르침인 『화엄경』·『법화경』·『반야심경』 등 여러 경전에서 존재의 실상이 불생불멸임을 설하고 있다. 『화엄경』에서는 '모든 법은 생기지도 않고 없어지지도 않는다'(一切法不生 一切法不滅)고 하고 있으며, 『법화경』에서는 '세상의 모든 존재의 참모습은 늘 그대로 있다'(世間相常住)고 하였고, 『반야심경』에서는 '이 모든 법의 공한 모양은 생기지도 않고 소멸하지도 않는 것이다'(是諸法空相 不生不滅)라 하고 있다.

지눌은 『진심직설』에서 마음을 깨달으면 본래 생사가 없음을 진실로 알게 되며, 나아가서 생사 없는 도리를 자유자재로 쓰는 경지가 되어야 함을 강조하고 있다.

이 경에 의하면 원각진심(圓覺眞心)을 요달하여 깨치면 본래 생사가 없음을 믿어 알 수 있다. 지금 생사가 없음을 알았지만 생사를 벗어나지 못하는 것은 공부가 경지에 이르지 못했기 때문이다. …… 그러므로 생사가 없음을 아는 것은 생사가 없음을 체득함만 못하고, 생사가 없음을 체득한 것은 생사가 없음에 계합함만 못하며, 생사가 없음에 계합한 것은 생사가 없음을 쓰는 것만 못한 것을 알 수 있다.[18]

경허도 「법문곡」에서 붓다의 가르침이 '나고 죽음이 없는 이치'임을 설하고 견성성불하면 생사윤회를 벗어남을 피력하고 있다.

삼계도사	부처님이	죽도 살도	않는 이치
깊이 알아	훈도하니	자세한	전후 말씀
소연하기	일월 같다	천만고	명현달사
견성득도	한 사람이	항하사	모래수라
견성득도	하게 되면	생사를	면하나니
천경만론	이른 말씀	조금도	의심없다.[19]

「참선곡」, 「가가가음」에서도 홀연히 마음을 깨치면 지옥 천당이 본래 공하고 생사윤회가 본래 없음을 밝히고 있다.

홀연히 깨달으면 본래 생긴 나의 부처
천진면목 절묘하다. 아미타불 이 아니며
석가여래 이 아닌가. 젊도 않고 늙도 않고
크도 않고 작도 않고 본래 생긴 자기 영광(自己靈光)

개천개지(盖天盖地) 이러하고 열반진락(涅槃眞樂) 가이없다.

지옥천당 본공(本空)하고 생사윤회 본래없다.[20]

　우리의 불성은 삼세의 부처님과 역대의 조사와 조금도 차별이 없기 때문에 확철대오해서 불성을 철견하면 생사는 본래 없는 것임을 알게 된다. 깨닫지 못한 범부 중생에게는 분명히 육도윤회가 있지만, 생사 없는 도리를 깨친 경계에서는 언제나 있는 그대로 열반인 것이다.

　확철대오해서 생사 없는 도리에 계합하면 벗어버려야 할 생사도 없고(無生死可脫) 구해야 할 열반도 없는 것이다(無涅槃可求).

　　중생이 남이 없는 가운데서 망령되게 생사와 열반을 보는 것이 마치 허공에서 꽃이 나타났다 사라졌다 하는 것을 보는 것과 같느니라.

　　성품에는 본래 남이 없으므로 생사와 열반이 없고 허공에도 본래 꽃이 없으므로 나타났다 사라졌다 하는 것이 없는 것이다. 생사가 있는 줄로 아는 것은 허공에 꽃이 나타나는 것을 보는 것과 같고 열반이 있는 줄로 아는 것은 허공에 꽃이 사라지는 것을 보는 것과 같다. 그러나 나타나도 나타남이 없고 사라져도 사라짐이 없는 것이므로 이 두 가지 견해에 대하여서는 더 따질 것이 없다. 그러므로 『사익경』(思益經)에 이르기를, '부처님이 세상에 나오신 것이 중생을 제도하기 위해서가 아니라 오로지 생사와 열반의 두 가지 견해를 건지기 위해서다' 라고 하시니라.[21]

본래 생사가 없으므로(本無生死) 본래 해탈도 없는 것이다(本無解脫). 생사와 열반이 본래 없는데 우리는 무엇 때문에 육도를 윤회하면서 생사고해에서 유랑하고 있으며, 무엇 때문에 열반을 증득하기 위해서 수행을 하고 있는가?

생사는 깨닫기 전에도 없으며 깨달은 후에도 없는 것이다. 다만 범부 중생이 해탈해야 할 생사가 있고 증득해야 할 열반이 있다고 착각하기 때문이다. 부처님이 사바세계에 오신 것도 바로 해탈해야 할 생사와 증득해야 할 열반이 있다는 그 견해를 제도하기 위함이다.

따라서 깨닫지 않고는 결코 생사의 고해에서 벗어날 수 없으며, 생사 없는 도리를 깨달아야만 생사해탈을 이룰 수 있다.

본각(本覺)에 입각해서 보면 생사와 열반이 본래 없기 때문에 닦을 것도 없고 깨달을 것도 없지만, 시각(始覺)에 입각해서 보면 닦을 것 없는 곳을 향해서 닦아야 하고 깨달을 것 없는 곳을 향해서 깨달아야 하는 것이다.

5. 일체 중생이 본래 부처이다

"어떤 것이 환불(幻佛)입니까?"
"삼세의 모든 부처이니라."
"어떤 것이 진불(眞佛)입니까?"
"그대가 바로 진불이니라."

불교는 깨침의, 깨침에 의한, 깨침을 위한 가르침인데 과연 무엇을 깨닫는 것인가? 마음 밖에 있는 그 어떤 깊고 묘하며 신비한 이치를 찾는 것이 아니라 바로 이 마음을 깨닫는 것이다. 다시 말해서 참나, 나의 본래면목, 나의 마음자리, 나의 진여불성을 깨닫는 것인데 경허는 "소를 부르고 말을 부름이 곧 보현이요 장 서방이 서방이 본래 비로자나로다. …… 범부가 자기의 성품을 알지 못하고 말하기를, '성인의 경계는 나의 분수가 아니다'라 하니 가련하구나. 이러한 사람은 지옥의 찌꺼기밖에는 되지 못하리라"고 노래하여 일체 중생이 본래 부처임을 천명하고 있다.

2500여 년 전 붓다는 보리수 아래에서 위없는 바른 깨침을 이루고 청정한 지혜의 눈으로 모든 중생을 두루 관찰하고 모든 중생이 본래 진여불성을 갖추고 있음을 선언하였다.

기이하고 기이하다. 모든 중생들이 여래의 지혜를 구족하고 있으면서도 어째서 어리석고 미혹하여 알지도 못하고 보지도 못하는가. 내가 마땅히 성인의 도로써 가르쳐서 망상과 집착을 영원히 여의고 자기의 몸 속에서 여래의 광대한 지혜가 부처와 같아서 다름이 없음을 보게 하리라.[22]

중생이 본래 갖추고 있는 여래의 지혜는 곧 진여불성이다. 붓다가 모든 중생이 본래 불성을 갖추고 있다고 밝힌 것은 일체 중생의 참다운 가치를 천명한 유사 이래의 일대 선언이라 할 것이다. 진여불성에 입각해볼 때 삼세의 모든 부처와 역대 조사 그리고 시방의 일체 중생이 차별이 없는 것이다.

마음과 부처 및 중생
이 셋은 차별이 없네.[23]

『대반열반경』(大般涅槃經)에서는 일체 중생들이 다 불성이 있으나 번뇌에 덮혀서 이를 알지도 못하고 보지도 못하며, 가장 높고 바른 깨침(無上正覺)을 얻으면 불성을 볼 수 있고 불성을 보면 가장 높고 바른 깨침을 이룸을 설하고 있다.

모든 중생들이 다 불성이 있으나 번뇌에 덮혀 있기 때문에 알지도 못하고 보지도 못한다.[24]

반드시 가장 높고 바른 깨침(無上正覺)을 얻어야 불성을 본다.[25]

불성을 봄으로 가장 높고 바른 깨침(無上正覺)을 이룬다.[26]

가장 높고 바른 깨침을 성취한 여래 지위라야 불성을 바로 볼 수 있고, 불성을 바로 보아야(見性) 생사를 벗어나 대열반을 얻는 것이다(成佛).

중생의 불성은 모든 부처님의 경계다. …… 불성을 바로 봄으로 …… 생사를 해탈하여 대열반을 얻는다.[27]

'일체 중생은 여래장(如來藏, tathāgata-garbha)이다', '일체 중생에게는 다 불성(佛性, buddha-dhātu)이 있다' 라는 여래장사상은 일체 중생의 본질이 여래장 불성임을 선언하여 깨침의 가능성과 보편성을 일체 중생에게 활짝 열어놓고 있다. 또한 자각(自覺)·각타(覺他)·각만(覺滿)이라는 불교의 궁극적 목적을 이룰

경
허

수 있는 이론적 토대이고 불교의 모든 교설에 중심 사상으로 내
재되어 있으며 특히 선불교의 주요한 사상적 기틀이다.

선남자여, 이것은 보편타당한 진리이며 여래들이 세상에 출
현하든 하지 않든 상관없이 중생들은 항상 여래를 그 안에 간
직하고 있다.[28]

지눌은 『진심직설』에서 삼세의 부처님이 깨친 것도 바로 이 마
음이며 대장경이 드러낸 것도 바로 이 마음이며 모든 조사가 서
로 전한 것도 바로 이 마음이며 이 마음의 본체가 바로 불성임을
설파하고 있다.

삼세의 보살이 함께 공부한 것도 이 마음을 공부한 것이며,
삼세의 부처님이 함께 깨친 것도 이 마음을 깨친 것이며, 대장
경이 설명하고 드러낸 것도 이 마음을 드러낸 것이며, 일체 중
생이 미혹하여 망령된 것도 이 마음을 미혹한 것이며, 모든 수
행인이 발심하여 깨달은 것도 이 마음을 깨달은 것이며, 모든
조사가 서로 전한 것도 이 마음을 전한 것이며, 천하의 납자
(衲子)들이 참구한 것도 이 마음을 참구한 것이다.
이 마음을 요달하면 모두가 다 이것이요 물건마다 온전히 드
러날 것이요, 이 마음을 미하면 곳곳마다 전도(顚倒)되고 생각
마다 어리석은 것이다. 이 본체는 일체 중생이 본래 가진 불성
이며 일체 세계가 발생한 근원이다.[29]

경허는 일체 중생에게 다 여래장이 있어서 여래의 대열반의 삶

을 살아갈 수 있음에도 불구하고 번뇌에 물들어 생사윤회하는 중생의 실존적 현실을 일깨우고, 확철대오해서 불성을 증득하여 여래의 삶을 살아갈 것을 천명하고 있다.

홀연히 마음길이 끊어져 근본생명자리에 이르게 되면 저 본지풍광(本地風光 : 일체 중생이 본래 갖추고 있는 심성을 말하며, 본래면목이라고도 한다)이 본래 스스로 갖추어진 원만한 경지이니 모자람도 없고 남음도 없느니라.
驀然心路忽絶 踏着本命元辰 秪這本地風光 本自具足 圓陀陀地 無欠無剩[30]

자기의 본래면목을 깨닫고 보면 중생성 그대로가 불성이요, 색신(色身) 그대로가 법신(法身)인 것이다. 경허는 「승화상인에게 주다」에서 이러한 도리를 설하고 있다.

마치 고기가 용이 되어 뼈를 바꾸어도 그 비늘은 고치지 아니하고, 범부가 마음을 돌이켜 부처가 되어도 그 얼굴은 고치지 아니함과 같다. 무명에 가린 성품이 곧 불성이요 허망한 몸이 곧 법신이다.
如龍換骨 不改其鱗 凡夫廻心作佛 不改其面 無明實性卽佛性 幻化空身卽法身[31]

부처는 깨친 중생이요 중생은 깨치지 못한 부처이며, 부처는 이미 해탈한 중생이요 중생은 아직 얽매인 부처이며, 부처는 눈 뜬 범부요 중생은 눈 감은 성현이며, 부처는 일 없는 범부요 중

생은 일 있는 성현이며, 부처는 무념(無念)인 중생이요 중생은
유념(有念)인 부처이다.

일체 중생이 삼세부처님과 옛 조사와 조금도 차별이 없는 진여
불성을 가지고 있는데도 왜 진여불성을 미해서 육도윤회를 하면
서 생사고해 속에서 몸부림치고 있는가? 깨닫지 못한 중생의 근
기에 맞추어서 '한 생각 미해서 영겁의 생사윤회를 하는 것이다'
라고 설명을 할 수 있다. 그러나 이 문제는 이론적으로 따져서
해결할 수 없는 것이며, 자기의 본참 화두를 참구하여 확철대오
함으로써 그 도리에 계합할 수 있는 것이다.

6. 모든 존재의 참모습은 공하다

모양(相)도 없고 공(空)도 없고 공 아님도 없음이여
이것이 곧 여래의 진실한 모습이로다.[32]

경허는 「오도가」에서 "나의 본래면목을 깨달으니 이름도 공하
고 형상도 공하였는데 공하여 텅 비고 고요한 가운데 항상 빛나
더라"라고 노래하고 있다. 깨친 경계에서 모든 존재의 참모습이
공함을 천명하고 있다. 이 '공'(空)은 대승불교의 이론적 · 실천
적 토대가 되고 후일 선사상에도 불성사상과 함께 사상적 토대가
되며, 그리고 경허의 무애행과 화광동진을 바로 이해하는 데 중
요한 것이다.

반야공(般若空)사상은 인간고(人間苦)의 근본 원인을 존재의
실상을 자각하지 못하는 무명에 있다고 보고 공으로써 존재의 실
상을 해명하고(一切法空 一切法離相)[33] 반야(般若)로써 여법한

혜안을 밝히며(薩婆若 一切種智)[34] 바라밀행(波羅蜜行)으로써 자타를 동시에 성불시키는 실천의 지평을 제시하고 있다(六波羅蜜).[35] 다시 말해서 모든 법은 연기한 것이므로 무자성이며 공하다는 것이고, 이처럼 연기한 일체의 법이 공임을 여실히 아는 지혜를 반야라 하며, 유공중도(有空中道)에 입각한 반야행이 해탈 성불의 길이란 것이다.

'공'(空)이라는 개념은 대승불교에서 모든 존재의 실상을 드러내고 바라밀을 실천하는 핵심적인 개념이다. 일체 법은 인연을 따라 생긴 것이므로 고정 불변하는 실체(實體)라고 할 만한 것이 없으므로 공이라 한다.

『소품반야경』(小品般若經)에서 '모든 법은 공이며[36] 공상(空相)이요[37] 따라서 보살은 대승에서 공법(空法)으로 머문다[38]' 라 설하고 있고, 『대품반야경』(大品般若經)에서는 18공을 설하고 있다.[39]

용수(龍樹, Nāgārjuna, 150~250년경)는 『중론』(中論) 「관사제품」(觀四諦品)에서 일체 법이 공 아님이 없음을 천명하고 있다.

여러 인연으로 생한 법을 나는 공이라 설하고 이것은 또한 가명(假名)이고 중도의(中道義)이다. 일찍이 한 법도 인연으로 좇아 생하지 아니함이 없으니, 이러한 까닭으로 일체 법은 이 공 아님이 없다.[40]

이는 중관학파의 근본사상을 드러내고 있는 게송으로서, 용수가 주장한 공은 연기성공(緣起性空)이요 따라서 무자성공(無自性空)이며 중도(中道)임을 보여주고 있다. 일체 법이 무자성공임을 여실히 아는 지혜를 반야라고 하니 이 공은 또한 반야공이다.[41) 또한 이 공은 아무것도 없는 편공(偏空, 但空)이 아니라 현상계의 유(有)를 포함한 공이므로 중도적인 공이다. 다시 말해서 유와 무를 초월한 존재의 실상이 바로 공이다. 그러므로 유는 공을 포함하고 있고 공도 유를 포함하고 있기 때문에 이를 진공묘유(眞空妙有) 유공중도(有空中道)라 한다.

공의 이치를 밝히고 지혜로써 깨침을 이루는 이치를 밝히고 있는 『반야심경』에서는 이러한 공의 참모습을 불생불멸(不生不滅)이고 불구부정(不垢不淨)이며 부증불감(不增不減)이라 하고 있다.

사리자여, 이 모든 법의 공한 모양은 생기지도 않고 소멸하지도 않으며 더럽지도 않고 깨끗하지도 않으며 불어나지도 않고 줄어들지도 않는다.[42)

이러한 공의 참모습은 바로 우주와 마음의 존재 법칙이다. 인생과 우주의 참모습을 공한 것으로 보는 것이 반야의 지혜이다. 다시 말해서 공성(空性)의 도리를 완전히 이해하는 최상의 완전한 지혜가 바로 반야인 것이다.

용수보살은 중론송(中論頌)의 모든 주장과 이론들을 포섭하고 있는 '귀경게'(歸敬偈)에서 이른바 팔불(八不, 八不中道論)을 주장하여 연기의 참뜻과 반야공사상의 본질을 밝히고 연기를 가르쳐주신 부처님께 귀의한다고 표명하고 있다.

생하지도 않고 멸하지도 않으며, 상주하지도 않고 단절되지도 않으며, 동일하지도 않고 다르지도 않으며, 오지도 않으며 가지도 않는다. 모든 희론을 적멸하는 (길상[吉祥]의) 연기를 설하시는 모든 설법자 중 제일이신 부처님께 머리 조아려 예배합니다.[43]

용수보살은 이 '귀경게'에서 붓다가 설하신 우주와 존재의 이 법인 연기법(緣起法)을 통해서만 모든 희론을 없앨 수 있고 중도 실상을 정견하여 열반을 증득할 수 있음을 재천명하고 있다.

붓다가 새벽에 빛나는 별을 보고 확철대오를 하여 무상정각(無上正覺)을 이루었는데 그 깨침의 내용이 바로 연기법이다.

저 여래께서는 이 법(연기법)을 스스로 깨달으시고 등정각을 이루셨다.[44]

만일 연기를 보면 곧 법을 보고, 법을 보면 곧 연기를 본다.[45]

용수보살은 제24장 「관사제품」(觀四諦品) 제40게송에서 연기법이 불교의 근본 진리임을 재확인하고 있다.

그러므로 경중에 설하시기를 '만약 연기법을 보면 능히 부처를 볼 수 있고 고·집·멸·도를 본다'라고 하셨다.[46]

또 용수보살은 공사상이 원시불교의 연기나 중도와 다르지 않음을 「관사제품」 제18게송에서 설파하고 있다.

여러 인연으로 생한 법을 나는 무(空)라고 설하고, 이것은 가명이라 하고 또한 이것은 중도의 이치이다.[47]

일체가 공이기 때문에 연기의 법칙이 가능하며 결국 공사상과 연기의 법칙은 불가분의 관계에 있는 것이다. 존재의 실상이 공이라면 존재의 현상은 연기이다. 불교의 근본 진리인 연기법에서 보면 모든 존재는 고정불변하는 실체성(實體性, 自性)이 없으므로 무아(無我), 무자성이라고 하지 않을 수 없고 이 무자성(無自性)의 상태가 다름아닌 바로 공성(空性)이다.

공성에 대한 경허의 철저한 깨달음은 동체대비의 보살행과 일체에 걸림 없는 무애행으로 드러난다. 공성을 깨친 지극한 사람은 자기가 없으니(至人無己), 너와 내가 둘이 아니며(自他不二) 만물과 내가 한 몸인 것이다(物我一體).

'나'를 세우는 곳에는 우주도 굴 속처럼 좁고 괴롭고, '나'를 비우는 곳에는 한칸 협실도 하늘처럼 넓고 시원해지는 것이다. '나'를 비움이란 '나'를 죽임이 아니다. '나'에의 집착을 여의는 것이다. '나'에의 집착을 여의는 곳에 그 말은 바르고 그 행은 자유롭고 그 마음은 고요한 행복 무위의 열락에 잠기는 것이다.[48]

경허의 불성과 공성에 대한 철저한 깨침에서 우리는 첫째 화두, 즉 인간과 우주의 본질과 그 실상에 대한 화두를 풀어갈 실마리를 발견하게 된다. 인간과 우주의 본질과 그 실상을 바로 보아야 참사람이라 할 수 있으니, '내가 누구인가'를 모르면서 설사 천하를 다 안다고 해도 무슨 소용이 있겠는가?

제1화두 : 존재의 본질과 그 실상
　　　　→ 경허의 깨침 = 불성 · 공성
　　　　→ 참사람

　오늘날 인류가 직면한 모든 문제들은 모든 존재의 본질인 불성
과 모든 존재의 참모습인 공성을 철저히 깨침으로써 근원적으로
풀어갈 수 있으며, 참사람으로 참삶을 살아갈 수 있는 것이다.

7. 삼라만상이 그대로 청정법신이다

　노란 꾀꼬리가 나무에 오르니 한 떨기 꽃이요
　하얀 해오라기가 밭에 내리니 천 점의 눈송이로다.
　黃鶯上樹一枝花 白鷺下田千點雪

　깨친 경계에서는 천지가 나와 더불어 한 뿌리이고(天地與我同
根) 만물이 나와 더불어 한 몸이며(萬物與我一體) 삼라만상이 바
로 진리의 살아 있는 모습이며 모든 현상이 바로 불법이다.
　깨달은 도인의 경계에서는 산하 대지가 모두 법신의 현현이요
풀 한 포기 꽃 한 송이 나무 한 그루가 다 진여 아님이 없고 불
법 아님이 없는 것이며, 시방법계가 청정한 불국토 아님이 없으
며 삼라만상이 그대로 진면목인 것이다. 그래서 『금강경』에서
"일체 법이 다 불법이니라"[49]고 설하였다.
　당 · 송 팔대가의 한 사람인 소동파도 이러한 이치를 노래하고

있다.

> 시냇물 소리가 곧 부처님의 설법인데
> 산빛인들 어찌 청정법신이 아니리요.[50]

푸른 산과 맑은 계곡이 그대로 청정법신이요 지저귀는 산새 소
리와 흐르는 물소리가 그대로 화엄경이란 뜻이다. 눈으로 볼 수
있는 것은 그대로 부처님의 모습이요, 귀로 들을 수 있는 것은
그대로 부처님의 설법이다. 꽃이 울긋불긋 핀 것은 천기(天機)를
누설함이요 새가 노래하는 것은 무생법을 설함이다.

깨치지 못하면 인생의 생노병사(生老病死)와 우주의 성주괴공
(成住壞空)이 다 무상하고 허망하지만 깨치면 산천초목 삼라만상
이 모두 부처님의 청정법신이다. 눈을 뜨지 못하면 생멸(生滅)의
세계이고 사바세계이지만 눈을 뜨면 바로 지금 그대로 불생불멸
(不生不滅)의 세계이고 극락정토인 것이다.

경허의 법제자인 만공 선사는 덕숭산 소림초당 앞 계곡에 있
는 갱진교(更進橋) 위에서 이러한 도리를 게송으로 읊었다.

> 흐르는 물소리는 조사의 서래곡(西來曲)이요
> 너울거리는 나뭇잎은 가섭(迦葉)의 춤이로다.[51]

눈을 뜨고 보면 대도는 언제나 눈앞에 그대로 전개되고 있는
것이다(大道只在目前). 자기의 본래면목을 바로 보면 언제나 삼
라만상 두두물물의 근원을 만나게 되는 것이다. 천지는 진리를
가리키는 한 손가락이요 만물은 내 마음대로 부리는 한 마리의

만공이 주석하던 예산
덕숭산 소림초당.

말인 것이다.

> 산빛과 물빛이 다른 물건이 아니요
> 밝은 달과 맑은 바람이 부처의 마음이로다.
>
> 山光水色非他物 月白風淸是佛心

깨친 경계에서는 온 세계가 한 떨기 꽃이요(世界一花) 삼라만상
이 다 나의 집이요(森羅萬象盡我家) 온 산하 대지가 바로 그대 자
신이니(盡大地是汝自己), 천지에 침 뱉을 곳이 어디에 있으리요.
불교는 바로 지금 바로 여기를 떠나 따로 진리를 찾거나 영원

한 행복의 세계를 찾는 것이 아니라, 바로 지금 바로 여기에서 이 몸 그대로 진리와 하나가 되고 중생과 하나가 되며 만물과 하나가 되어 그 하나됨마저도 놓아버리고 진리의 삶, 열린 삶, 대자유의 삶, 대해탈의 삶을 살아가는 것이다.

8. 선(禪)과 교(教)는 본래 둘이 아니다

교로 말미암아 선에 들고
선으로 말미암아 깨달음을 증득하며
깨달음으로 말미암아 교에 계합하니
불심(佛心)인 선과 불어(佛語)인 교가 어찌 둘이리요.
由教入禪　由禪證悟
由悟合教　禪教不二

근본불교의 '선과 교가 본래 둘이 아니다'라는 가르침이 인도불교, 중국불교, 한국불교로 전개되어오면서 선·교가 대립, 갈등, 긴장하는 관계가 지속되어왔다. 한국불교사에서도 선(禪)이 전래된 이후로 오늘에 이르기까지 선과 교의 갈등은 계속되어왔다. 그러나 붓다가 선사인가 강사인가 율사인가?

경허도 불교사상사에서 중요한 문제 중의 하나인 선·교의 대립 갈등에 대해 깊이 인식하고 있었던 것으로 보인다. 경허는 「오도가」에서 "부처와 조사라고 이름하며 선과 교를 설하지만 무엇이 특별히 다른 것이 있겠는가. 분별만 냄이로다. 돌사람이 피리 불고 목마가 졸고 있네"라고 노래하여 선과 교를 나누어 분별할 것이 없음을 천명하고 있다.

경허의 닦음과 깨침의 과정을 자세히 분석해보면 그의 선교관 (禪敎觀)은 참으로 바른 안목임을 알 수 있다.

출가 → 강원 → 대강백 → 대발심 → 간화수행(看話修行) → 공안타파(公案打破) → 확철대오 → 보임장양 → 선교불이 (禪敎不二) 선언 → 경절문(徑截門)으로 간화선 제시

경허는 23세 때 동학사 강원에서 개강한 이후 11년 동안 끝없이 교학을 연찬하고 대강백으로서 명성을 전국에 떨쳤으며 34세 때 죽음에 직면하고 홀연 대발심하여 '여사미거 마사도래'라는 화두를 참구하여 확철대오하였다. 1880년 봄 35세 때 연암산 천장암으로 가서 이듬해 6월까지 선종사에서 그 유례를 찾아보기 어려운 처절한 오후보림을 마쳤다. 이러한 닦음과 깨침의 과정을 다 거친 후에 선과 교를 통달하고 확철대오한 경계에서 선·교가 본래 둘이 아님을 선언한 것이다.

일체 법을 근원에서 요달한다면 어찌 선·교를 분별할 것인가. 이러한 뜻에서 경허는 「등암화상에게 주다」에서 간화문(看話門)의 성적등지(惺寂等持 : 또렷또렷함과 고요함을 가지런히 지님)와 염불문(念佛門)의 일심불란(一心不亂 : 한마음으로 아미타불을 생각하여 마음이 산란하지 않음)이 다르지 않음을 밝히고 있다.

간화문에서는 성적등지하면 반드시 견성한다 하고, 염불문에서는 일심불란하면 결정코 왕생한다고 한다. 일심불란이 어찌 성적등지가 아니겠는가. 만약 일심불란을 타력(他力)이라 한다면 성적등지가 어찌 타력이 아니며, 만약 성적등지를 자력

(自力)이라 한다면 일심불란이 어찌 자력이 아니겠는가. 그러
니 일심불란과 성적등지는 과연 어느 것이 더디고 어느 것이
빠르며, 어느 것이 어렵고 어느 것이 쉬운가.

看話門中 說惺寂等持 必能見性 念佛門中 說一心不亂 決定往
生 一心不亂 豈非惺寂等持耶 若以一心不亂 以爲他力 惺寂等持
豈非他力 若以惺寂等持 以爲自力 一心不亂 豈非自力 夫然則一
心不亂 與惺寂等持 果孰遲孰速 孰難孰易乎[52]

일찍이 보조지눌도 당시 고려불교가 당면한 중요한 문제 중의
하나인 선·교의 대립과 갈등 문제에 대해 깊이 인식하고 1185
년 28세 때 하가산(下柯山)의 보문사(普門寺)로 간 이후 3년 동
안 대장경을 열람하면서 『화엄경』과 이통현(李通玄)의 『화엄론』
(華嚴論)에서 선교일원(禪敎一元)의 원리를 발견하고, 근원에 있
어서 선·교가 다르지 않음을 선언하게 된다.

부처가 입으로 설한 것은 교요, 조사가 마음에 전한 것은
선이다. 부처와 조사의 마음과 입은 반드시 서로 어긋나지
않는 것인데, 어찌 그 근원을 궁구하지 않고 각기 자기가 익
힌 데에 안주하여 망령되이 논쟁함으로써 헛되이 세월을 보
내겠는가?[53]

그 이후로 지눌은 당시 수행인들의 선 없는 교의 병폐를 미친
지혜(狂慧)로, 교 없는 선의 병폐를 어리석은 선(痴禪)으로 신랄
하게 비판한다. 지눌은 『권수정혜결사문』에서 심성이 본래 청정
하고 번뇌가 본래 공하다는 믿음과 앎에 의지하여 정혜(定慧)를

쌍수(雙修)하고 만행(萬行)을 함께 닦아야 함을 역설하고 있다.

먼저 심성은 본래 깨끗하고 번뇌는 본래 공한 줄을 믿어 알고 그 앎을 의지하여 수행함이 어떠한가? 밖으로는 계율을 지니면서도 구속이나 집착을 잊고, 안으로는 선정을 닦으면서도 애써 누르는 것이 아니다. 이른바 악(惡)을 끊되 끊으면서도 끊는 것이 없고, 선(善)을 닦되 닦으면서도 닦는 것이 없어야 진정한 닦고 끊음이 된다고 할 수 있다. 만일 이와 같이 정혜를 쌍운(雙運)하고 만행을 함께 닦으면, 어찌 이것을 헛되게 침묵만 지키는 어리석은 선(癡禪)이나 다만 문자만 찾는 미친 지혜(狂慧)에 견주겠는가?[54]

또 『법집별행록절요병입사기』에서는 교상(教相)에 떨어져 입으로는 사사무애(事事無碍)를 말하되 관행(觀行)을 닦지 않으며 자기 마음을 바로 깨달아 들어가는 비결을 믿지 아니하는 교학자들과, 선상(禪相)에 떨어져 조금 견처(見處)가 있으면 해행(解行)의 깊고 얕음과 염습(染習)의 일어나고 사라짐을 알지 못하고 법의 교만으로 가득 찬 선학자들을 준엄하게 비판하고 있다.

내가 교학자들을 보니, 권교(權教)의 설한 바에 머물러서 진실과 허망을 따로 집착하여 스스로 물러날 마음을 내며, 혹은 입으로는 사사무애를 말하되 관행을 닦지 않으며, 제 마음을 깨달아 들어가는 비결이 있음을 믿지 아니하고 참선하는 이들의 견성성불을 들으면 돈교이언(頓教離言)의 이치를 벗어나지 않는다고 하면서, 그 가운데 원오(圓悟)한 본심(本心)의 불변

(不變)·수연(隨緣)과 성(性)·상(相)·체(體)·용(用)과 안
락·부귀가 모든 부처와 같다는 뜻을 알지 못하니 어찌 지혜
있는 사람들이라 하겠는가.

　또 선학자들을 보니, 다만 수승한 근기가 차례를 밟지 않고
바로 불지(佛地)에 오르는 뜻만 알고, 이 『법집별행록』 중에
'깨친 뒤에 처음으로 십신위(十信位)에 들어간다' 는 글이 있음
을 믿지 않고 있다. 그러므로 조금 제 마음의 열린 곳이 있으
면 해행의 깊고 얕음과 염습의 일어나고 사라지는 것을 알지
못하고 법의 교만이 많아서 하는 말들이 모두 분수에 지나친
다. 『화엄론』에도 이르기를 '대심범부(大心凡夫)가 신인(信因)
가운데 모든 부처의 과덕(果德)에 계합되어 조금도 그릇되지
않아야 바야흐로 믿음을 이룬다' 고 하였으니, 만일 이러한 뜻
을 안다면 스스로 굽히지도 않고, 스스로 높이지도 않아야 바
야흐로 뜻을 얻어 마음을 닦는 자가 되는 것이다.[55]

지눌은 수행인들의 이러한 어리석은 선과 미친 지혜의 두 가지
병을 치유하기 위해서 정혜쌍수와 성적등지 그리고 여실언교(如
實言敎)를 토대로 한 선지(禪旨)의 참구를 주장한다.

　모름지기 진실한 말씀의 가르침(如實言敎)을 의지하여 깨닫
고 닦는 근본과 여줄가리를 결택하여 그것으로써 제 마음을 비
추어보면, 항상 관조함에 있어서 공력(功力)을 헛되이 쓰지 않
을 것이다.[56]

선·교가 둘이 아님을 선언한 경허도 당시의 정혜의 근본을

통달하지 못하고 방편에 떨어진 수행인들을 비판하고, 진실한
말씀의 가르침을 빌어서 스스로 깨닫고 스스로 닦아야 함을 주
장하고 있다.

그러므로 스스로 깨닫고 스스로 닦고자 하면 그 진실한 말씀
의 가르침을 빌리지 않고서는 아니될 것이니, 마치 씨앗이 생
장함에 참으로 물과 흙을 필요로 하며 보배가 어두운 방에 있
음에 반드시 등불을 빌려야 빛이 남과 같이……

　故夫欲其自悟自修也　不可不借其言教　如種之生長　寔賴水土
寶在暗室　必借燈光 ……[57]

지눌과 경허가 천명한 선교원융(禪敎圓融)·선교불이(禪敎不
二)의 원융하고 자재한 가르침은 교 없는 선의 치우침에 떨어진
암증 선사(暗證禪師)와 선 없는 교의 치우침에 떨어진 문자법사
(文字法師)의 병을 치유하고, 관조반야(觀照般若 : 禪)와 문자반
야(文字般若 : 敎)의 관계에 대한 중도정견(中道正見)을 열어주
며, 선과 교를 쌍차쌍조(雙遮雙照)하는 참수행의 길을 제시하여
실상반야(實相般若)를 증득하게 할 것이다.

문자반야로 인하여 관조반야를 일으키고
관조반야로 인하여 실상반야를 증득하며
실상반야로 인하여 문자반야에 계합하니,
관조반야와 문자반야가 어찌 둘이리요.
　因文字起觀照　因觀照證實相
　因實相合文字　觀照文字不二

경허는 확철대오한 후 한 손에는 붓을, 다른 한 손에는 주장자를 들고서 삿된 법을 깨뜨리고 바른 법을 드러내어 근대선의 르네상스를 꽃피운 것이다. 붓은 말 있는 주장자요 주장자는 말 없는 붓이며, 붓은 주장자를 여의지 않고 주장자는 붓을 여의지 않으니, 참으로 경허의 붓과 주장자가 아니라면 어떻게 바른 길을 알 수 있겠는가.

9. 간화선이 미묘한 수행법이다

원컨대 솔바람 칡덩굴 달빛 아래에서
길이길이 샘이 없는 조사선을 관할지니라.
願入松風蘿月下 長觀無漏祖師禪

경허가 선과 교가 둘이 아님을 선언하고도 무엇 때문에 확철대오한 이후에는 한결같이 공안을 참구하는 간화선을 경절문으로 제시했을까? 불조가 설한 8만 4천 수행문 가운데 무엇 때문에 공안을 참구해서 참나를 깨닫는 간화선을 미묘한 수행법으로 제시했을까?

활연대오해서 본래면목을 깨친 이의 분상에는 8만 4천 법문이 모두 중도실상(中道實相) 아님이 없고 묘약(妙藥) 아님이 없으며 정로(正路) 아님이 없다. 모든 법문이 다 근원으로 돌아가게 하므로 한 법도 버릴 법이 없는 것이지만, 깨치지 못한 범부 중생의 경계에서는 8만 4천 법문의 말에 떨어져 뜻을 잃어버리고, 방편에 떨어져 진실에 나아가지 못하며, 불요의(不了義 : 중생의 근기에 따라 점차로 구경의 이치로 인도하는 방편)에 의거하고

요의(了義 : 진실하고 오묘한 구경의 이치)에 의거하지 못하기 때문에 경허는 일체 이론을 배제하고 오직 꽉 막힌 알 수 없는 의심으로 공안을 관조해 나가는 간화선을 경절문으로 제시하고 있는 것이다.

원효는 "말대로만 취하면 설한 바가 다 그르고, 뜻을 얻어서 말하면 설한 바가 다 옳다"[58]라고 설하고, 『열반종요』(涅槃宗要)에서 말을 잊고 찾으면 한 생각을 지내지 않고서도 스스로 깨닫게 됨을 밝히고 있다.

지극히 멀기 때문에 가르침을 따라가면 천겁(千劫)을 지나더라도 이르지 못하고, 지극히 가깝기 때문에 말을 잊고 찾으면 한 생각을 지내지 않고서도 스스로 깨닫게 된다.[59]

보조지눌도 『수심결』, 『진심직설』, 『원돈성불론』, 『법집별행록절요병입사기』 등 여러 저서에서 한결같이 문자에 집착하지 말고 바로 뜻을 얻어서 근원으로 돌아갈 것을 설하고 있다.

만일 대장부의 뜻을 갖추어 위없는 보리를 구하는 자라면 이것을 버리고 어떻게 하겠는가? 부디 문자에 집착하지 말고 바로 뜻을 요달하여 일일이 자기에게로 돌리어 근본종지에 계합하면, 곧 스승 없는 지혜가 저절로 앞에 나타나고 천진의 이치가 밝아져서 어둡지 아니하여 지혜의 몸을 성취하되 다른 사람으로 말미암아 깨친 것이 아닐 것이다.[60]

서산대사도 말에서 잃어버리면 염화미소도 교의 자취가 될 뿐이고 세상의 온갖 잡담이라도 마음에서 얻으면 선지가 됨을 밝히고 있으며,[61] 경허는 불조가 설한 진실한 말씀의 가르침(如實言敎)을 빌어서 여법하게 수행해 나가야 하지만 붓다의 깨침을 여실한 언어로 드러낸 경전도 그 뜻을 잃으면 한바탕 잠꼬대임을 경계하고 있다.

그 뜻을 얻으면 길거리의 잡담도 항상 정법을 굴림이요, 그 뜻을 잃으면 용궁의 보배 경전도 한바탕 잠꼬대로다.
得其旨也 街中閑談 常轉正法 失於言也 龍宮寶詮 一場囈語[62]

이와 같이 원효, 지눌, 서산, 경허는 중생들이 8만 4천 법문이 중생의 근기를 따라 제 마음으로 돌아가도록 한 것인 줄 모르고, 8만 4천 법문의 말에 떨어져 뜻을 잃어버리는 것을 경계하고 있다. 요컨대 말 가운데 말이 있는 것을 사구라 하고(語中有語 名爲死句), 말 가운데 말이 없는 것을 활구라 하니(語中無語 名爲活句), 모름지기 말에 떨어지지 말고 활구를 깨쳐야 하는 것이다.

경허는 또한 당시의 수행자들이 진실에 나아가지 못하고 방편에 떨어져 타력과 기복신앙에 매몰되어 참선수행을 하지 않는 풍토를 「진흙소의 울음」, 「등암화상에게 주다」 등 여러 곳에서 비판하고 있다.

가석하도다. 근래의 수행인들을 보니 능히 진정한 스승과 벗을 찾아 도의 안목을 결택하지 못하고 온전히 남의 힘만 믿고 의지하며 한결같이 외워 지니면서 부처님이 구제해주기를 바라다가 만일 공이 지극함에 이르러도 모두 마구니에게 포섭

되는 것을 내가 보고 듣고 허물을 증명한 것도 그 수가 매우
많도다.

可惜　近見修行人　未能愆其眞正師友決擇道眼　全恃他力之說
一向誦持佛號　望佛接濟者　若到功極　皆被魔攝　余亦見聞證過　其
數甚多[63]

이제 수행자들을 보건대 모두가 방편설에 미혹되어 일생을
그르치니 슬프도다.

今觀修行者　擧皆迷半滯權　誤了一生　悲夫[64]

그리고 참선·주력·염불·기도 등의 수행이 마음 밖의 것이 하
나도 없음을 설하면서도[65] 마음을 깨닫는 가장 미묘한 수행법으로
언제 어디에서나 회광반조(廻光返照 : 한 생각 일어날 때 바로 그
일어나는 한 생각을 돌이켜 비추어보는 것)하여 본참 공안을 의심
해 오고 의심해 가서 나의 본래면목을 깨닫는 간화선을 제시한다.

찾는 길이 여럿이나 아주 옅게 말할진대 반조공부(返照工夫)
최묘(最妙)하다.[66]

「중 노릇 하는 법」에서는 간절하게 공안을 참구하는 법을 구체
적으로 설명하고, 간화선이 돌아가지 아니하는 곧은 길, 즉 경절
문임을 단언하고 있다.

고요하고 깨끗한 마음이 부처 되어 가는 길이니, 내 마음을
항상 의심하여 궁구하면 자연 고요하고 깨끗하여지나니, 극히

고요하고 깨끗하면 절로 마음을 깨달아 부처 되느니라. 돌아가
지 아니하고 곧은 길이니 이렇게 하여 갈지니라.[67]

요컨대 경허는 중국종파불교의 역사적 산물인 교판(교상판석
의 준말로 각 종파의 입장에서 모든 경전을 체계적으로 정리·
분류한 것으로, 천태교판과 화엄교판 등이 있다)사상의 치우친
선교관을 극복하고 부처님 마음인 선과 부처님 말씀인 교가 다
르지 아니함을 선언하고, 『아함경』에서 『화엄경』까지 일체법이
오직 한 법이고 한 맛이며 중도실상(中道實相) 아님이 없으며,
8만 4천 법문과 육도만행과 팔만세행이 모두가 문 아님이 없고
길 아님이 없으며 모두가 근원으로 돌아가는 길임을 대사자후
하고 있다.

그러나 범부 중생은 8만 4천 법문이 근기를 따라 제 마음으로
돌아가게 하는 것인 줄을 모르고, 문자에 집착하고 방편에 떨어
져 불요의에 의거하여 밖으로 구하기 때문에, 요의에 의거하여
진실로 나아가 밖으로 구하는 마음을 쉬고 안으로 내 마음을 찾
아 바로 지금 바로 여기에서 일대사인연을 요달하는 간화선을 경
절문으로 제시하고 있는 것이다.

그리고 한 생각(不覺)에 즉해서 크나큰 신심과 크나큰 분심과
크나큰 의심으로 공안을 들어서(始覺) 한 생각의 근원인 진여불
성(本覺)으로 돌아가는 간화선의 닦음과 깨침의 구조가 8만 4천
수행법 가운데 쉽고 간단하며 미묘하고 수승한 지름길이고 언제
어디서나 빈부귀천과 남녀노소 유식무식을 떠나서 누구라도 닦
을 수 있는 수행법이기 때문에 경허는 확철대오한 후에 한결같이

간화선을 선양한 것이다.

경허가 실답게 참구하고(實參) 실답게 깨쳐서(實悟) 확철대오 한 경계에서 이렇게 간곡하게 일러주는 활구법문(活句法門)은 너무나 감동적이어서 크나큰 신심과 크나큰 분심과 크나큰 의심을 동시에 돈발(頓發)하게 하니, 어찌 바르게 믿고 철저히 닦지 않을 수 있겠는가.

10. 구멍 없는 젓대를 부니 태평가로다

아, 줄 없는 거문고와 구멍 없는 피리 아니면
내 뉘와 더불어 태평곡을 부르랴.[68]

경허는 「오도가」 끝에서 "홀연히 콧구멍 없다는 말을 듣고 몰록 삼천대천세계가 내 집임을 깨달았네 유월 연암산 아랫길에 들사람 일없이 태평가를 부르는구나"라고 읊었다. 자기의 본래면목을 깨달아서 대장부의 일을 마쳤으니 구멍 없는 피리를 불고 줄 없는 거문고를 타면서 태평가를 부르는 일밖에 무슨 일이 또 있으리요.

깨닫고 보면 일체 중생의 성품이 삼세의 모든 부처님과 역대의 모든 조사와 조금도 차별이 없기 때문에 사람마다 본래 태평함(人人本太平)을 노래하고 있는 것이다. 본래 부처이기 때문에 깨닫고 닦을 것이 없으며 제도할 부처도 제도받을 중생도 없는 것이다.

무상세월(無常歲月) 허망사(虛妄事)를 어서어서 바삐 깨쳐 선지식을 친견하여 자기부터 어서 찾아 육도중생 제도하여 여아무이(如我無異) 한 연후에 동원도리(東園桃李) 방초안(芳草

岸)에 노지백우(露地白牛) 어거하여 무공적(無孔笛)을 비껴들
고 라라리리 라라리 태평가를 불러보세.⁶⁹⁾

훗날 만공, 용성, 보월, 고봉, 금봉 등 당대의 기라성 같은 대선
지식들이 모인 자리에서 있었던 일화이다.⁷⁰⁾ 여러 큰스님들이 경
허의 오도송이 참으로 훌륭하고 거룩한 오도송이라고 찬탄하였다.
이때 전강(田岡, 1898~1975) 선사⁷¹⁾가 다음과 같이 말하였다.

"콧구멍이 없다(無鼻孔)에는 없다(無)는 허물이 있고 몰록 내
집임을 깨달았네(頓覺是我家)에는 깨달았다는 각견(覺見)의 허물
이 있으며 일없이 태평가를 부르네(無事太平歌)에도 역시 허물이
있으니, 이런 것이 붙어서 생사묘법(生死妙法)을 못 보고 또 제
구백정식(第九白淨識)을 못 건너가게 딱 가로막고 있어서 학자
(學者, 學人 : 불도를 배우는 수행자)가 그곳에서 넘어지게 되는
것이니 학자를 바로 지시하여야 하겠습니다."

보월 선사가 말하였다.

"그 사람 참 공연히 말 제멋대로 하네."

그때 만공 선사가 전강 선사의 말을 묵묵히 듣고 있다가 전강
선사에게 말하였다.

"그러면 자네가 한번 일러보게."

"예, 참 저보고 일러보라고 하시니 참말로 감사합니다. 천하에
없는 해탈보배를 바로 주신들 그 위에 더 반갑겠습니까. 그러면
큰스님께서 한번 청하여 주십시오."

"그러면 경허 큰스님의 무비공도리나 각견도리나 무사태평가
도리를 어디 한번 제쳐버리고 일러보게."

"'유월 연암산 아랫길에'(六月燕巖山下路)까지는 경허 큰스님

경허의 친필. 붓끝에서 천길 폭포가 쏟아진다.

이 송하신 대로 두고 제가 외람되지만 큰스님 송의 끝 구절 '들사람 일없이 태평가를 부르네'(野人無事太平歌) 도리만 이르겠습니다."

전강 선사는 농부가를 부르듯이 다음과 같이 일렀다.

"여여 여여로 상사뒤여."

느닷없이 노래를 부르자 만공 선사가 말했다.

"아, 이 사람아! 노래를 부르는가, 여여로 상사뒤여가 노래가 아닌가, 여여로 상사뒤여가 무슨 이치인가."

"큰스님께서 재청하시면 다시 한번 이르지요."

전강 선사는 춤을 추면서 곡조를 붙여 노래를 불렀다.

"여여 여여로 상사뒤여."

만공 선사는 무릎을 탁 치면서 감탄하며 말하였다.

"적자가 손자를 희롱하는구나!"(嫡子弄孫)

전법과 선풍 진작

대장부가 지혜의 칼을 잡으니
반야의 칼날이요 금강의 불꽃이로다.
외도의 마음만 꺾을 뿐 아니라
일찍이 천마의 간담을 떨어뜨렸도다.
법의 우레 진동하고 법고를 두드림이여
자비의 구름을 펴고 감로수를 뿌리는도다.
大丈夫秉慧劍 般若鋒兮金剛焰
非但能摧外道心 早曾落却天魔膽
震法雷擊法鼓 布慈雲兮灑甘露¹⁾

1. 부처와 조사는 일없는 사람

만국의 도성은 개미집이요
천고의 호걸은 하루살이라.
밝은 달을 베개하고 고요히 누웠으니
끝없이 부는 솔바람 갖은 곡조 아뢰네.²⁾

이가 들끓고 있는 누더기를 벗어버리고 깨침의 노래를 부른 경
허는 연암산 천장암에서 낮에는 맑은 바람과 사귀고 밤에는 밝은
달과 벗하면서 때로는 구멍 없는 젓대를 불고 때로는 줄 없는 거
문고를 타면서 무심삼매(無心三昧)에 들어 소요자재하였다.

평등원각(平等圓覺) 대가람에
소요자재(逍遙自在) 나뿐이여
수풀 계곡 한적한 곳
무심객(無心客)을 누가 알랴.[3]

　진여불성을 확철히 깨쳐서 한 번 뛰어넘어 바로 여래지에 올라
삼계를 뛰쳐나는 것이 대장부 일생의 할 일인데 위없는 바른 깨
침을 이루어 대장부 일생의 할 일을 다 마쳤으니, 일없는 일밖에
무슨 일이 있겠는가.

　만일 이 마음을 깨달으면 진실로, 이른바 계단을 밟지 않고
바로 부처의 지위에 올라 걸음마다 삼계를 뛰어나고 집에 돌
아가서 단박 의심을 끊을 것이며, 문득 인간과 천상의 스승이
되어 자비와 지혜가 서로 도와 자리이타를 갖추어 인간과 천
상의 공양을 받되 하루에 만 냥의 황금을 소비할 것이다. 만
일 그대가 이와 같으면 참으로 대장부라 일생의 할 일을 마친
것이다.[4]

　부처와 조사는 일없는 사람(佛與祖師是無事人)이요, 함이 없
는 참사람(無爲眞人)이며, 모든 배움을 끊고 함이 없는 한가로운
도인(絕學無爲閑道人)이며, 일 마친 범부(了事凡夫)이다. 지혜로
운 이는 함이 없거늘 어리석은 사람은 스스로 얽매이는 것이니,
삼세의 모든 부처와 조사가 한낱 일없는 사람일 뿐이다.
　모든 번뇌를 끊어 해탈을 얻은 일없는 사람은 삼계(三界)를 인
연에 맡겨두고, 다만 목마르면 차를 마시고 곤하면 졸 뿐이다.

경허도 「법문곡」에서 "홀연히 깨달으니 천진면목 좋은 부처 완연
히 내게 있다. …… 홀연히 한 무사인이 되었으니 이것을 부처라
하나니라"⁵⁾라고 노래하여 일없는 사람이 바로 부처임을 단언하
고 이러한 일없는 무심도인의 경계를 시로 읊고 있다.

> 일없음이 오히려 일을 이룸이라
> 사립문 닫고 한낮에 조나니
> 산새들이 나의 고독 아는지
> 그림자 그림자가 창 앞을 지나가네.
>
> 無事猶成事 掩關白日眠
> 幽禽知我獨 影影過窓前⁶⁾

　홀로 티끌세상을 벗어나서 홀연히 마음을 깨달아 무심으로써
본체를 삼고(以無心爲體) 무사로써 작용을 삼아(以無事爲用) 삼
계육도에 자재하고 일체에 걸림 없는 모습이 이른바 무심도인 무
사인의 일상 생활이다.

　이 절을 세움이여, 뿌리 없는 나무를 베어 대들보를 올리고
그림자 없는 나무를 꺾어 도리와 서까래를 걸며, 푸른 하늘과
흰구름으로 기와를 삼고 메아리 없는 골짜기의 진흙으로 장벽
을 만든다.
　사방에 문이 없어 드나듦이 없지만, 시방세계에서 모두 모여
도 넓지도 않고 비좁지도 않다. 청정한 부엌에서 밥을 지을 때
에는 낟알이 없는 쌀로 짓고, 국을 끓일 때에는 흰 쇠고기(白
牛肉)를 삶는다. 잿밥을 먹을 때에는 낟알 없는 밥을 먹고 흰

쇠고기 국(白牛湯)을 마시며, 공양을 마치고는 조주의 차(趙州茶)를 마시고 운문의 떡(雲門餠)을 먹는다.

법당을 돌 때에는 줄이 없는 거문고를 타고 구멍이 없는 젓대를 부나니, 그 가락마다 고라니와 사슴이 모여와 기뻐하고 봉황이 날아와 춤을 춘다. 선실(禪室)에 있을 때에는 올 없는 옷을 입고 허공을 향해 앉아, 문수(文殊)의 눈을 후벼내고 보현(普賢)의 정강이를 쪼개며 유마(維摩)의 자리를 부수고 가섭(迦葉)의 옷을 불사른다. [7]

확철히 깨쳐서 장부의 일을 마친 경허의 대무심경계를 엿볼 수 있는 일화가 있다. 경허가 천장암에 주석할 때의 일화이다. 어느 여름날 밤 만공 스님이 큰방에 볼일이 있어 호롱불을 들고 들어가다가 소스라치게 놀랐다. 커다란 뱀 한 마리가 방으로 들어와 누워 있는 경허의 배를 타고 올라가 어깨에 서리고 있었다.

"스님, 배 위에 뱀이 걸쳐 있습니다."

경허는 놀라지도 쫓지도 않고 그대로 태연히 누운 채 말했다.

"가만히 내버려두어라. 실컷 배 위에서 놀다 가도록 내버려두어라."

조금 후에 뱀이 유유히 숲으로 돌아가니, 대무심 경지가 아니면 누가 이와 같겠는가.

2. 법륜을 굴리다

생각생각이 석가불의 출세요
걸음걸음이 미륵불의 하생이로다.

念念釋迦出世 步步彌勒下生

불교의 존재 이유와 궁극적 가치는 인간과 우주의 본질과 그 실상에 대한 궁극적 해답으로 깨침을 제시하고 나아가 깨침을 역사화하여 역사와 대중의 요구에 부응하는 데 있다. 그리고 부처와 조사의 존재 이유와 궁극적 가치도 깨침에 이르는 길을 바르게 가르치고 스스로 깨침의 삶을 살아가는 데 있는 것이다.

깨침은 중생에게 회향되고 역사에 회향되어야 한다. 깨침이 뭇 중생의 닫힌 삶을 부처의 열린 삶이 되게 하고, 어두움의 역사를 광명의 역사가 되게 할 때 비로소 깨침이 중생의, 중생에 의한, 중생을 위한 깨침이 되며 역사와 대중 속에 살아 숨쉬는 깨침이 되는 것이다. 그러나 깨침이 뭇 생명과 함께하지 못하고 역사와 대중의 요구에 부응하지 못하면 그 깨침은 이미 바른 깨침이 아니며 죽은 깨침이며 닫힌 깨침이다.

일 마친 장부에게는 실로 일없는 일밖에는 일이 없지만, 한량없는 중생을 위해서는 끝없는 일이 있는 것이다. 중생계가 다함이 없고 중생의 업과 번뇌가 다함이 없기 때문에 일없는 사람에게 다함 없는 일이 있는 것이다.

확철대오해서 일 마친 장부라야 닦고 깨침이 없는 가운데 참닦음과 깨침(無修證中眞修證)의 모범을 만대의 수행자에게 보여주고, 취하고 버릴 것 없는 가운데 참으로 취하고 버려서(無取捨中眞取捨) 불법을 바로 세우고, 방편 없는 가운데 참 방편을 써서(無方便中眞方便) 일체 중생을 진실로 나아가게 할 수 있는 것이다.

뭇 생명이 가야 할 길, 영원한 행복의 길을 제시하여 무명의

삶, 질곡의 역사에서 지혜의 삶과 해탈의 역사를 열어가는 것이
전법(傳法)의 목적이다. 실로 한 중생도 제도할 수가 없는 것이
지만 일체 중생을 제도해야만 하는 것이고, 한 법도 설할 수 없
는 것이지만 일체 법을 설해야만 하는 것이다. 바로 여기에 불법
의 오묘한 이치가 있는 것이며 부처와 조사의 일없는 일 가운데
끝없는 일이 있는 것이다.

지눌은 『법집별행록절요병입사기』에서 확철대오해서 진실로
세상을 뛰어난 대장부라면 자기 집의 보물을 실어내어 모든 중생
을 구제해야 함을 밝히고 있다.

만일 진실로 세상을 뛰어난 장부라면 언설(言說)이나 지해
(知解)의 부림을 받지 않고 하루 열두 때 가운데 경계에 부딪
치고 인연을 만나는 곳에서도 세속의 이치(世諦)를 퍼뜨리지도
않고 또한 불법의 이치도 논하지 않으면서 한 가닥 살 길이 있
으면 자연히 삼세의 모든 부처님의 허물과 육대 조사의 허물과
천하 선지식의 허물을 볼 것이니, 그러한 뒤에 자기 집 보물을
실어내어 모든 중생을 구제하면 곧 임금의 은혜와 부처님의 은
혜를 일시에 다 갚게 될 것이다.[8]

한암 선사도 천하를 빈배같이 소요자재하면서 인연 있는 중생
을 제도해야 부처님과 부모님 시주의 은혜를 한꺼번에 갚아 마치
게 됨을 사자후하고 있다.

선지식을 찾아가서 요연히 인가받아 다시는 의심이 없어진
뒤에 천하를 소요하며 인연 있는 중생을 제도하면 부처님의 은

혜와 부모님의 은혜, 시주의 은혜를 한꺼번에 갚아 마치리니, 어찌 유쾌하지 아니하며 어찌 즐겁지 아니하리요.[9]

만해 한용운이 「군말」에서 웅변한 것처럼 석가의 님이 중생이 듯이 삼세의 모든 부처와 역대 모든 조사의 님도 중생이며 경허의 님도 또한 중생이다.

님만 님이 아니라 기룬 것은 다 님이다 중생이 석가의 님이라면 철학은 칸트의 님이다 장미화의 님이 봄비라면 마시니의 님은 이태리다 님은 내가 사랑할 뿐만 아니라 나를 사랑하나니라
연애가 자유라면 님도 자유일 것이다 그러나 너희는 이름 좋은 자유에 알뜰한 구속을 받지 않느냐 너에게도 님이 있느냐 있다면 님이 아니라 너의 그림자니라
나는 해저문 벌판에서 돌아가는 길을 잃고 헤매는 어린양이 기루어서 이 시를 쓴다.

만해 한용운이 해저문 벌판에서 돌아가는 길을 잃고 헤매는 어린양이 기루어서 시를 쓰듯이 경허는 참나로 돌아가는 길을 잃고 헤매는 가엾은 중생들이 기루어서 법의 바퀴를 굴린다.
장부의 일을 마치고 일없이 법의 기쁨과 세상 밖의 무궁한 즐거움을 누리던 경허가 드디어 법의 바퀴를 굴리니, 그 첫 사자후는 어머니 박씨를 위한 해탈 법문이었다. 1854년 9세 때 어머니의 손을 잡고 청계사로 출가했던 경허가 이제 대도를 이루고 그 첫 법회를 어머니 박씨를 위해 열기로 한 것이다. 도를 깨우친 경허가 법상에 오른다는 소문이 퍼져 많은 스님과 신도들이 운집

해 천장암을 가득 메웠다.

법당 안으로 들어와 법상에 오른 경허는 시자에게 말했다.

"우리 어머님을 모셔 오너라."

어머니 박씨는 아들 경허가 큰스님이 되어서 첫 법회를 열고 더구나 자신을 위해 법문을 설한다는 말을 듣고 이루 말할 수 없이 흐뭇했다.

"우리 경허가 나를 위해 법문을 설한다니 이렇게 기쁠 수가 없구나."

박씨는 매우 기쁜 마음으로 옷을 갈아입고 신도들로 가득 찬 법당으로 들어와 향을 사르고 앞자리에 조심스레 앉았다.

법상에 앉아 주장자를 잡고 한동안 묵묵히 있던 경허는 갑자기 벌떡 일어서서 옷을 벗기 시작했다. 마침내 실오라기 하나 걸치지 않은 완전한 벌거숭이가 되자 숨을 죽이고 지켜보던 신도들은 소리를 지르고, 아낙네들은 손으로 두 눈을 가리고 젊은 처녀들은 비명을 지르면서 자리에서 일어나 황망히 법당을 뛰쳐나가기 시작했다.

완전히 벌거벗은 알몸이 된 경허는 어머니 박씨에게 말하였다.

"어머니, 저를 보십시오."

흐뭇한 마음으로 옷을 차려 입고 법석 제일 앞자리에 앉아 있던 어머니 박씨는 크게 놀라고 화가 나서 소리쳐 말하였다.

"도대체 무슨 법문이 이럴 수가 있단 말인가."

어머니 박씨가 크게 노하여 법석을 박차고 나가버리자 경허는 껄껄 소리내어 웃으면서 벗었던 옷을 하나하나 다시 입고, 주장자를 세 번 내리치고 법상을 내려왔다.

경허의 첫 상당(上堂 : 법석에 올라서 법을 설하는 것) 법어의 깊은 의미는 무엇일까? 부모로부터 받은 육신(肉身)으로 부모로 부터 태어나기 이전의 법신(法身)을 보이려는 뜻이 아닐까. 눈 감은 범부는 경허의 육신을 볼 뿐이지만 눈뜬 부처는 경허의 법 신을 보는 것이다.

출가 수행하는 목적이 부모형제의 작은 가족을 위해서가 아니 라 일체 중생의 큰 가족을 위해서 살아가기 위한 것이니, 견성성 불해서 법으로 제도하여 영원한 해탈도를 얻게 하는 것이 참으로 지중한 부모의 은혜를 갚는 길이다. 실로 큰 깨침이 바로 큰 효 도인 것이다(大悟卽大孝).

어느 날 아침 경허는 한 수의 시를 읊어 미묘한 법의 바퀴를 굴려 감로의 문을 열 것을 선언한다.

세속과 청산 어느 것이 옳은가
봄이 오니 성마다 꽃피지 않은 곳이 없다네
누군가 성우(惺牛)의 일을 묻는다면
돌계집 마음속 겁 밖의 노래라 하리라.
世與靑山何者是 春城無處不開花
傍人若問惺牛事 石女心中劫外歌[10]

드디어 주장자를 꺾어 문 밖으로 던져버리고 훌훌 털고 산을 나서서 빈 배처럼 떠돌면서 인연따라 교화를 베푸니 상투적인 데 서 벗어나고 격식을 두지 않았다. 때로는 흰구름에 누워 초연히 풍월을 읊조리고 때로는 저잣거리로 나가 뭇 사람의 눈물을 닦아 주니 어찌 청산과 녹수에 걸리겠는가.

물소리 베고 누우면

별자리도 자리를 튼다

적막의 끝을 잡고

한생각 접시로 밝히면

九千洞 여문 물소리가

산을 끌고 내려온다.[11]

3. 정법의 깃발을 세우고 선풍을 일으키다

허공계와 중생계가 모두 다하고

업과 번뇌가 다한다면 모르겠지만

이와 같은 모든 것이 다함 없으니

나의 원도 마침내 다함 없으리.[12]

경허는 36세 때인 1881년 6월에 「오도가」를 부르고, 그 이듬
해인 1882년 이후로 17년을 천장암·개심사(開心寺)·문수사(文
殊寺)·부석사(浮石寺)·수덕사(修德寺)·정혜사(定慧寺)를 비
롯하여 마곡사(麻谷寺)·묘각사(妙覺寺)·장곡사(長谷寺)·대련
사(大蓮寺)·봉곡사(鳳谷寺)·보석사(寶石寺)·태고사(太古
寺)·영은사(靈隱寺)·영탑사(靈塔寺)·갑사(甲寺)·동학사(東鶴
寺)·신원사(新元寺)·법주사(法住寺) 등 호서지방에서 정법의
깃발을 높이 세우고 선풍(禪風)을 크게 일으키며 많은 일화를 남
기게 된다.

경허가 천장암에 주석하면서 서산의 부석사, 개심사 등을 내왕
할 무렵의 일화이다. 당시 계룡산에는 태평상인(太平上人)이라는

지혜와 덕을 겸비한 스님이 있었는데 경허의 소문을 듣고 어느 날 부석사로 찾아왔다.

태평상인은 방문을 활짝 열고 들어서자마자 경허에게 물었다.

"어떤 것이 조사가 서쪽에서 오신 뜻입니까?"(如何是祖師西來意)

경허는 묻는 태평상인을 대뜸 주장자를 들어 후려쳤다.

"치는 것은 마음대로 치지만 조사가 서쪽에서 오신 뜻에는 어긋납니다."

그 말을 들은 경허는 되받아 물었다.

"어떤 것이 조사가 서쪽에서 오신 뜻인고?"

이번에는 태평상인이 주장자로 경허를 후려쳤다.

경허는 말하였다.

"사자는 사람을 무는데 한나라 개는 흙덩이만 좇는구나."(獅子

경허가 호서지방에서 정법의 깃발을 높이 세우고 선풍을 크게 일으킬 때 주석한 서산 도비산 부석사.

咬人 韓盧逐塊)

태평상인이 공손히 말했다.

"큰스님, 법은이 망극합니다."

경허는 웃으면서 법당으로 걸음을 옮겼다.

평생에 고정한 바 없어

온갖 일 인연에 맡겨두노라

연암산에 머무는 도사가

부석사에서 더운 여름 보냈네.

平生無固必 萬事付因緣

燕嶺留道士 浮石送炎天 [13]

근대선의 첫새벽인 경허가 시공을 뛰어넘어 한국불교의 첫새벽 원효를 만난 부산 금정산 범어사 원효암.

53세 때인 1898년 도비산 부석사에서 금정산 범어사(梵魚寺)

의 초청을 받아 시봉 만공과 함께 불령산 청암사(靑巖寺)를 거쳐 범어사로 가서 영남 최초의 선원(禪院)을 개설하고 하안거를 지도하는 등 선풍을 진작한다. 이때 경허는 하안거 해제날 범어사 원효암에 올라 시 한 수를 남긴다.

조사가 입멸했다고 전하는 것은 다 거짓말
오늘 분명히 이 대에 앉아 있나니
주장자 머리에 눈이 있는데 밝기가 칠흑 같으나
산하 대지를 비추도다.
祖師入滅傳皆妄 今日分明坐此臺
杖頭有眼明如漆 照破山河大地來[14]

54세 때인 1899년 봄의 일이다. 경허는 가야산 해인사 조실(祖室)로 초대받았다. 가을에 국왕의 칙명으로 추진하는 대장경 간행불사를 증명하고, 또한 수선사(修禪社)를 창설하고 퇴설당(堆雪堂)에서 「함께 정혜를 닦아 도솔천에 나며 성불하기 위한 결사문」(結同修定慧同生兜率同佛果稧社文)을 지어 결사운동을 주창하니[15] 대중들이 모두 추대하여 법주(法主)로 모셨다.

결사운동은 '붓다의 근본 정신으로 돌아가 부처님 법답게 살자'라는 운동이다. 이 무렵 경허가 주창한 결사운동은 당시 정법이 침체되고 삿된 도가 치성하던 불교계를 개혁하고 정법도량의 기틀을 마련했다 할 것이다.

1899년 10월 15일 첫 결제일을 맞아 「해인사 수선사 방함인」(海印寺修禪社芳啣引)을 짓고, 이어 「합천군 가야산 해인사 수선사 창건기」(陜川郡伽倻山海印寺修禪社創建記)를 지었다.[16]

　　결제(結制 : 하안거 동안거 각각 석 달 간 선원에서 밖에 나가지 않고 참선수행에 전념하는 안거를 시작하는 것) 때의 일화이다.

　　경허는 법좌에 올라 주장자를 들어 법상을 한 번 치고 말했다.

　　"삼세의 모든 부처와 역대 조사와 천하 선지식과 노화상들이 모두 이 안에 있다."

　　또 법상에 한 획을 긋고 말했다.

　　"삼세의 모든 부처와 역대 조사와 천하 선지식과 노화상들이 모두 이를 따라왔다."

　　또 법상에 한 획을 긋고 말했다.

　　"삼세의 모든 부처와 역대 조사와 천하 선지식과 노화상들이 모두 이를 따라갔느니라. 대중들은 도리어 알겠느냐?"

　　대중이 아무 대답이 없자 주장자를 던지고 법좌에서 내려왔다.

　　해제(解制 : 선원에서 석 달 간의 안거를 끝마치는 것)날, 법좌에 올라 동산 스님이 시중(示衆)하던 것을 들어 말했다.

불교계를 개혁하고 정법도량의 기틀을 마련하고자 「함께 정혜를 닦아 도솔천에 나며 성불하기 위한 결사문」을 지어 결사운동을 주창한 해인사 퇴설당.

해인사 퇴설당의 경허
친필 현판

　"'초가을 늦여름에 형제들이 동쪽으로 가고 서쪽으로도 가니,
곧 모름지기 만리에 풀 한 포기도 없는 곳을 향하여 가거라' 하
셨으나, 나는 그렇지 않아서 초가을 늦여름에 형제들이 동쪽으로
도 가고 서쪽으로도 가니, 모름지기 길 위에 잡초들을 일일이 밟
고 가야 옳도다 하리니 그렇다면 동산의 말과 같은가 다른가?"
　대중이 대답이 없자 조금 묵묵히 있다가 말했다.
　"대중이 이미 답이 없으니 내가 스스로 답을 하리라."
　문득 법좌에서 내려와 방장실로 돌아갔다.
　이와 같이 경허가 법좌에 올라 법을 설할 때에는 금강보검을
휘둘러 불법의 미묘한 도리를 바로 드러내고 대사자후하여 살활
(殺活)의 기틀을 떨치니, 듣는 자가 모두 견해가 끊어지고 집착
이 사라져서 뼈를 바꾸고 창자를 씻은 듯하였다고 한다.

　　사자후의 두려움 없는 설법이여
　　뭇 짐승들 들으면 모두 뇌가 찢어지도다
　　코끼리는 분주하게 달아나 위엄을 잃고
　　천룡은 고요히 듣고서 기쁨을 내는도다.[17]

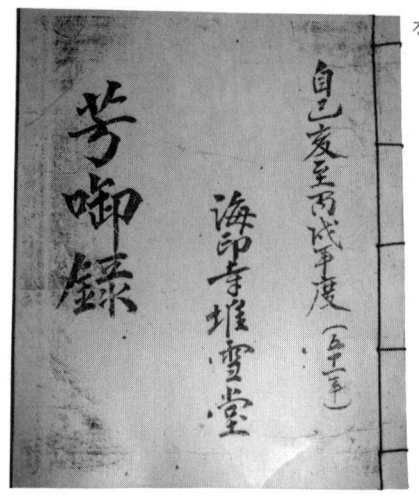

경허가 쓴 「해인사 수선사 방함록」.

　55세 때인 1900년 1월 하순 조계산 송광사 점안식에 증사로
초청받아 가서 머무르니, 이로부터 한두 해에 걸쳐 송광사를 비
롯한 화엄사(華嚴寺)·천은사(泉隱寺)·백장암(百丈庵)·실상사
(實相寺)·영원사(靈源寺)·벽송사(碧松寺)·쌍계사(雙溪寺)·
태안사(泰安寺)·송계암(松溪庵) 등 호남 일대에 선원을 창설하
였다.

　송광사 점안식(點眼式 : 새로 조성된 불상에 눈동자를 그려 넣
는 의식)에 증사(證師 : 법회를 증명하는 법사)로 초청받아 갔을
때의 일화이다.

　송광사에서는 점안식에 사용할 증사단(證師壇)을 엄숙하고 호
화롭게 꾸민 후 경허가 오기를 기다리고 있었다. 점안식을 하루
앞두고 대사찰인 송광사와 그 주변 말사 암자에서 수많은 승려들
이 몰려와 법당을 가득 메우고 있었고 전국에서 신도들도 구름같
이 몰려와 경내를 채우고 있었다.

　이윽고 경허가 나타났다. 이미 경허는 술에 얼근히 취해 있었

경허 친필 「해인사
수선사 방함인」.

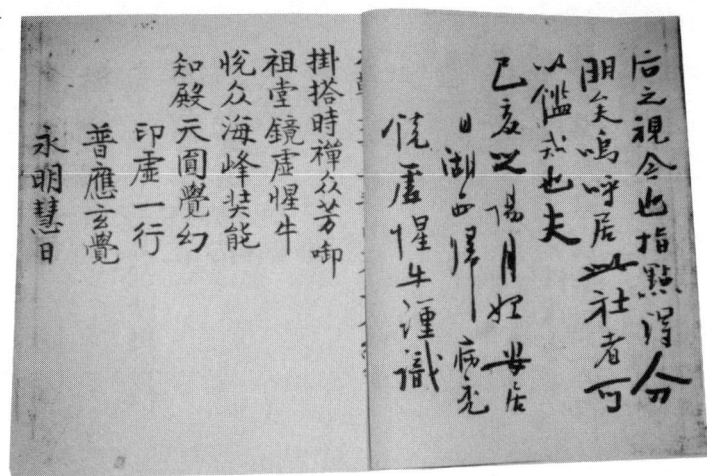

다. 경허는 성큼성큼 법당 안으로 들어가서 법상 위로 올라가 앉았다. 그리고 나서 큰소리로 공양주를 불렀다. 경허는 메고 온 바랑에서 난데없이 술병 하나와 돼지다리 한 개를 끄집어냈다.

"이 돼지다리를 얼른 삶고, 이 술을 따끈하게 데워서 오게."

법당 안은 웅성거리기 시작하였다. 혈기에 찬 젊은 승려들은 미친 술주정뱅이 경허를 내쫓아야 한다고까지 했다. 노장 스님들이 나서서 간신히 만류하였다.

점안식이 거행된 이튿날 이른 아침, 경허는 주장자를 들고 숲 속 널따란 바위 위에 올라가 앉았다. 가부좌를 하고 앉은 경허는 눈을 지그시 감고 선정에 들었다.

그때 숲 속에서 여러 마리의 호랑이들이 떼지어 나타나 어슬렁 어슬렁 경허가 앉아 있는 바위 앞으로 다가가기 시작했다. 바위 위에 올라간 호랑이들은 엎드려 절을 하는 것처럼 무릎을 꿇고 마치 법문이라도 듣는 듯 웅크리고 앉았다. 멀리서 수많은 승려들과 신도들이 넋을 잃고 이 모습을 지켜보고 있었다.

한참 만에 눈을 뜬 경허는 호랑이들에게 다음과 같이 소리쳐 말하였다.

"이제 다 물러가서 해탈의 문에 들도록 하여라."

호랑이들은 모두 일어나 조계산 깊은 산중으로 사라졌다. 그러고 나서 경허는 증사단으로 올라가 위없는 묘한 법을 설했다.

경허가 호랑이와 대화를 나누고 그들을 제도하였다는 전설 같은 이 일화는 구전되어 오면서 과장되었을지도 모른다. 그러나 어찌 뭇 삶과 하나된 대무심도인(大無心道人)의 경계에서 한갓 전설일 수만 있겠는가.

무엇이 훌륭한 것인가? 오직 도를 행하는 것이 훌륭한 것이요,

경허가 호랑이와 대화를 나누고 그들을 제도하였다는 일화가 전해지는 조계산 송광사.

무엇이 가장 큰 것인가? 뜻이 도와 하나가 되는 것이 큰 것이니라.[18]

그해 여름에 다시 영남지방으로 가서 통도사(通度寺) · 내원사(內院寺) · 백운암(白雲庵) · 표충사(表忠寺) 등 여러 사찰을 순력하며 선풍을 크게 떨치고, 그 얼마 뒤 대승사(大乘寺) · 윤필암(潤筆庵) · 동화사(桐華寺) · 파계사(把溪寺) 등 경상북도에도 선원을 창설하며 납자들의 안목을 열어주었다.

57세 때인 1902년 범어사에서 『선문촬요』(禪門撮要)를 편찬하여 선문의 정로(正路)를 제시하고, 가을에는 마하사의 나한전 개분불사(改粉佛事 : 낡고 오래 된 불상이나 나한상을 새로 단장

경허가 영남지방에서 선풍을 진작할 때 잠시 머문 불보사찰 영축산 통도사.

하여 조성하는 불사)를 증명했다.

경허가 범어사 금강암에 주석할 때, 마하사에 나한 개분불사가
있어서 경허를 증명법사로 모셨다. 경허가 절 입구에 다다르니
길이 어두워 걷기가 어려웠다. 마침 마하사 주지스님이 잠시 앉
아 졸고 있었는데 꿈에 어떤 노스님이 나타나 말하였다.

"큰스님이 오시니 급히 나가 영접하라."

주지스님이 꿈을 깨고 나서 횃불을 들고 산문(山門) 어귀로 내
려가 보니 과연 경허가 오고 있었다. 주지스님이 비로소 나한의
현몽인 줄 알고 대중들에게 말하니, 다 경이롭게 여겨서 전날 비
방하고 불신하던 자들이 모두 와서 참회하였다고 한다.

외로운 달 홀로 비추고 강산은 고요한데
스스로 웃는 한 소리에 천지가 놀라는구나.
孤輪獨照江山靜　自笑一聲天地驚

58세 때인 1903년 해인사 조실로 있으면서 한글과 한문 혼용인 「참선곡」 「가가가음」과 순 한글로 씌어진 「법문곡」 「중 노릇하는 법」 등을 지어서 누구든지 불법을 알게 하고 해탈도를 얻게 하였다.

59세 때인 1904년 해인사에서 인경불사(印經佛事 : 대장경을 간행하는 불사)를 매듭짓고, 2월에 천장암에 도착해서 법제자 만공에게 전법게(傳法偈)를 주며 후래불법을 부촉하고 북녘으로 향하였다.

그해 봄에 오대산 월정사에서 『대방광불화엄경』(大方廣佛華嚴經) 법회에서 법문을 하고, 금강산을 거쳐서 안변 석왕사(釋王寺)에 이르러 오백 나한 개분불사를 증명하고 법좌에 올라 법을 설하니 대중들이 찬탄하였다고 한다.

이후 경허는 머리를 기르고 선비의 옷차림을 하고 삼수 · 갑산 · 장진 · 강계 등 관서 · 관북지방뿐만 아니라 만주 일대에 이

경허가 나한 개분불사를 증명한 부산 마하사.

르기까지 빈배처럼 떠돌면서 때로는 인연 있는 중생을 제도하며 때로는 바위 위에 홀로 앉아 선정에 들기도 하며 바로 구름 위로 올라가서 감로수를 퍼부어 뭇 생명들을 교화하였다.

경허의 교화 지역을 추정해보면, 동쪽으로는 강원도 강릉, 서쪽으로는 충남 서산과 태안, 남쪽으로는 경남 부산과 전남 순천, 북쪽으로는 함경도 갑산에 이르는 동서 약 200킬로미터 남북 약 1000킬로미터에 해당하는 광범위한 지역이었다. 실로 한반도의 남쪽 끝에서 북쪽 끝까지 경허의 법우(法雨)가 내리지 않은 곳이 없었다. 사찰마다 선원을 창설하여 선풍을 떨치고, 거리마다 손을 드리워 중생을 교화하니, 경허가 아니면 누가 이렇게 할 수 있겠는가?

초기 경전에 나오는 지명으로 붓다가 누더기 한 벌과 맨발로 교화한 지역을 추정해보면, 동쪽으로 참파(Campa), 서쪽으로 코삼비(Kausambī), 남쪽으로 보드가야(Bodhgayā), 북쪽으로 카필라바스투(Kapilavastu)에 이르는 갠지스 강 중류의 동서 약 550킬로미터 남북 약 350킬로미터에 해당하는 지역이었다. 이것을 고려해볼 때 경허의 교화 활동은 참으로 위대한 대장정이라 하지 않을 수 없다.

4. 역행과 순행은 하늘도 헤아리지 못하도다

혹은 옳고 혹은 그릇됨을 사람이 알지 못하고
역행과 순행은 하늘도 헤아리지 못하도다.[19]

주장자를 꺾어버리고 산을 내려온 이후 경허는 법상에 올라 대

사자후하여 불법의 오묘한 이치를 바로 드러내는 한편 방방곡곡
에 선원을 개설하여 선풍을 떨치면서 수많은 일화를 남긴다. 기
행과 무애행에 얽힌 선화(禪話)들이 아직도 선방에서 저자에서
생생하게 회자되고 있다.

그러나 경허가 한국불교사에서 신라의 원효, 고려의 지눌, 조
선의 서산과 더불어 최고봉이었던 만큼 그에 관한 많은 일화가
후세 사람들에 의해 구전되어오면서 진실과는 다르게 전해진 것
도 있고, 심지어 후세 사람들에 의해 창작된 경우도 있어서 일화
의 진실 여부를 객관적 사료(史料)를 통해 엄정히 검증할 필요가
있다.

아무런 검증 절차 없이 100여 년을 구전되어온 어떤 일화를
듣고서 함부로 경허를 비방하고 험담하는 사람들이 있으니, 참으
로 부처와 조사를 비방한 죄를 어찌 감당하겠는가.

무간지옥의 업보를 부르지 않으려거든
여래의 바른 법륜을 비방하지 말라.[20]

경허의 무애행은 『화엄경』의 53선지식과 도인의 81행을 다 담
고 있으며, 무애행 낱낱이 확철대오한 대무심경지(大無心境地)
에서 나오는 것이니, 범부 중생의 상견(相見)과 사견(邪見)으로
시시비비하는 것은 마치 술잔으로 바닷물을 잔질하고 대롱으로
하늘을 엿보는 것과 같은 것이다.

실로 팔만대장경의 심오한 불법도리와 천칠백 공안의 격외도
리(格外道理)가 살아 숨쉬는 『경허집』과 경허의 법제자들인 혜
월·침운·만공·한암의 진면목을 바르게 볼 수 있다면, 바로 지

금 바로 여기서 경허를 친견할 수가 있는 것이다.

『금강경』에서 "만약 색신으로써 나를 보거나 음성으로써 나를 구하면 이 사람은 삿된 도를 행함이라 능히 여래를 보지 못하리라"[21]고 하였으니, 모습에서 부처와 조사를 찾고 법을 구한다면 결코 얻지 못할 것이다. 그러므로 옛사람이 이르되, '고기가 뼈를 바꾸어 용이 됨에 그 비늘을 바꾸지 않고, 범부가 마음을 돌이켜 부처가 되어도 그 얼굴은 고치지 않는다' 하였으니, 어찌 겉모습으로 부처와 조사를 찾겠는가.

무연(無緣)의 대자비로 유연중생을 제도하면 그 누가 대장부, 천인사, 세존이 아니리요. 그러한즉 성불이 마음에 있고 겉모양 치장에 있지 않습니다.[22]

경허의 일화에서 겉모습에 집착하고 경계에 떨어져서는 경허의 진면목을 바로 볼 수가 없는 것이다. 마음과 경계를 다 잊어야 참된 법이라 했거늘, 하물며 경계에 떨어진 삿된 법에 있어서랴.

범부는 경계를 취하고 도를 닦는 사람은 마음을 취하나니, 마음과 경계를 함께 잊어야만 참된 법이다. 경계를 잊기는 오히려 쉬우나 마음을 잊기란 매우 어렵다.[23]

삼세의 모든 부처님과 역대 조사들이 생사 속에서 생사 없는 이치를 자유자재로 써서(用無生死) 일체 중생을 제도할 때, 중생의 근기와 병에 따라 법을 설하며 순행과 역행을 종횡무진(縱橫無盡)으로 행하여 깨침의 세계를 열어간다. 마치 해와 달이 함께 있어서 모든 싹이 썩지도 타지도 않고 자라나서 열매를 맺는 것처럼, 때로는 순행으로 때로는 역행으로 중생의 상견과 사견을 깨뜨리고 정법을 구현하는 것이다. 이러한 오묘한 도리를 『금강경』에서는 '모든 현성이 다 함이 없는 법으로써 차별이 있다'(一切賢聖 皆以無爲法 而有差別)라고 설하고 있다.

경허의 무애행도 바로 이러한 의미에서 그 본질이 파악되어야할 것이며, 만약 확철대오해서 불조의 경지에 이르지도 못하고서 함부로 흉내낸다면 참으로 애석한 일이 아닐 수 없다. 중봉 선사는 『산방야화』에서 확철대오하지 못한 사람이 흉내를 내는 것은 큰 잘못임을 경계하고 있다.

이러한 깨달음을 바탕으로 동사섭법(同事攝法 : 불보살이 중생과 고락을 함께 하면서 진리의 길로 이끌어 들이는 것)을 실천할 경우는 겉으로 보기에는 흡사 악과 탐심이 있는 듯해도 그의 진실한 마음은 어디에도 구애되지 않습니다. 여기서 알아두어야 할 것은 이러한 행동을 확철대오하지 못한 사람이 흉내를 내면 그 사람은 아주 큰 잘못을 저지르는 것입니다.[24]

바른 법(正法)일지라도 삿된 견해(邪見)를 가진 사람이 행하면 삿된 법(邪法)이 되는 것이고, 삿된 법일지라도 바른 견해(正見)를 가진 사람이 행하면 바른 법이 되는 것이다. 불보살의 불가사의한 역행과 순행은 그대로 불사(佛事) 아님이 없고, 불보살의 한량없는 방편은 그대로 진실 아님이 없는 것이다.

깨달은 자의 행동은 일마다 다 불사요, 미한 자의 행동은 비
록 선행을 하더라도 다 옳지 못한 것입니다.[25]

그러므로 옛사람이 한결같이 스승의 도덕을 중시하지 않고 다
만 스승이 설파하지 않음을 중시할 뿐이며, 눈 바른 것만을 귀히
여길지언정 행실은 귀히 여기지 않는다고 한 뜻이 바로 여기에
있다.

고인(古人)이 이르시되, '나는 스승의 도덕을 중시하지 않고
다만 스승이 나를 위해 설파(說破)하지 않음을 중시할 뿐이다.
만일 나를 위해 설파했다면 어찌 오늘이 있겠는가?'라고 하였습
니다.[26]

경허의 법제자인 한암 선사도 「선사 경허화상 행장」에서 경허
의 무애행에 대해 다음과 같이 말하고 있다.

대개 행장이란 그 사실을 기록하는 것이고 허위로 기록하지
않는 것이다. …… 음식을 자유로이 하고 성색에 구애받지 않
아서 호호탕탕하게 유회하여 사람들의 의심과 비방을 초래하
였으니, 이는 광대한 마음으로 불이문(不二門)을 증득했기 때
문이다. …… 홍곡(鴻鵠 : 큰 기러기와 고니라는 뜻으로 큰 인
물의 비유)이 아니면 홍곡의 뜻을 알기 어렵나니 크게 깨달은
경지가 아니면 어찌 능히 소절(小節 : 대수롭지 않은 예절·절
개·법도)에 구애 받지 않을 수 있겠는가. …… 이른바 철저
하게 착하고 철저하게 악하여 끊을 수 없는 것을 닦아서 끊으

伽倻山立千秋兒紅洞水流
萬古聲五十年前鏡虛師
向甚麼處去無聲唯雪
禪堂芳卿鑛唯留文筆
彰名聲

水東歸衲 昌瑩題

法化書俳禪云等法是

芳御以拈其示法人
也示後人也以何意句隣
范嘔合危風烟知東
勤者是誰也住本兒
慧日長好能悟入去又
오논也后之視〜祥〜之
視昔也后之視浩又緬

경허가 해인사에서
선풍을 진작할 때
쓴 친필 유묵.

신 것이다. 문장과 필법도 모두 특출하니 참으로 세상에 드문 위인이었다. …… 그러나 후대의 학인들이 화상의 법화(法化 : 정법의 교화)를 배우는 것은 옳으나 화상의 행리(行履 : 행위 언동)를 배우는 것은 불가하리니 사람들이 믿어서 이해할 수 없기 때문이다. …… 이는 다만 법을 간택하는 눈을 갖추지 못하고 먼저 그 행리의 걸림 없는 것만 본받는 자를 꾸짖음이며 또한 유위(有爲)의 현상에 집착하여 마음 근원을 밝게 사무치지 못하는 자를 꾸짖음이로다.[27]

한암 선사는 스승 경허를 불이법을 증득한 참으로 세상에 드문 위인임을 찬탄하고, 경허의 무애행이 큰 깨침에서 나온 것이며 범부 중생이 도저히 모방할 수 없는 것이기 때문에 후대의 학인들이 경허의 법화(法化)를 배우는 것은 옳으나 경허의 행리(行

履)를 배우는 것은 옳지 못하다고 한 것이다. 결코 경허의 무애
행을 비판한 것이 아니며, 단지 마음을 깨치지 못하고서 먼저 무
애행을 흉내내는 학인들을 경책한 것이다.

> 큰 코끼리는 토끼 길에 노닐지 않고
> 큰 깨달음은 작은 절개에 구애되지 않나니
> 대통 같은 소견으로 창창히 비방하지 말라
> 알지 못하기에 내 이제 그대 위해 결단해주는도다.[28]

이제 경허의 진면목을 엿볼 수 있는 일화를 몇 가지 소개하고
자 한다. 수많은 일화 가운데 필자가 북한을 제외한 약 5000킬
로미터를 달리면서 직접 현장을 답사하여 여러 가지 자료를 객관
적으로 검토한 일화들이다.

밥과 법의 미학

어느 날 경허는 어린 만공을 데리고 탁발을 나갔다가 돌아오는
길이었다. 짊어진 바랑에는 쌀이 가득해서 흐뭇했으나 짐은 몹시
무거웠다. 절로 돌아가는 길은 아직 멀었고, 해는 뉘엿뉘엿 서산
을 넘어가고 있었다. 무거운 바랑을 짊어진 만공은 거구인 경허
가 성큼성큼 내딛는 발걸음을 좇을 수 없었다. 바랑 끈은 어깨를
죄어왔고 다리는 힘이 빠져 어린 만공은 땅바닥에 털썩 주저앉아
버리고만 싶었다.

마침 어느 마을을 지나게 되었다. 길모퉁이 집에서 사립문이
열리면서 예쁜 새댁이 물동이를 머리에 이고 나왔다. 앞서 가던

경허가 느닷없이 달려들어 빈 물동이를 인 여인의 양 귀를 잡고

번개같이 입을 맞추었다.

"아이구머니!"

여인은 비명을 지르며 물동이를 떨어뜨렸다. 물동이는 박살이 났고 여자는 어쩔 줄을 모르며 집으로 다시 뛰어들어갔다. 집 안에서는 난데없는 소동이 일어났고 이 일은 곧 이웃에 전해졌다.

"아니 이런 중놈이 있나."

동네 사람들이 손에 잡히는 대로 몽둥이나 작대기를 들고 뛰어나오며 소리쳤다.

"저놈들 잡아라! 저놈들 잡아!"

여인과 입을 맞춘 경허는 소동이 일어나자 뛰기 시작했고, 쌀이 가득 든 바랑을 지고 뒤따라오던 만공도 혼신의 힘을 다해서 뛰어갔다. 몽둥이를 들고 흥분하여 뒤쫓던 마을 사람들은 죽을 힘을 다해 필사적으로 달아나는 두 스님을 끝까지 쫓지는 못하고 발길을 돌렸다.

한참을 죽어라 하고 정신없이 도망치다 보니 어느새 마을을 멀리 벗어나 절이 보이는 산길로 접어들고 있었다. 경허와 만공은 달리던 걸음을 멈추고 가쁜 숨을 쉬었다. 경허는 소매 끝으로 이마의 땀을 닦으며 웃고 있었다.

"아니 스님, 그게 도대체 무슨 짓입니까?"

"자네, 죽어라 하고 도망쳐올 때에도 등에 진 바랑이 그렇게 무겁던가?"

"아이고 스님, 무거운지 어떤지 그 먼길을 어느새 달려왔는지도 모르겠습니다."

"그래, 내 재주가 어지간하지. 그러는 사이에 무거움도 잊고 먼 길을 단숨에 지나왔으니 말이다."

경허는 멀리 저녁 짓는 연기가 피어오르는 마을을 바라보며 껄껄 웃었다. 밥을 빌어 몸을 기르고 법을 빌어 지혜를 밝히니, 이 어찌 걸음걸음 깨달음의 걸음이 아닌가.

연암산 눈 덮힌 아래
흰 눈꽃에 황혼이 지네
서동이 와서 아뢰기를
공양북은 이미 울었노라고.
燕頷雪衣下　白花日已曛
書童來我告　飯鼓已鳴云[29]

분별심이 없거늘 일체 법이 무슨 소용이리요

일찍이 경허가 연암산 천장암에 머무르고 있을 무렵 암자에서 좀 떨어진 산모퉁이 골짜기에 지장암(地藏庵)이란 초가 암자가 하나 있었다. 경허는 홀로 이 토굴에서 정진하곤 했는데, 이 토굴과 경허에 얽힌 빼놓을 수 없는 일화가 하나 남아 아직까지 전해지고 있다.

엄동설한의 한겨울을 토굴에서 혼자 정진하며 지내기로 작정한 경허는 낡고 헐어 벽에 틈이 벌어지고 문창이 뒤틀린 토굴을 수리하기 시작했다. 불장(佛藏)에 소중히 보관되어 있던 경전들을 가지고 와서 남김없이 뜯어서 풀칠하여 문도 바르고 벽도 바르고 방바닥도 바르고 천장까지 모두 발랐다.

토굴로 찾아간 제자들이 이 광경을 보고 모두 깜짝 놀라 물었다.

"스님, 성스러운 경전으로 이렇게 벽과 바닥을 발라 도배 장판을 하여도 됩니까?"

경허는 태연히 대답했다.

"자네들도 이러한 경계에 이르면 이렇게 해보게나."

토굴로 찾아간 제자들은 경허의 깊은 경지에 삼배를 올리고 물러나왔다.

붓다가 설한 모든 거룩한 법문은 중생의 온갖 병을 치유하기 위한 신비한 처방이요 묘약이다. 8만 4천 법문이 8만 4천의 번뇌망상을 끊기 위한 것이니, 모든 번뇌망상을 이미 다 끊었다면 8만 4천 법문이 무슨 소용이 있겠는가. 위없는 바른 깨침을 이루어 일체의 망념을 벗어난 구경무심지(究竟無心地)의 대해탈인에게 아무리 깊고 묘한 불조의 말씀도 소용이 없는 것이다.

　　부처님이 말씀한 모든 법은
　　온갖 분별심을 없애기 위해서다
　　내게는 이미 분별심이 없거니
　　그 모든 법이 무슨 소용이 있으리요.
　　佛說一切法　爲除一切心
　　我無一切心　何用一切法

몸은 가난해도 도는 가난하지 않네

경허는 「오도가」를 부른 이후 1880년대 초에는 주로 천장암에 주석했는데, 당시 국내의 정치 · 사회적 상황은 참담했다. 전국적으로 폭우가 쏟아졌고 콜레라가 만연했다. 게다가 조정의 부정부패와 관리들의 가렴주구로 백성들은 도탄에 빠져 있었으며, 여러 지역에서 민란이 일어났다.

갈산 김씨의 사십구재가 있었던 어느 날이었다. 주지인 태허 스님이 장을 보아 법당에 떡과 과일을 푸짐하게 잘 차려놓았다. 법당 앞에는 진작 사십구재가 있다는 소문을 들은 마을 사람들이 굶주림에 지쳐 누렇게 뜬 얼굴로 웅성거리고 서 있었다.

태허 스님이 촛불을 밝히고 향을 피워 막 제사를 올리려 할 때, 벌써부터 경허는 차려놓은 떡과 과일을 전부 바구니에 담아 가지고 법당 앞에 모여 사십구재가 끝나기만을 기다리고 있는 마을 사람들과 아이들에게 남김없이 나누어주었다.

경허의 돌연한 행동에 태허 스님은 화가 나서 큰소리로 말하였다.

"왜 사십구재를 지내기도 전에 재공양물을 다 나누어주느냐?"

경허는 차분하게 대답했다.

"이렇게 사십구재를 지내야 바르게 지내는 사십구재입니다."

태허 스님은 할 수 없이 급히 사람을 보내 사십구재를 지낼 공양물을 다시 사오게 하고, 재주(齋主)에게 사과했다. 재주는 오히려 경허의 법문에 깊은 감동을 받고 환희심을 내어 말했다.

"스님 덕분에 아버님의 사십구재는 참으로 잘 지냈습니다. 그 보답으로 시주를 더 하겠습니다."

사십구재의 근본 정신이 영가를 천도하여 극락정토로 인도하고 나아가 무명을 벗고 해탈하도록 하는 데 있으니, 이 일화에서 경허는 일체 중생을 향한 끝없는 자비심을 보여주고 붓다정신을 진실로 구현하고 있다.

　　궁색한 부처님 제자 입으로는 가난하다 말하나
　　실로 몸은 가난해도 도는 가난하지 않음이라
　　가난한 즉 몸에 항상 누더기를 걸치고

도를 얻은 즉 마음에 무가보(無價珍)를 감추었도다

무가보는 써도 다함이 없나니

중생 이익하며 때를 따라 끝내 아낌이 없음이라.[30]

문수의 지혜와 보현의 행원이 온전히 하나되다

어느 해 초여름 무렵, 경허는 실상사를 지나 지리산 골짜기에 있는 마천(馬川)이라는 마을을 지나게 되었다. 흉년이 들어 그 마을 사람들이 아사 직전에 있는 참상을 보고 가던 길을 되돌아 남원으로 향하였다.

백리 가까운 길을 부지런히 걸어 남원에 이르자 그 일대에서 탁발(托鉢)을 하여 곡식을 모았다. 곡식이 바랑 가득히 모이자 다시 걸음을 재촉하여 마천으로 갔다. 경허는 집집마다 돌며 손수 곡식을 나누어주었다. 곡식이 떨어지면 다시 남원으로 가서 탁발을 해가지고 마천으로 돌아와서 마을 사람들에게 곡식을 나누어주었다. 여러 번을 이렇게 해서 마을 사람들을 살려놓은 뒤

경허가 호남 일대에 선풍을 진작할 때 잠시 머문 지리산 실상사.

흉년이 들어 굶어 죽어
가는 마을 사람들을 탁
발하여 구한 일화가 전
해지는 마천 마을.

에야 경허는 비로소 가던 길을 재촉해 산 속으로 사라졌다.

　지금도 지리산 기슭 마천 일대에 전해지고 있는 이 탁발 보시
행은 경허의 진면목을 엿보게 하며 듣는 이의 가슴을 울린다. 또
한 이 일화는 이산혜연(怡山惠然) 선사의 발원문(發願文)을 떠오
르게 한다.

　관음보살 대자비로 시방법계 다니면서 보현보살 행원(行願)
으로 많은 중생 건지올 제, 여러 갈래 몸을 나투어 미묘 법문
연설하고 지옥 아귀 나쁜 곳엔 광명 놓고 신통 보여, 내 모양
을 보는 이나 내 이름을 듣는 이는 보리마음 모두 내어 윤회고
를 벗어나되, 화탕지옥 끓는 물은 감로수로 변해지고 검수도산
날센 칼날 연꽃으로 화하여서, 고통 받던 저 중생들 극락세계
왕생하며, 나는 새와 기는 짐승, 원수 맺고 빚진 이들, 온갖
고통 벗어나서 좋은 복락 누려지다. 모진 질병 돌 적에는 약풀
되어 치료하고 흉년 드는 세상에는 쌀이 되어 구제하되, 여러
중생 이익한 일 한 가진들 빼오리까?[31]

인간적인 너무나 인간적인, 초인적인 너무나 초인적인

경허가 팔만대장경이 봉안되어 있는 법보사찰인 해인사 조실로 있을 때의 일화이다. 어느 겨울날, 찬 바람이 무섭게 불고 눈발이 날리는 저녁 무렵이었다. 경허는 눈 덮인 산길을 오르다가 얼굴을 보자기로 감싼 초라한 행색의 여인이 눈 속에 쓰러져 있는 것을 발견하고는 바로 얼어 죽어가는 그 여인을 업고 산길을 올라 조실방으로 갔다.

조실방에서 경허의 극진한 보살핌으로 정신이 든 여인은 자기가 좋아서 경허가 예뻐해주는 줄로 알고 가지도 않고 숙식을 경허와 함께하였다. 경허는 만공을 불러 말했다.

"내가 허락하기 전에는 내 방에 들어오지 말고, 공양은 겸상으로 차려 문 앞에 갖다놓고 돌아가게."

"예 스님, 분부대로 하겠습니다."

이 놀라운 사실을 혼자 알고 있던 만공은 대중들에게 알리지 않으려고 문 밖에서 꼭 지키고 있다가 누가 경허를 만나러 오면 '스님께서 지금 주무십니다' 하여 돌려보내곤 하였다.

며칠 지나자 만공은 문 밖에서 경허를 불렀다.

"스님, 스님."

"누구냐."

"예, 저 소승이옵니다. 스님, 드릴 말씀이 있습니다."

"물러가 있거라."

열흘 가까이 지나자 만공은 더 이상 물러설 수 없다고 생각하고 다시 조실의 방문을 두드리며 말하였다.

"스님, 스님."

그러나 방안에서는 대답이 없었다. 한참을 부르던 만공은 하는 수 없이 문을 슬그머니 열고 들어가보았다. 경허는 여인에게 자신의 팔을 베개 삼게 내주고 자신은 그 여인에게 다리를 걸친 채 코를 골면서 잠을 자고 있었다. 그 여인의 잠든 모습을 본 순간 만공은 깜짝 놀라서 하마터면 비명을 지를 뻔했다.

그 여인은 제정신이 아닌데다 몰골은 나병에 걸려 만신창이가 되어 있었다. 코는 문드러지고 살은 썩어 짓무르며 손가락도 떨어져 나가고 없었다. 옷은 피고름과 오줌에 절어 있었으며 살이 썩는 심한 악취가 풍겨나오고 있어서 도저히 코를 들고 서 있을 수가 없었다.

만공은 조실방을 도망치듯 물러나와서 깊은 생각에 잠겼다. 어떻게 이럴 수가 있단 말인가. 어떻게 나병에 걸려 썩어가는 미친 여인과 한 방에서 열흘 이상이나 밥을 먹고 잠을 잘 수가 있단 말인가.

어느덧 저녁이 되었다. 만공은 공양을 차려 조실방 앞에 갖다 놓고 공양이 끝나기를 기다렸다. 공양이 끝나자 만공은 다시 방문을 두드렸다.

"스님, 스님."

"누구냐."

"저 소승이옵니다. 긴히 드릴 말씀이 있습니다."

"물러가거라."

만공은 물러가지 않고 간곡하게 말했다.

"스님, 방안에 여인을 들인 지 벌써 열흘이 지났습니다. 이제는 제발 거두시고 여인을 내보내시기 바랍니다."

한참이 지나서 경허가 대답했다.

"내일 새벽에 만공 자네가 여인을 산문 어귀까지 바래다주게."

나병에 걸려 썩어 문드러진 여인과 한 방에서 지낸 일화가 전해지는 해인사 조실방 해행당.

"예, 스님."

이튿날 새벽 예불이 시작되기 전 만공은 다시 조실방으로 가서 방문을 두드렸다.

"스님, 스님."

"누구냐."

"저 소승이옵니다."

"잠시 기다리게."

잠시 후 방문이 소리 없이 열리면서 그 여인이 눈물을 흘리며 나왔다. 만공은 여인이 나오자마자 행여 남의 눈에 띌세라 여인을 데리고 경내를 빠져나와서 산문 어귀까지 바래다주었다.

죽어가는 거렁뱅이 여인의 언 몸을 경허는 체온으로 녹여주었으며, 미친 여인과 그녀의 언어로 다정하게 대화했다. 나병에 걸려 썩어 문드러진 여인과 열흘 이상이나 한 방에서 지내면서 손수 밥을 먹여주었고, 지독한 악취가 나는 몸과 흘러내리는 피고름을 손수 닦아주었다.

불보살의 경지가 아니면 도저히 불가능한 일일 것이다. 2500

여 년의 불교사에서도 이처럼 처절하게 자신을 던져 중생과 하나
된 삶을 살아간 인물을 찾기는 쉽지 않다. 필자는 경허의 수많은
일화 중에서도 이 일화에서 가장 뜨거운 감명을 받았다. 가슴에
뜨거운 눈물이 흐르고 정말 나의 스승을 만났다는 기쁨을 억누
를 수가 없었다. 인간적인 너무나 인간적인, 초인적인 너무나
초인적인 이 일화 속에 경허의 깨침과 닦음, 대해탈과 대자유
그리고 중생제도가 온전히 담겨져 있다고 생각한다.

> 눈이 온 뒤에 비로소 송백의 지조를 알 수 있고
> 일이 어려워야 바야흐로 장부의 마음을 볼 수 있다.
> 雪後始知松柏操 事難方見丈夫心

일체에 걸림 없어야 한길로 생사를 벗어나네

경허를 시봉하던 관섭(寬燮)이라는 행자가 겪은 일화이다.
관섭은 평소 경허의 무애행을 못마땅해 할 뿐만 아니라 불법에
어긋난다고 생각하고 있었다. 어느 날 경허의 곡차와 안주를
사고 남은 돈으로 몰래 비상(砒霜)을 샀다. 관섭은 비상을 곱
게 빻아 안주 위에 골고루 뿌린 후 곡차와 함께 상을 차려 경
허에게 올렸다.

경허에 대한 미움으로 안주에 비상을 뿌려놓긴 했으나 경허가
이를 맛있게 먹으려는 모습을 본 행자는 겁이 덜컥 나서 방을 빠
져나가 뒷문에서 문구멍으로 숨을 죽이며 경허의 동정을 살폈다.

경허는 여느 때와 다름없이 곡차를 한 잔 쭉 들이킨 다음 안주
를 입에 넣었다. 그리고 다시 안주를 꺼내 툭툭 털어낸 후 먹기
시작했다.

경허는 아무런 말 없이 안주에 뿌려진 비상을 젓가락으로 하나하나 털어낸 후 한 동이에 가까운 곡차를 다 마시고 안주 역시 한 점 남김없이 먹어치우는 것이었다.

경허의 모습을 문구멍으로 끝까지 지켜본 관섭은 이 사실을 가슴속 깊이 묻어두고 있다가 후일 만공에게 자진하여 저지른 죄를 고백하여 참회하고 용서를 빌었다고 전해진다.

행자가 자신을 죽이기 위해 안주에 비상을 뿌렸다는 사실을 알면서도 아무 내색 없이 맛있게 안주를 먹어치우고, 끝내 관섭에게 이유를 묻거나 꾸짖지 아니하고 아무 일 없었던 것처럼 곡차와 안주 심부름을 맡긴 경허의 경지는 실로 불가사의하다. 생사에 대한 두려움이나 설령 누가 자신을 죽이려 해도 조금도 싫어함이 없는 무심도인의 경계가 아니면 어찌 이와 같을 수 있겠는가.

> 창칼을 만나도 언제나 태연하고
> 독약을 마셔도 한가롭고 한가롭도다.[32]

한 법도 설한 바 없이 일체 법을 설해야

천장암에 있을 때의 일화이다. 경허의 명성을 듣고 사람들이 찾아와 불법의 도리를 물으면 종일 말없이 앉아 있다가 누구든지 곡차를 올리며 법문을 청하면 곡차를 마시고는 하루 종일이라도 법문을 하였다.

그것을 지켜보던 만공이 경허에게 물었다.

"스님께서는 만인 앞에 평등하셔야 할 도인이신데 어찌 그렇게 편벽하십니까?"

경허는 웃으며 잘라 대답했다.

"이 사람아, 법문이라는 것은 술김에나 하는 것이지 맑은 정신에 할 것이 못 되네."

불법이라 하는 것은 한 법도 설할 수 없지만 일체 법을 설해야 하는 것이고, 한 법도 배울 수 없지만 몸과 목숨을 바쳐서 배워야 하는 것이다. 붓다가 8만 4천 법문을 설하고 한 글자도 설한 바가 없다고 한 본회(本懷)가 바로 여기에 있다. 한 법도 설한 바가 없다고 하면 경을 비방한 것이요, 한 법이라도 설한 바가 있다고 하면 부처를 비방한 것이다. 이 일화에서 경허가 '법문은 술김에나 하는 것이지 맑은 정신에 할 것이 못 되네'라고 갈파한 뜻도 여기에 있다.

입을 열면 부처와 조사의 뜻에 어긋나고 입을 열지 않으면 대중의 뜻에 어긋나니 어떻게 하면 불조의 뜻과 대중의 뜻에 어긋나지 않겠는가?

> 하늘을 이불 삼고 땅을 자리 삼아 산을 베개하며
> 달로 촛불 삼고 구름으로 병풍 삼으며 바다를 술동이 삼아
> 실컷 술에 취해 일어나 춤을 추고자 하니
> 긴 장삼자락 곤륜산에 걸릴까 저어하노라.[33]

석 잔 술에 대도를 통하고 한 말 술에 자연과 하나되네

청양 장곡사에서의 일화이다. 칠갑산에 있는 장곡사는 850년 보조체징(普照體澄)이 창건한 절로 경허가 잠시 머문 적이 있었다.

어느 날 마을 사람들이 곡차와 파전을 비롯한 여러 가지 안주를 정성껏 마련하여 술잔치가 벌어지게 되었다. 술자리가 거나하

게 무르익을 무렵, 만공은 오랜만에 만난 스승 경허의 법문을 듣고자 넌지시 한 말씀 여쭈어보았다.

"스님, 저는 술이 있으면 마시고 없으면 안 마십니다. 파전도 굳이 먹으려 하지도 않고, 또 생기면 굳이 안 먹으려 하지도 않습니다. 스님께서는 어떻습니까?"

경허는 곡차 한 사발을 단숨에 들이키고 껄껄 웃으면서 말했다.

"자네는 벌써 그런 무애의 경계에 이르렀는가. 나는 그렇지를 못하여 술이 먹고 싶으면 제일 좋은 밀씨를 구하여 밭을 갈아 씨를 뿌려 김매고 가꾸어 밀을 베어 떨어서 누룩을 만들어 술을 빚고 걸러 이렇게 마실 것이네. 또 파전이 먹고 싶으면 파씨를 구하여 밭을 일구어 파를 심고 거름을 주어 알뜰히 잘 가꾸어서 이처럼 파전을 부쳐가지고 먹을 것이네."

이때의 심정을 만공은 훗날 다음과 같이 토로하고 있다.

경허의 반야탕 일화가 전해지는 칠갑산 장곡사.

"스승 경허의 말씀을 듣고 등에서 땀이 흐르고 등골이 오싹해
지며 정신이 아찔했다. 그리고 자신의 견해가 너무 얕고 스승의
경지는 하늘같이 높아서 도저히 상대가 되지 않음을 알았다."

　　부처니 중생이니 내 모르니
　　평생을 그저 취한 듯 미친 듯 보내려네
　　때로는 일없이 한가로이 바라보니
　　먼 산은 구름 밖에 층층이 푸르네.
　　佛與衆生吾不識　年來宜作醉狂僧
　　有時無事閑眺望　遠山雲外碧層層[34]

법을 위해 몸과 목숨을 잊어야 도를 이루느니라

　해인사 조실로 있을 때 일화이다. 어느 날 만공을 비롯한 제산
과 남전 세 스님이 자리를 함께하여 경허 스님에 대한 믿음의 정
도를 말할 기회가 있었다.

　먼저 제산이 말하였다.

　"누가 뭐라 하든 나는 경허 조실스님께 계속 곡차와 안주를 갖
다 바치리다."

　남전이 말했다.

　"경허 큰스님과 같은 어른을 위해서라면 닭 아니라 소를 잡아
올려도 조금도 거리낄 게 없소이다."

　그 말을 듣고 만공이 다음과 같이 말하였다.

　"나는 경허 큰스님을 위해서는 무엇이든 할 것이오. 만약 전쟁
이 나 깊은 산중에 모시고 살다가 양식이 떨어져 공양을 올릴 것
이 없게 되면 내 살점을 점점이 오려 드리고 나의 피를 마시게

하여 생명을 보존하셔서 세상에 나가 중생들을 제도하시게 할 자신이 있소이다."

스승을 위해서라면 자신의 살점을 오려서라도 바치고 자신의 피를 바쳐 위법망구하겠다는 만공의 모습에서 우리는 새삼 경허의 법력을 느낄 수 있다. 또한 대도를 이루려는 수행자의 참된 자세를 발견하게 된다. 법을 위해서 몸과 목숨을 잊고 선지식을 철저히 믿는 것이 도를 이루는 초석이 되는 것이다.

심산 촉보다 어두운 가슴을 안고 사는 이 꽃을
고사모사(高士慕師)꽃이라 부르기를 청하옵니다.
뜻이 높은 선비는
제 스승을 홀로 사모한다는 뜻이오나
함부로 절을 하고 엎드리는
다른 무리와는 달리, 이 꽃은
제 뜻을 높이되
익으면 익을수록
머리를 수그리는 꽃이옵니다.
눈감고 사는 이 꽃은
여기저기 모여 피기를 꺼려
저 혼자 한구석을 찾아
구석을 비로소 구석다운 분위기로 이루게 하는
꽃이옵니다.[35]

몇 가지 일화를 통해 우리는 경허의 크나큰 법력과 크나큰 자유 그리고 일체에 걸림 없는 무애의 경지를 절절하게 느낄 수 있

경허

다. 경허의 대사자후와 불가사의한 보살행은 일찍이 원효가 『금강삼매경론』에서 말한 "이치 없는 지극한 이치이며 옳지 않은 큰 옳음"[36]이라 할 것이다. 진실로 이치가 없는 듯하면서도 지극한 이치가 있으며 옳지 않은 듯하면서도 크게 옳으니, 불조의 경지에 이르지 않고서 어찌 그의 경지를 알 수 있으리요.

슬프다!
우물 안 개구리가 어찌 바다의 넓음을 알며,
여우가 어찌 사자후를 할 수 있겠는가?[37]

5. 세 달과 천고의 말없는 학

전단향나무 숲에는 잡나무가 없으니
울창하고 깊숙하여 사자가 머무는도다.
경계 고요하고 숲 한적하여 홀로 노니니
길짐승과 나는 새가 모두 멀리 달아나도다.[38]

1881년 6월 「오도가」를 부른 후 어느 날 천장암에서 특별히 전등연원(傳燈淵源)을 밝혔다.

무릇 조종(祖宗) 문하에 마음법을 전수함에 표본이 있고 증거가 있으니 가히 이를 잘못되게 해서는 안 된다. …… 뒷날 나의 제자는 마땅히 나로써 용암장로에게 법을 이어 그 도통(道統)의 연원을 정리하고, 만화강사로써 나의 수업사(受業師)를 삼음이 옳도다.[39]

202

鏡虛堂大禪師眞影

경허는 법등의 연원을 밝혀 용암혜언(龍巖慧彦, 1783~1841)
의 법을 이었고 청허휴정(淸虛休靜, 1520~1604)의 11세손이며
환성지안(喚惺志安, 1644~1729)의 7세손임을 스스로 선언했
다. 한암 선사의 「선사 경허화상 행장」에서 전하는 경허의 법맥
을 정리해보면 다음과 같다.

　청허휴정(淸虛休靜, 1520~1604)－편양언기(鞭羊彦機,
1581~1644)－풍담의심(楓潭義諶, 1592~1655)－월담설제(月
潭雪霽, 1632~1704)－환성지안(喚惺志安, 1664~1729)－호암
체정(虎巖體淨, 1687~1748)－청봉거안(靑峰巨岸, ?)－율봉청
고(栗峰靑杲, 1783~1823)－금허법첨(錦虛法添, ?)－용암혜언
(龍巖慧彦, 1783~1841)－경허성우(鏡虛惺牛, 1846~1912)

그러나 1902년 무렵에 경허가 쓴 것으로 추정되는 「등등상속」
에는 다음과 같이 정리되어 있다.

　청허휴정(淸虛休靜, 1520~1604)－편양언기(鞭羊彦機,
1581~1644)－풍담의심(楓潭義諶, 1592~1655)－월담설제(月潭
雪霽, 1632~1704)－환성지안(喚惺志安, 1664~1729)－호암체
정(虎巖體淨, 1687~1748)－청봉거안(靑峰巨岸, ?)－율봉청고
(栗峰靑杲, 1783~1823)－금허법첨(錦虛法添, ?)－용암혜언(龍
巖慧彦, 1783~1841)－<u>영월봉율(永月奉律, ?)</u>－<u>만화보선(萬化普
善, ?)</u>－경허성우(鏡虛惺牛, 1846~1912)

「등등상속」에는 한암 선사의 「선사 경허화상 행장」에서 밝힌

법맥과는 달리 용암혜언과 경허성우 사이에 영월봉율과 만화보선이 더 들어 있고, 청허휴정의 13세손이며 환성지안의 9세손으로 되어 있다.

선불교에서는 스승이 깨친 제자를 인가하고 마음과 마음으로 법을 전하는 사자상승(師資相承)의 전법(傳法)을 대단히 중요시하고 있다. 불교는 깨침의 깨침에 의한 깨침을 위한 가르침이기 때문에 깨친 스승과 깨친 제자의 만남은 불조의 혜명을 잇고 정법을 지켜나가기 위해서 반드시 필요한 것이다.

불법이 융성하기 위해서는 정법이 융성해야 하고, 정법이 융성하기 위해서는 바르게 닦고 바르게 깨쳐서 바른 눈을 가진 도인이 나와야 한다. 바른 눈을 가진 도인이 나와야 일체 중생이 바르게 눈을 뜨며, 일체 중생이 바르게 눈을 떠야 사바세계가 불국토로 변하는 것이다.

경허의 법제자에 대해 경허성우선사법어집간행회가 편찬한 『경허법어』에는 수월음관(水月音觀, 1855~1928)·혜월혜명(慧月慧明, 1862~1937)·용성진종(龍城震鍾, 1864~1940)·침운현주(枕雲玄住, ?)·만공월면(滿空月面, 1871~1946)·혜봉(慧峰, ?)·한암중원(漢巖重遠, 1876~1951)으로 되어 있고, 한암 선사가 쓴 「선사 경허화상 행장」에는 침운·혜월·만공·한암으로 기록되어 있다. 경허의 법맥과 법제자에 대해서는 앞으로 면밀한 조사와 체계적인 연구가 필요하다고 생각된다. 침운·혜월·만공·한암이 경허의 법제자인 것은 분명하지만, 혜월에게 전법게를 준 1902년 무렵에 경허가 쓴 것으로 추정되는 「등등상속」과 한암 선사가 쓴 「선사 경허화상 행장」 그리고 수월·용성·혜봉의 연보 등 여러 자료를 검토해볼 때 수월·용성·혜봉은 당시

대선지식임에는 틀림없지만 경허의 법제자 여부는 객관적이고 정확한 자료에 의해 판단해야 할 것이다.

법을 받은 제자가 네 사람이니, 침운현주는 영남 표충사에서 도를 펴다가 임종시에 범어사에서 설법을 하고 임종게를 쓰고 입적하였으며, 혜월혜명과 만공월면 두 선백(禪伯)은 어릴 때부터 모시고 깊이 화상의 종지를 얻어서 각각 걸출한 사표가 되어 찾아오는 이들을 제접하여 교화를 크게 떨치었고, 나는 비록 불민(不敏)하지만 일찍부터 친견하여 현지(玄旨)를 들었으나 더욱 선사(先師)를 존중하는 것은 나를 위하여 설파해주지 않으셨기 때문이다. 그러므로 감히 법의 은혜를 저버릴 수 없으니 이렇게 해서 넷이 된다.[40]

경허의 제자와 수법제자 가운데 침운과 혜봉에 대해서는 알려진 사실이 거의 없으며, 수월·혜월·만공·한암이 잘 알려져 있다.

수월·혜월·만공을 흔히 세 달(三月)이라 일컫는데, 수월은 주로 만주지방에서 20여 년을 머물면서 북녘 하늘에 뜬 상현달이 되고, 혜월은 주로 영남지방에서 머물면서 남녘 하늘에 뜬 하현달이 되고, 만공은 주로 호서지방에서 머물면서 보름달이 되어 일제의 탄압과 수탈로 신음하는 한반도와 만주 산하에 지혜의 달빛을 비추고 자비의 손을 드리웠다.

북녘의 상현달 수월

경허의 맏제자였으며 근대의 뛰어난 고승이었던 수월은 자신을 전혀 드러내지 않고 자비행을 몸소 실천하며 바람처럼 살았기 때문에 알려져 있는 사실이 그리 많지 않다.

수월은 1855년 충남 홍성에서 태어났다고 전해지나 이 또한 확실치 않다. 1883년 29세에 연암산 천장암으로 찾아가 땔감을 하거나 허드렛일을 하는 부목(負木)으로 있다가 경허의 형인 태허를 은사로 수계득도(受戒得度)했다.

이때 수월은 정진하는 틈틈이 경허로부터 짚신 삼는 기술도 물려받아서 훗날 북간도에서 수많은 나그네에게 짚신을 삼아주었다. 황벽희운(黃檗希運, ?~850)의 제자인 목주도명(睦州道明, 생몰연대 미상, 道蹤·陳尊宿·陳蒲鞋라고도 함)이 밤을 지새우며 짚신을 삼아 새벽녘에 한 묶음 짚신 꾸러미를 남몰래 지고 나가 길가 나뭇가지에 걸어두어 오가는 이름 모를 길손들에게 스스럼없이 신고 가게 했듯이.

이 무렵 사자굴 천장암에는 법왕인 경허는 줄 없는 거문고를 타고, 맏이인 수월은 그림자 없는 나무를 해오며, 혜월은 흰구름을 갈고, 만공은 감로수로 밥을 지으니, 이 어찌 영산회상(靈山會上)이 아니겠는가. 언젠가 수월·혜월·만공 세 달은 서로, 수월은 북쪽으로 가서 달이 되고, 혜월은 남쪽으로 가서 달이 되며, 만공은 가운데 남아 달이 되기로 약속했다고 전해진다.

사자굴 속에는 다른 짐승이 없고
코끼리 가는 곳에 여우 자취 끊어졌네.
獅子窟中無異獸 象王行處絶狐踪

수월은 언제 어디서나 『천수경』(千手經)을 지송했는데, 마침내

1887년 33세 때에 천수대비주삼매(千手大悲呪三昧)를 얻는다. 그후 수월은 천장암을 떠나 바람처럼 떠돌며 납자들의 눈을 열어 주다가 오대산, 금강산, 묘향산을 거쳐 북간도로 가서 북녘 하늘의 상현달로 떠오르게 된다. 20여 년 동안을 춥고 배고픈 땅 북간도에서 머물면서 나라를 잃고 떠돌던 조선 민초들에게 묵묵히 짚신과 주먹밥을 만들어주며 살아가다가 1928년 북간도 왕청현 화엄사에서 열반했다.

짚신 선사 수월은 경허의 맏제자이면서도 경허와의 일화는 전해져 내려오는 것이 거의 없다.

해와 달로 등불 삼아 등불이 다함이 없고
하늘과 땅으로 집을 삼아 집이 가이 없어라.
이 몸은 간 곳마다 생애가 족하거니
배고프면 솔꽃을 먹고 목마르면 샘물을 마시네.

한국 근대선의 중흥도량 덕숭산 정혜사 능인선원.

日月爲燈燈不盡 乾坤爲屋屋無邊

此身隨處生涯足 飢食松花渴飮泉

남녘의 하현달 혜월

혜월은 1862년 6월 19일 충남 예산군 덕산면 신평리에서 태어나서 12세에 덕숭산 정혜사로 출가 입산하여 15세에 혜안(慧安) 스님을 은사로 사미계를 받고 혜명(慧明)이라는 법명을 받았다. 1885년 24세 때 경허의 법문을 듣고 크게 발심하여 화두를 들고 용맹 정진을 한 끝에 이레째 되던 날 마침 미투리를 삼다가 크게 깨쳤다.

혜명은 은사 스님인 혜안에게 느낀 바 경계를 말하였으나 혜안은 다음과 같이 말하였다.

"나로서는 너의 공부를 점검해줄 능력이 없으니 경허 큰스님을 찾아가서 너의 공부를 지도받도록 하여라."

혜명은 경허가 주석하고 있던 개심사로 갔다. 그때 경허는 문을 열어놓은 채 방안에서 졸고 있었다. 혜명은 문 밖에 서서 큰 소리로 물었다.

"스님, 관음보살이 북으로 향한 뜻이 무엇입니까?"

경허는 졸고 있던 눈을 뜨지도 않은 채 받아 말하였다.

"그것말고 또."

그러면서 경허가 눈을 뜨고 문 밖을 보자 혜명은 아무 말 없이 주먹 하나를 높이 들고 서 있었다.

"들어와 앉아라."

혜월을 자신의 방으로 들어와 앉게 함으로써 마침내 혜월은 경허의 법제자가 된 것이다.

혜월의 오도기연과 경허가 혜월을 인가한 사실이 이와 다르게 전해 내려오는 것도 있다.[41]

혜명은 경허로부터 화두를 받아서 용맹 정진하였다. 3년이 지난 어느 날, 짚신 한 켤레를 다 삼아놓고서 잘 고르기 위해 신골을 치는데, '탁' 하는 망치 소리에 화두를 타파하고 확철대오했다. 곧바로 혜명은 깨친 바를 점검받고자 경허를 찾아가니 경허가 물었다.

"목전에 고명(孤明)한 한 물건이 무엇인고?"

"저만 알지 못할 뿐만 아니라 일천성인(一千聖人)도 알지 못합니다."

경허가 다시 물었다.

"어떠한 것이 혜명(慧明)인가?"

혜명은 동쪽에서 걸어와 서쪽에 가서 섰다가, 다시 서쪽에서 걸어와 동쪽에 가서 섰다.

경허는 바로 인가하였다.

"옳고 옳다."

그후 여러 해가 지나서 1902년 늦은 봄날 혜명에게 혜월이란 법호와 전법게를 준다. 이 무렵 경허는 자신의 화광동진을 앞두고 수법제자들에게 전법게를 주기 시작했다.

법제자 혜월에게 주다

일체법을 요달해 알면
자성에는 있는 바가 없도다
이와 같이 법의 성품을 알면
곧 노사나불(盧舍那佛)을 보리라.

了知一切法　自性無所有

如是解法性　卽見盧舍那⁴²⁾

　불법은 전할래야 전할 수 없는 것이고 배울래야 배울 수 없는 것이지만, 스승과 제자는 전할 수 없는 법을 전한 바 없이 전하며 눈썹을 아끼지 아니하고 가르치고 몸과 목숨을 바쳐서 배우는 것이다. 부처로써 부처를 전하며(以佛傳佛), 법으로써 법을 전하며(以法傳法), 마음으로써 마음을 전하는 것이다(以心傳心).

　여래께서 가섭에게 법을 부촉하실 때부터 마음으로써 마음에 전하였으니, 마음과 마음이 서로 다르지 않다.⁴³⁾

　천진불 혜월은 이후 38년 동안 덕숭산 정혜사에서 주석하다가 1913년 2월 51세 때 통도사·내원사·미타암·범어사·선암사 등 남방을 유력하면서 크게 선풍을 일으켰다. 1935년 조선불교 선종의 종정으로 추대되었고, 1937년 6월 16일 솔방울이 가득

경허가 호서지방에 선풍을 진작할 때 주석한 서산 상왕산 개심사.

찬 자루를 어깨에 메고 선 채 그대로 열반에 들었다.

　　나물 뿌리 산과일로 주린 창자를 달래주고

　　송락과 풀옷으로 몸을 가리며

　　들학과 푸른 구름을 짝으로 삼아

　　높은 산 깊은 골에서 남은 해를 보내리라.

　　茉根木果慰飢腸　松落草衣遮色身

　　野鶴靑雲爲伴侶　高岑幽谷度殘年

중천의 보름달 만공

　만공 선사는 1871년 3월 7일 전북 태인군 태인읍 상일리에서 태어나서 1883년 13세 때 부모님과 함께 금산사에 갔다가 출가할 뜻을 굳히고, 1884년 14세 때 동학사에서 행자 생활을 하다가 경허를 만났다.

　1884년 10월 초순 어느 날이었다. 장신에 수염을 기른 비승비속 차림의 경허가 동학사를 들르게 되었다. 절문에 들어서면서 경허는 14세 때 청계사를 떠나 동학사로 와서 34세 때 옛 스승을 찾아가던 도중에 대발심하고 동학사로 되돌아오던 모습이 떠오르며 새삼 무상한 감회에 젖었다.

　경허는 동학사로 들어서면서 고함쳐 말하였다.

　"객승 문안드립니다."

　경허를 맞이한 사람이 바로 14세의 도암(道岩) 행자였다. 이 도암 행자가 훗날의 만공이며, 처음 출가하여 동학사에서 진암(眞岩) 노스님을 모시고 행자 생활을 하고 있었다.

　경허를 맞이한 진암 노스님은 마침내 도암 행자를 지도할 진정한 스승이 나타났음을 깨닫고 경허에게 간곡히 말했다.

"이 도암 행자는 비범한 기틀을 엿볼 수 있으니 화상이 데려다가 잘 지도하여 이 나라 불교계의 동량(棟樑)이 되도록 하여주시오."

간곡한 진암 노스님의 청을 받은 경허는 한눈에 도암 행자가 큰 법기임을 알아보고 쾌히 승낙했는데, 정작 도암 행자는 진암 노스님의 곁을 떠나지 않겠다고 고집을 피우는 것이었다.

마침 이날 야간법회가 있어서 진암 노스님과 여러 대중스님들이 경허에게 법문을 설해줄 것을 청했다. 먼저 동학사 강주 스님이 먼저 설법을 하기 시작했다.

"나무도 비뚤어지지 않고 곧아야 쓸모가 있으며 그릇도 찌그러지지 아니하고 반듯한 그릇이라야 쓸모가 있는 것이니, 사람도 이와 같아서 마음이 불량하지 아니하고 착하고 정직해야 하느니라."

그 다음 경허가 법상에 올라 설법을 시작했다.

"비뚤어진 나무는 비뚤어진 대로 곧고, 찌그러진 그릇은 찌그러진 대로 반듯하며, 불량하고 성실치 못한 사람은 그대로 착하고 성실함이 있느니라."

도암 행자는 이 법문을 듣고 경허를 깊이 믿고 존경하게 되었다고 한다. 마침내 경허의 제자가 된 도암 행자는 젊은 스님을 따라 천장암으로 떠나게 되었으며, 경허는 바람처럼 구름처럼 떠돌며 호서 일대의 사찰을 순방하며 선풍을 크게 일으킨다.

지극한 도는 어렵지 않음이요
오직 간택함을 꺼릴 뿐이니
미워하고 사랑하지 않으면
통연(洞然)히 명백하니라.[44]

도암 행자는 그해 12월 8일 연암산 천장암에서 경허의
형인 태허 스님을 은사(恩師)로, 경허를 계사(戒師)로 하
여 사미계를 받고 득도(得度)하여 월면(月面)이라는 법명
을 받았다.

만공이 천장암에서 경허를 모시고 공부할 때의 일화가
있다. 어느 날, 만공이 공부를 하다가 홀연 타심통(他心
通)이 열려 사람의 마음과 세상일을 보지 않고도 손바닥
위에 놓고 들여다보듯 환하게 아는 경계에 이르게 되었
다. 그리하여 사람들의 해결하기 어려운 문제를 순조롭게
풀어주기도 하고 심지어 곧 죽게 되는 함정에서도 능히
살 수 있는 지혜를 일러주기도 하였다.

그러던 어느 날이었다. 경허를 시봉하던 경환이라는 아
이가 경허한테 꾸지람을 듣고 한밤중에 행방불명이 되었
다. 경허는 온 경내를 샅샅이 뒤지고 큰소리로 이름을 부
르며 다녔지만 찾지를 못했다.

경허는 하는 수 없이 만공에게 물었다.

"여보게 만공, 자네가 그렇게 잘 알아맞힌다 하니 경환
이가 어디로 갔나 한번 알아보게나."

만공이 말씀드렸다.

"지금 경환이는 저 나무 꼭대기에 숨어 있습니다. 너무
염려하지 마십시오. 곧 내려와서 잘 것입니다."

경허는 웃으면서 말하였다.

"에끼 이 사람아, 폭풍까지 부는 한밤중에 무엇 때문에
나무 꼭대기에 올라가 있단 말인가."

만공이 말하였다.

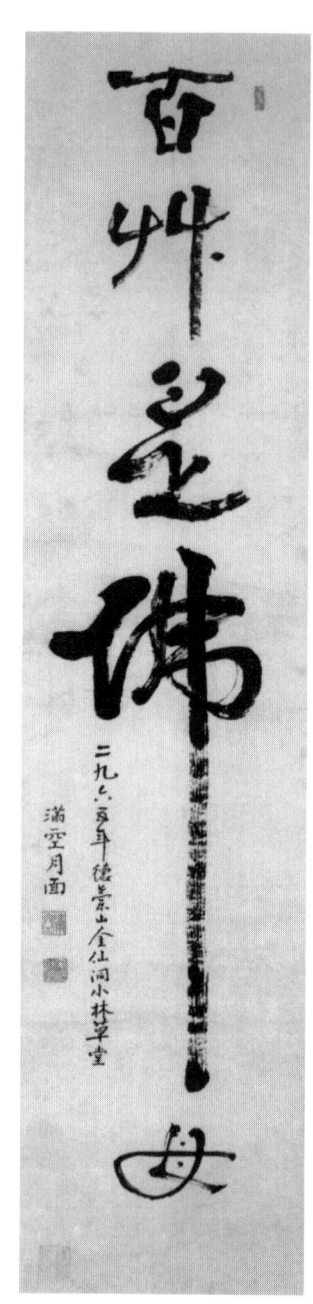

"스님을 약올리기 위해 나무 꼭대기에 올라가 숨어 있는 것입니다. 제가 내려오도록 하겠습니다."

만공은 나무 위를 쳐다보면서 소리쳐 말했다.

"네 이놈, 얼른 내려오지 못하겠느냐."

만공이 꾸짖어 소리치자 과연 나무 위에서 경환이란 아이가 내려와 경허에게 무릎을 꿇고 잘못을 빌었다.

이튿날 경허는 만공을 불러 엄하게 꾸짖어 말하였다.

"옛 스님이 말씀하시기를 '신통은 깨친 사람의 경지에서는 오히려 요망하고 괴이한 일이며 또한 성인의 지엽적인 하찮은 일이다'라고 하셨으니, 도인이라도 술법(術法)을 행하면 믿을 수 없는 법이네. 그러니 설사 그대가 살고 남도 살려주는 일이 있다 하더라도 앞으로는 절대로 그러한 짓은 하지 말 것이니라."

그 이후로 만공은 스승의 말씀을 깊이 명심해서 절대로 신통을 행하지 않았다고 한다.

> 날마다 하는 일 별것이 없어
> 오직 나만을 짝 삼나니
> 신통과 묘용이
> 우물을 긷고 섶을 나르는 것이네.
> 日用事無別 唯吾自偶偕
> 神通幷妙用 運水及搬柴

신통력(神通力)은 수행함으로써 얻어지는 초인간적인 불가사의한 능력을 말하며, 여러 가지가 있지만 흔히 공간에 걸림 없이 왕래할 수 있는 신족통(神足通), 거리와 장애에 걸림 없이 모든 것을 볼 수 있는 천안통(天眼通), 시간과 공간에 걸림 없이 모든 소리를 들을 수 있는 천이통(天耳通), 다른 사람의 생각하는 것을 다 알 수 있는 타심통(他心通), 모든 중생의 전생·금생·내생을 다 알 수 있는 숙명통(宿命通), 모든 번뇌를 완전히 끊을 수 있는 누진통(漏盡通) 등 육신통(六神通)을 말한다. 이 가운데 특히 천안, 숙명, 누진을 삼명(三明)이라 한다.

지눌은 『권수정혜결사문』과 『수심결』에서 신통은 깨친 사람의 경지에서는 오히려 요망하고 괴이한 일이며 또한 성인의 지엽적인 하찮은 일이니, 다만 마음을 알아 근본을 요달해야 함을 역설하고 있다.

하물며 신통은 깨친 사람의 경지에서는 오히려 요망하고 괴이한 일이며 또한 성인의 지엽적인 하찮은 일이다.[45]

경허도 「진흙소의 울음」에서 자기의 성품을 보아 부처가 될지언정 신통삼매가 없음을 근심하지 말 것을 당부하고 있다.

다만 견성하여 부처가 될지언정 부처가 신통삼매가 없음을 근심하지 말라.

但知見性作佛 莫愁佛無神通三昧[46]

1893년 23세 때 천장암에서 '만법귀일 일귀하처'(萬法歸一 一歸何處 : 만법은 하나로 돌아가는데 그 하나는 어디로 돌아가는가) 화두를 참구하다가 수행에 전념하기 위하여 온양 봉곡사로 가서 가행정진하였다.

1895년 25세 때 새벽 쇳송(鍾頌 : 새벽과 저녁 예불하기 직전에 종이나 금고를 치면서 하는 법식)을 할 때 '응관법계성 일체유심조'(應觀法界性 一切唯心造 : 마땅히 법계의 성품을 관하라 일체가 오직 마음이 지은 것이니라)를 외우다가 홀연 깨달아 오도송을 읊었다.

> 빈 산의 이기(理氣)는 고금 밖이요
> 흰구름 맑은 바람 스스로 오고가누나
> 무슨 일로 달마는 서천을 건넜는고
> 축시(丑時)에 닭이 울고 인시(寅時)에 해가 뜨느니라.[47]

봉곡사를 떠나 공주 마곡사의 보경화상(普鏡和尙)의 토굴에서 정진을 계속하였는데, 26세 때인 1896년 7월 보름 마침 마

경허가 만공의 공부를 점검하고 조주의 무자 화두를 참구하라고 설한 공주 마곡사.

곡사에 들른 스승 경허에게 그 동안의 공부를 아뢰었다. 묵묵
히 부채를 부치면서 만공의 얘기를 듣고 있던 경허는 탄식하며
말했다.

"화중생련(火中生蓮 : 불 속에서 핀 연꽃)이로다."

경허는 만공에게 물었다.

"등토시(땀이 배지 않고 옷 속으로 바람이 잘 통하라고 입는
피서용 기구로 흔히 등나무로 만든다) 하나와 미선(尾扇 : 둥근
부채의 일종) 하나가 있는데 토시를 부채라고 하는 것이 옳으냐
부채를 토시라고 하는 것이 옳으냐?"

"토시를 부채라고 하여도 옳고, 부채를 토시라고 하여도 옳습
니다."

경허는 다시 물었다.

"그럼, 다비문(茶毘文)을 본 적이 있던가?"

"예, 본 적이 있사옵니다."

"그 다비문에 '유안석인제하루'(有眼石人齊下淚 : 눈 있는 돌
사람이 눈물을 흘린다)라 하니 이 참뜻이 무엇인고?"

"모르겠사옵니다."

"'유안석인제하루'의 뜻도 모르면서 어찌 토시를 부채라 하고
부채를 토시라 하는 도리를 알겠느냐? '만법귀일 일귀하처'(萬法
歸一 一歸何處)라는 화두는 더 이상 진보가 없으니, 조주 스님의
무자(無字) 화두를 드는 것이 옳도다."

경허가 떠난 후 무자 화두를 들고 용맹 정진하던 만공은 당시
서산 도비산 부석사에 주석하고 있던 스승 경허를 찾아가서 날마
다 법을 묻고 가르침을 받으며 탁마해 나갔다.

1898년 범어사 계명암선원(鷄鳴庵禪院)에서 경허를 초청하자

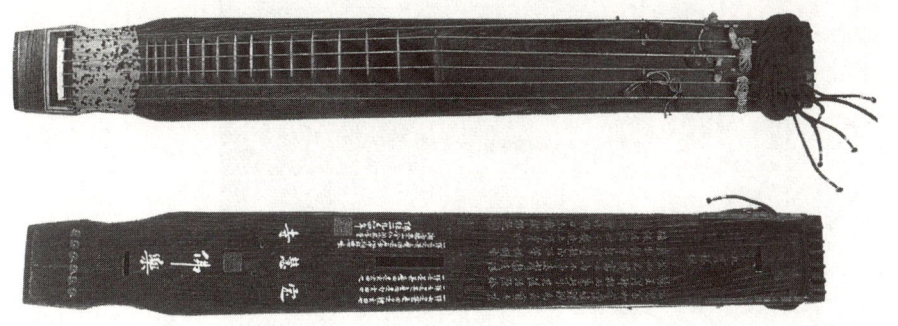

만공이 겁 밖의 노래(劫外歌)를 타던 거문고.

만공은 침운과 함께 스승 경허를 모시고 범어사로 갔다. 계명암 선원에서 하안거를 마치고 경허와 이별한 뒤 통도사 백운암에서 정진하였다.

1901년 31세 때 통도사 백운암에서 정진하던 중 새벽 종소리를 듣고 확철대오했으며, 몇 해 후 1904년 34세 때 천장암에서 경허로부터 만공이라는 법호와 전법게를 받았다.

그후 만공은 덕숭산에 머물며 수덕사·정혜사·견성암 등 수많은 중창불사를 하는 한편 스승 경허의 가풍을 드날리며 선풍을 떨쳤다.

1946년 목욕을 하고 단좌(端坐)하여 거울에 비친 자신의 모습을 보고, '자네와 내가 이제 이별할 인연이 다 되었네그려' 하고 껄껄 웃고는 문득 입적하였다. 세수는 75세요 법랍은 62세였다.

> 한 입으로 만일 바다를 마셔 다한다면
> 산호가 달을 띠고 푸른 물결 위로 나오리라.
> 一口儻能吞海盡 珊瑚帶月出滄波

덕숭산에 있는 만공탑. 위의 원형은 만공월면 을, 중간의 삼각형은 불·법·승 삼보를, 아래의 팔각형은 팔정도 를, 전체 조형은 좌선하 여 참선하는 모습을 상 징한다.

오대산 천고의 말없는 학, 한암

경허의 법제자 가운데 가장 만년에 얻은 한암은 1876년 강원 도 화천에서 태어나 1897년 22세 때 금강산 장안사에서 행름화 상(行凜和尙)을 은사로 출가득도(出家得度)하고 신계사 보운강 회(普雲講會)에서 경전을 공부하였는데 어느 날 보조국사의 『수 심결』을 읽다가 제1차 깨침을 얻었다. 1899년 24세 때 청암사 수도암에서 경허의 법문을 듣고 개심(開心)하게 된다.

1899년 봄에 경허는 해인사 조실로 초대되어 해인사에서 머무 르고 있었는데, 가을에 청암사 조실인 만우당(萬愚堂)이 『금강 경』(金剛經)을 강론해줄 것을 부탁해온다. 경허는 흔쾌히 이를 승낙하고 주장자를 짚고 청암사로 향한다.

평지도 걷기 어려운데 오르는 것은 정말 더디어라

두렵도다 젊음이 잠깐이란 것이

신선 바다에 구슬 찾는 기술도 버리고

명산에 약 캐는 시기마저 놓쳐버렸네

깊은 골의 눈은 구름이 구르는 바위에 휘날리고

오랜 등나무에 바람이 울고 밝은 달은 가지에 걸렸네

법당은 그림 같고 중은 말이 없는데

경쇠 소리 속 향 연기만 피어오르네.

平步已難上最遲 凜乎强壯不多時

去遺仙海探珠術 辜負名山採藥期

邃谷雪騰雲轉石 古藤風吼月明枝

梵堂如畵僧無語 玉磬聲中篆影移[48]

경허는 청암사 수도암에서 훗날 현대 한국불교의 거목이 될 한 암을 만나게 된다. 당시 청암사 수도암에는 많은 선객들이 정진 하고 있었는데, 그 가운데 24세의 한암이 있었다.

경허는 『금강경』을 물 흐르듯 막힘없이 강의하였다. 이른바 『금강경』 사구게(四句偈 : 네 구절로 된 게송) 중 제1사구게에 이 르렀다.

"무릇 형상이 있는 것은 모두가 다 허망하다. 만약 모든 형상 을 형상이 아닌 것으로 보면 곧 여래를 보리라."

한암은 이 구절을 듣자 안광(眼光)이 홀연히 열리면서 한눈에 우주 전체가 환히 들여다보였다. 이때의 경계를 한암은 시 한 수 로 읊어 이렇게 표현하였다.

다리 밑에 하늘이 있고 머리 위에 땅이 있네

본래 안팎이나 중간은 없는 것

절름발이가 걷고 소경이 봄이여
북산은 말없이 남산을 대하고 있네.[49]

경허의 『금강경』 법문을
듣고 한암이 개심한 청
암사 수도암.

경허가 수도암에서 지내던 어느 날, 여러 납자들과 차를 마시
다가 『선요』(禪要)의 한 구절을 인용하면서 납자들에게 물었다.

"『선요』에 이런 대목이 있느니라. '어떤 것이 진실로 구하고 진실
로 깨닫는 소식인가. 남산에 구름이 일어나니 북산에 비가 내린
다.' 이것이 무슨 소리냐?"

차를 마시고 앉아 있던 한암이 대답했다.

"창문을 열고 앉았으니 와장(瓦墻 : 기와를 입힌 담)이 앞에 있
습니다."

경허는 이튿날 법상에 올라가 대중을 돌아보면서 말하였다.

"한암의 공부가 개심(開心)을 초과했느니라."

그해 가을 청암사에서 『금강경』 강의를 마치고 경허는 해인사
로 돌아왔다.

그후 1903년 겨울 해인사에서 법제자인 한암과 이별할 때 서문 한 편과 시 한 수를 지어주었다.

나는 천성이 화광동진을 좋아하고, 꼬리를 진흙 가운데 끌고 다니기를 좋아하는 사람이다.

다만 스스로 절뚝거리며 44년의 세월을 보냈는데 우연히 해인정사에서 원개사(遠開士 : 한암)를 만나게 되었다. 그의 성품과 행실은 질박하고 정직하며 학문은 고명하였다. 함께 추운 겨울을 서로 세상 만난 듯 지냈는데 오늘 서로 이별을 하게 되니, 아침 저녁의 연기 구름과 멀고 가까운 산과 바다가 실로 보내는 회포를 뒤흔들지 않는 것이 없다. 하물며 덧없는 인생은 늙기 쉽고 좋은 인연은 다시 만나기 어려우니 이별의 쓸쓸한 마음이야 더 어떻다고 말할 수 있으랴.

옛사람이 말하기를 "서로 알고 지내는 사람은 천하에 가득하지만 진실로 내 마음을 아는 사람은 과연 몇이나 되랴" 하지 않았던가. 슬프다. 원개사가 아니면 내가 누구와 더불어 지음(知音)이 되랴! 그래서 시 한 수 지어서 뒷날에 서로 잊지 말자는 부탁을 하노라.

북해 위에 높이 오른 붕새 하늘에 드리운 날개를 접고서
부질없이 작은 새들 속에서 몇 철이나 있었던가
이별은 오히려 어려운 일 아니지만
덧없는 인생 훗날 기약이 아득하구나.

余性好和光同塵 掘其泥而又喜乎曳其尾者也 只自跛跛挈挈 送

過了四十四介光陰 偶於海印
精舍 逢着遠開士 性行質直
學問高明 與之同寒際 其相得
世 日夕治行相送 其煙雲朝暮
山海遠近者 盡不無攪動近送
之懷 況浮生易老 勝緣難再
則其怊悵話別之心 當復如何
哉 古人云 相識滿天下 知心
能幾人 吁 微遠開士 吾孰與
爲知 所以構着其一絶荒辭 以
爲日後不忘之資也

　捲將窮髮垂天翼
　謾向搶楡且幾時
　分離尙矢非難事
　所慮浮生杳後期[50]

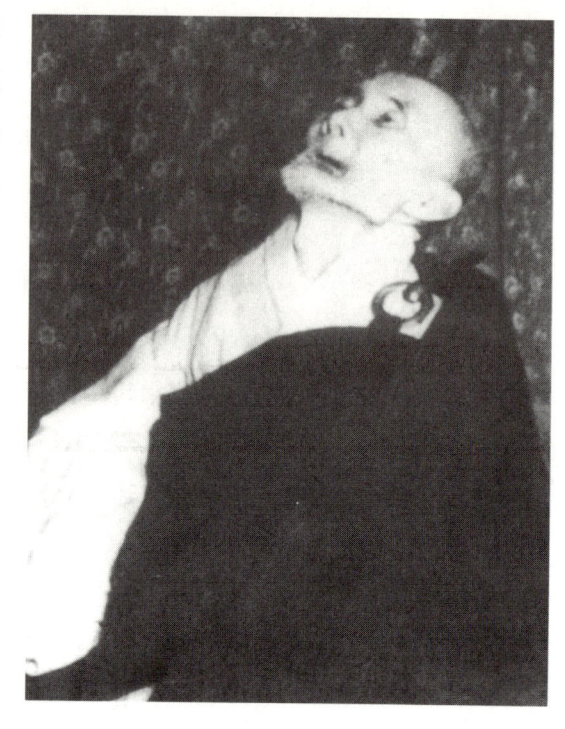

나고 죽음이 둘이 아님
을 사자후한 한암 스님
의 좌탈입망(坐脫立亡)
모습.

한암도 시 한 수를 지어 화답했다.

　서리 머금은 국화 눈 속에 매화 피는 철이 겨우 지났는데
　어찌하여 오랫동안 받들어 모실 수 없을까요
　영원히 빛나는 마음달이 있으니
　어찌 덧없는 세상 부질없이 기약을 남기리요.[51]

　그후 한암은 1905년 통도사 내원선원 조실로 추대되었고, 1910
년 35세 때 평북 맹산군 애전면 우두암(牛頭庵)에서 보림 중 부엌

에 앉아 불을 지피다가 활연대오하였다. 1925년 50세 때 서울 봉
은사 조실로 추대받고 잠깐 머물다가 오대산 상원사에 들어가서
27년 간 산문을 나오지 않았으며, 1936년 61세 때 조계종의 초대
종정에 추대되었고, 1951년 좌선하는 자세로 열반에 들었다.

6. 사자왕 북녘으로 향하다

사자가 노니는데 짝을 구하지 않는다.[52]

경허가 언제부터 화광동진의 뜻을 품고 있었는지 정확히 알 수
는 없으나, 『경허집』의 여러 자료를 검토해보면 1881년 6월 선종
사에 그 유례를 찾을 수 없는 처절한 보임장양을 하고 「오도가」를
부른 이래 경허는 줄곧 화광동진에 뜻을 두고 있었음이 분명하다.
다만 법등을 다시 밝혀 선풍을 중흥시키고, 불조의 혜명을 이을
수 있는 법제자를 얻을 시절인연이 도래하기를 기다렸을 뿐이다.
경허에게 누가 큰 도시로 나가 교화하기를 권하면 "나에게
서원이 있는데 경성 땅을 밟지 않는 것이다"라고 말했다고 전
해진다. 왜 경허는 부귀와 영화, 권력과 명예의 상징이었던 경
성 땅을 밟지 않고 조선시대 유배의 땅 삼수 갑산으로 향한 것
일까? 아무도 가려고 하지 않는 곳, 가장 낮은 자들이 사는 곳,
가장 춥고 배고픈 곳으로 향한 경허의 뜻은 무엇일까? 진정 붓
다의 정신이 거기에 있고 부처의 삶이 그들과 함께함에 있기
때문은 아닐까?
50세 때인 1895년 일본 승려 사노젠레의 주선으로 승려의 도
성 출입금지가 해제되었을 당시 많은 승려들이 다투어 사노젠

레에게 찬사와 감사를 표하며 환호하였다. 그런데 왜 경허는 스스로 도성 출입금지의 서원을 세웠을까? 정녕 경허의 "경성 땅을 밟지 않겠다"는 이 한마디에 한민족의 자존과 구산선문(九山禪門)의 전통이 오롯이 살아 있는 것이다.

1500여 년 전 선종의 초조인 달마(達磨, ?)대사가 왜 양무제의 공덕이 장함을 칭송하고 양무제의 지원하에 중국 천하에 불법을 펴지 않고, 위나라 소림사로 들어가 9년 간 면벽관심하며 혜가(慧可, 487~593)를 기다렸는가? 나는 달마가 숭산 소림사로 향한 뜻과 경허가 경성땅을 밟지 않고 북으로 향한 뜻이 둘이 아니라고 생각한다.

양무제가 달마대사에게 물었다.
"무엇이 가장 성스럽고 으뜸가는 진리입니까?"
달마대사가 대답했다.
"텅 비어 성스럽다 할 것도 없습니다."
무제가 물었다.
"나와 마주한 그대는 누구십니까?"
달마대사가 대답했다.
"모르겠습니다."
무제가 계합하지 못했다.

54세 때인 1899년 봄 가야산 해인사 조실로 초대받아 그곳에서 주석할 무렵에 남긴 시에서도 말년의 화광동진을 암시하는 내용이 있다.

어느 날 경허는 마정령(馬亭嶺)이라는 고개를 짚신도 신지 않은 맨발로 한 손에는 담뱃대를 잡고 다른 한 손에는 떡과 과자가 든 자루를 어깨에 둘러메고 오르고 있었다. 이때 마침 산에서 나뭇짐을 지고 내려오던 초동들이 잠시 쉬면서 떼를 지어 놀고 있었다. 경허는 나무꾼 아이들을 불러 물었다.

"애들아, 내가 누군지 아느냐?"

"모릅니다."

"그러면 나를 보느냐?"

"예, 봅니다."

"나를 모르면서 어떻게 나를 보느냐?"

경허는 짚고 가던 주장자를 내주며 말했다.

"너희들이 만일 이 주장자로 나를 치면 과자값을 많이 줄 것이다."

그 가운데 한 아이가 앞으로 나와 말했다.

"정말입니까?"

그 아이는 주장자를 받아 쥐고 힘껏 쳤다.

경허는 그 아이에게 말했다.

"나를 쳐라."

그 아이는 또 경허를 쳤다.

경허는 다시 말했다.

"어찌 나를 치지 않느냐? 만일 나를 친다면 부처도 치고 조사도 치고 삼세 제불도 치고 역대 조사와 천하 노화상을 한 방망이로 치게 되리라."

아이들이 투덜대면서 말했다.

"쳤는데 치지 않았다고 하시니 스님이 우리를 속이고 과자값을 주지 않으려고 하심이 아닙니까?"

경허는 껄걸 웃으면서 돈과 과자를 주고 마정령을 넘어가며 시
한 수를 읊었다.

온 세상이 혼탁하여 나 홀로 깨어 있구나
숲 아래서 남은 세월을 보내리라.
擧世渾然我獨醒　不如林下度殘年[53]

어찌 철없는 아이들이 경허의 마음을 알 수 있으리요, 아니 그
누가 경허가 품은 뜻을 알 수 있겠는가. 경허가 읊은 '남은 세월'
의 참뜻은 무엇일까. 몇 해 후 화광동진에 들어간 것을 생각할 때
경허는 이것을 이미 오래전부터 생각하고 있었음에 틀림없다.

58세 때인 1903년 가을 범어사에서 해인사로 가던 도중에 읊
은 시에서도 앞날을 예고하고 있다.

경허가 선원을 개설하고 『선문촬요』를 편찬한 부산 금정산 범어사.

앎은 얕고 이름만 높아 세상은 위태롭고 어지러운데
어느 곳에 이 몸 감출까 알 수가 없네
어촌과 술집이 어디엔들 없으랴마는
다만 숨긴 이름 더욱 새로워질까 저어하노라.
識淺名高世危亂　不知何處可藏身
漁村酒肆豈無處　但恐匿名名益新 54)

1903년 겨울 해인사에서 법제자인 한암과 이별할 때 준 글에서도 "나는 천성이 화광동진을 좋아하고, 꼬리를 진흙 가운데 끌고 다니기를 좋아하는 사람이다"라고 하여 그가 가야 할 길이며 그만이 갈 수 있는 길, 화광동진의 길을 암시하고 있다.

59세 때인 1904년 해인사에서 인경불사를 매듭지은 경허는 2월에 천장암에 도착한다.

"객승 문안드리오."

경허를 본 순간 만공은 맨발로 뛰어나가 스승을 맞아들였다. 경허는 천장암에서 열흘 남짓 머물렀다. 2월 11일 만공이 무릎을 꿇고 그간의 공부와 깨침의 경계를 낱낱이 아뢰자 경허는 기꺼이 만공의 깨침을 인가하고 만공이라는 법호와 전법게를 준다.

구름과 달 냇물과 산이 곳곳마다 같은데
수산선자(叟山禪子)의 대가풍이로다
은근히 무문인(문자 없는 부처님의 心印)을 분부하노니
일단의 기권(機權)이 활안(活眼) 가운데 있도다.
雲月溪山處處同　叟山禪子大家風
慇懃分付無文印　一段機權活眼中 55)

게송을 읊고 나서 경허는 만공에게 간곡히 말했다.

"불조의 혜명을 그대에게 이어가도록 부촉하노니 부디 불망신지(不忘信之)하라."

"예, 스님."

만공(曳山月面)에게 무문인을 부쳐준 경허는 주장자를 잡아 법상을 한 번 치고 말하였다.

"'다만 이 말소리가 이것이다'라고 하였으니 또 말해보라. 이무슨 도리인가?"

그러고 나서 다시 주장자를 들어 또 한 번 치고 다음과 같이 말하고 주장자를 던지고 내려왔다.

"한 번 웃고는 알지 못하겠도다. 낙처가 어디인가. 안면도의 봄물이 푸르기가 쪽과 같도다."[56]

항상 홀로 다니고 항상 홀로 걷나니
통달한 이 함께 열반의 길에 노닐도다.[57]

경허가 조실로 초대받아 주석하면서 수선사를 창설하고 결사운동을 주창한 가야산 해인사.

만공은 며칠 전에 시자들을 시켜 장터에서 새로 사온 담뱃대와 쌈지를 마지막 선물로 경허에게 바친다. 만공이 바친 이 담뱃대와 쌈지는 훗날 경허가 열반한 후 스승 경허의 진신(眞身)을 확인할 수 있는 중요한 역할을 하게 된다.

만공에게 후래 불법을 부촉한 경허는 천장암을 떠나 짚신에 법신을 담고 북으로 향한다. 천지에 홀로 가니 누가 그와 더불어 짝을 할 것인가?

화광동진(和光同塵)

표주박 들고 저자에 들어가고
지팡이 짚고 집으로 돌아가네
술집도 가고 고깃간도 들어가
교화하여 부처를 이루게 하네.
提瓢入市 策杖還家
酒肆魚行 化令成佛

1. 밑 없는 빈 배에 달빛만 가득 싣고

소리에 놀라지 않는 사자와 같이
그물에 걸리지 않는 바람과 같이
흙탕물에 더럽히지 않는 연꽃과 같이
무소의 뿔처럼 혼자서 가라.[1]

1904년 2월 만공에게 전법게를 내려주며 후래 불법을 부촉하
고 천장암을 떠난 경허는 주장자에 몸을 싣고 구름처럼 떠돌며
강물처럼 흐르며 북녘으로 향했다.

그해 봄에 경허는 오대산 월정사를 지나게 되었다. 이때 월정
사 방장으로 있던 유인명 스님이 경허에게 『화엄경』을 설법해줄
것을 청했다. 경허는 이를 받아들여 3개월에 걸쳐 '화엄경법회'

경허가 『화엄경』을 설한
오대산 월정사.

를 열게 되었다.

그 당시 천여 명의 대중이 모인 자리에서 경허는 의연히 법좌에 올라 다음과 같은 법문을 했다고 전해진다.

"대방광불화엄경(大方廣佛華嚴經)이라."

하고는 한 글자씩 설해 나갔다.

"'대'라, 대들보도 대요, 댓돌도 대요, 대가사도 대요, 세숫대도 대요, 담뱃대도 대니라. '방'이라, 큰방도 방이요, 지대방도 방이요, 질방도 방이요, 동서남북 사방도 방이니라. '광'이라, 쌀광도 광이요, 찬광도 광이요, 연장광도 광이요, 광장도 광이니라. '불'이라, 등잔불도 불이요, 모닥불도 불이요, 촛불도 불이요, 화롯불도 불이요, 번갯불도 불이요, 이불도 불이요, 횃불도 불이니라. '화'라, 매화도 화요, 국화도 화요, 탱화도 화요, 화병도 화요, 화살도 화요, 화엄경도 화니라. '엄'이라, 엄마도 엄이요, 엄살도 엄이요, 엄명도 엄이요, 엄정함도 엄이요, 화엄도

엄이니라. '경'이라, 면경도 경이요, 구경도 경이요, 풍경도 경
이요, 인경도 경이요, 안경도 경이니라."

경허는 삼라만상 두두물물이 그대로 비로자나 법신이요, 온 세
계가 그대로 화엄세계임을 대사자후한 것이다. 기상천외한 법문
으로 설법을 시작한 경허는 심오한 '화엄경법문'을 3개월 간 설
한 후 월정사를 떠나 금강산으로 향했다.

> 산은 스스로 무심히 푸르고
> 구름은 스스로 무심히 희도다
> 그 가운데 한 상인(上人)도
> 또한 무심한 나그네로구나.[2]

금강산에 도착한 경허는 금강산을 유람하며 무려 175편의 연
작시 「금강산유산가」(金剛山遊山歌)를 비롯해 2편의 「금강산명
구」(金剛山名句)와 2편의 「제헐성루」(題歇惺樓) 등 주옥 같은 시
를 남긴다.

> 1 人間天地 此世間이 渺蒼海之 一粟이라
>   蜉蝣草露 우리生涯 朝不謀夕 世道로다.
> ......
> 5 高麗國에 願生하야 金剛山을 一見함은
>   支那人도 그랬거든 況此우리 朝鮮일까.
> ......
> 9 天下一大 名山이요 十方世界 佛國일세
>   一陣淸風 건듯부니 丈夫胸襟 灑落하다.

......

45 一萬二千 重重峰은 十疊屛風 되었도다

　　衆香城裡 梵天宮에 法起菩薩 主席되고

......

141 朝鮮關東 八景에는 半島江山 이름높다

　　江南風月 閒多年에 나를몇해 기다렸나

......

164 呑天浴日 壯한光景 丈夫意氣 滿天이라

　　平海郡에 내려가서 越松亭을 바라보니

......

175 普天下에 여러同胞 이책보고 案內하소

　　金剛山이 정좋으니 한번觀景 잊지마세.[3]

경허는 금강산의 일출봉·월출봉·비로봉·해금강 등 명승지와 장안사(長安寺)·표훈사(表訓寺)·마하연(摩訶衍)·유점사(楡岾寺)·신계사(神溪寺)·건봉사(乾鳳寺) 등 명찰은 물론 청간정·경포대·삼일포·죽서루·낙산사·망양정·총석정·월송정 등 관동팔경까지 돌아보면서 때로는 구름을 타고 때로는 바위 위에 앉아 때로는 망망한 바다를 바라보며 대자연과 하나된 무심도인의 마음을 노래했다.

『경허집』에는 175편의 연작시「금강산유산가」를 비롯해 450여 편의 선시(禪詩)가 실려 있는데, 이는 경허가 남긴 선시 중 극히 일부임을 고려할 때 경허가 시인으로서도 최고봉이었음을 입증하고도 남음이 있다.

민족의 선각자요 대선사이며 대시인이었던 만해 한용운은 『경

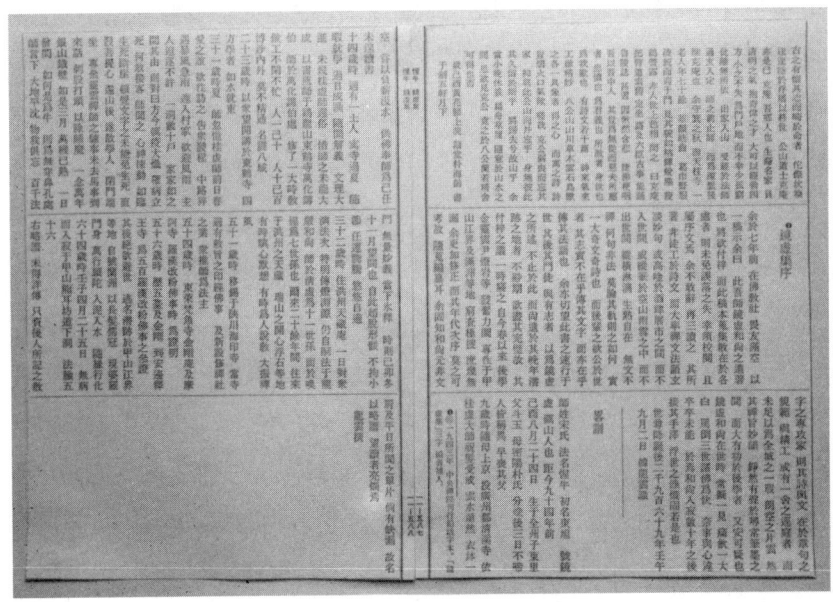

만해 한용운이 쓴「경허집서」와「약보」(한국불교전서).

허집』서문에서 경허의 문장과 시에 대해 '문장마다 선(禪)이요 구절마다 법이어서 실로 기이한 문장이요 기이한 시'라고 높이 찬탄하고 있다.

혹은 술집과 저자에서 높이 읊조렸으되 세간에 들지 않으며, 혹은 비바람 눈보라 치는 빈 산에서 붓을 잡아도 세간을 벗어나지 않아서, 종횡으로 힘차고 생소한 것이나 익숙한 것이나 자재하여 문장마다 선(禪) 아님이 없으니 어느 구절이 법 아니겠는가. 그 법칙의 여하는 막론하고 실로 일대의 기이한 문장이요 기이한 시이다.[4]

경허의 선시는 도심(道心)과 시심(詩心)이 하나된 시선(詩禪) 일치의 경지와 산하 대지와 무심도인 경허가 하나된 물아일체(物我一體)의 경지를 잘 드러내고 있다. 그의 선시는 심오한 깨침의 경지와 한시(漢詩)로서의 작품성도 동시에 갖추고 있고 나아가 그의 삶 자체가 위대한 시이기 때문에 읽는 이로 하여금 더욱 깊은 감동을 일으킨다. 특히 북녘에서 읊은 주옥 같은 시들은 화광동진의 삶, 이류중행의 대장정을 더듬어 가는 데 좋은 안내자가 될 수 있을 것이다.

가을 무렵 경허는 금강산을 떠나 안변 석왕사(釋王寺)에 이르렀다. 함경남도 안변군 문산면 설봉산에 위치한 석왕사는 이성계가 조선을 건국하기 전에 무학자초(無學自超, 1327~1405)의 해몽을 듣고 왕이 될 것을 기도하기 위해 창건했다고 전해지는 대가람이다.

때마침 오백 나한 개분불사가 있어서 경허는 증명법사로 초대

경허가 오백 나한 개
분불사를 증명한 안
변 설봉산 석왕사.

받았는데, 경허가 법상에 올라 대사자후하자 대중들이 합장하고
희유하다고 찬탄하였다고 한다. 경허는 석왕사 영월루(映月樓)에
서 시 한 수를 남긴다.

산사의 봄날 꽃은 싸락눈 같고
기이한 새소리에 낮잠이 달다
온갖 공덕과 신통광명을 증명할 수 없는 곳에
하늘에 꽂힌 새벽 봉우리 쪽보다 더 푸르도다.
上方春日花如霰 異鳥聲中午夢甘
萬德通光無證處 揷天曉嶂碧於藍 [5]

석왕사의 개분불사를 증명한 뒤 경허는 완전히 자취를 감추었
다. 마치 새가 허공을 날듯이 그 자취를 아는 이가 아무도 없었
다. 언제나 함께한 바람과 달과 별을 제외하고는.

2. 저자에 들어가 손을 드리우며

꿈속 같은 이 세상에
빈 배 같이 떠놀면서
인연중생 제도하면
보불은덕(報佛恩德) 이 아닌가[6]

홀연히 석왕사를 떠난 경허는 스스로 호를 난주(蘭洲)라 하고
머리를 기르고 선비의 옷차림을 하고서 저자에 들어가 손을 드리
운다. 일찍이 이 나라 불교 정신을 찬란하게 꽃피운 신라의 혜숙
(惠宿)과 혜공(惠空), 대안(大安), 원효가 그러했듯, 화광동진의
대장정에 나선 것이다.

신라 진평왕(579~632)에서 선덕왕(632~647) 시대의 고승인
혜숙은 당시 귀족불교를 박차고 나와 스스로 시골 마을에 숨어
살면서 농촌 서민들을 교화했으며, 혜공은 언제나 조그만 절에
살면서 매일 미치광이처럼 술에 취하여 삼태기를 등에 지고 길거
리에서 노래하고 춤추며 민중들을 교화하였다.

대안은 항상 장터 거리에 살면서 동발(銅鉢)을 두드리고 '대
안, 대안!'(大安, 大安) 하는 소리를 외치며 서민들을 교화하였
다. 원효는 속복을 입고 스스로 소성거사(小姓居士)라고 이름하
여 무애박(無碍瓠)을 쥐고 천촌만락, 전국 방방곡곡을 두루 돌아
다니며 노래하고 춤을 추면서 서민 대중을 교화하여 거지와 더벅
머리 아이들까지도 불법을 알게 하였다.[7]

혜숙은 시골 마을에서, 혜공은 길거리에서, 대안은 장터에서,
원효는 전국 방방곡곡에서 연꽃처럼 물들지 않는 보살행으로 서

민 대중들을 교화했듯이, 경허도 호서·영남·호남·강원 지방
에서 정법의 깃발을 높이 세우고 선풍을 크게 떨친 후 모든 것을
버리고 홀로 북녘으로 향하여 중생들을 위한 불꽃 같은 삶을 살
아갔다.

사자왕이 비록 자취를 감춘들
뭇 짐승이 어찌 함께 하리요.
獅王雖晦迹 衆獸豈能同[8]

『법화경』「신해품」(信解品)에 '먼지를 몸에 바른다'(塵土坌
身)[9]라는 말이 있는데, 흙먼지를 몸에 바른 중생들의 모습으로
다가가서 근기에 따라 법을 설해서 마침내 일승(一乘)으로 인도
한다는 뜻이 담겨져 있다. 『노자 도덕경』(老子道德經) 제4장과
제56장에는 '그 빛을 부드럽게 하고 그 티끌세상과 하나가 된다'
(和其光 同其塵)라는 말이 있는데, 현묘한 경지에 이른 성현은
밖으로 드러나는 그 빛을 거두어 숨기고 온화하게 하여 티끌세상
과 동화하여 하나가 된다는 의미이다.

불교에서 화광동진(和光同塵)의 의미는 불보살이 끝없는 자비
심으로 한량없는 중생을 교화하고 제도하기 위하여 자신을 감추
고(和光) 티끌세상에 들어가 중생과 더불어 살아가면서(同塵)
불법으로 인도하는 것을 말하며, 이류중행(異類中行)·입전수수
(入廛垂手)·회두토면(灰頭土面)·수법수연(守法隨緣)·합수화
니(合水和泥)·타니대수(拖泥帶水) 등으로도 표현한다.

'이류중행'이란 불보살이 스스로 생사윤회하는 육도중생(異類)
속에 들어가(中行) 교화 제도하는 것을 말하며, '입전수수'란 저

자에 들어가 손을 드리운다라는 뜻으로 불보살이 동체대비심(同
體大悲心)으로 저자에 들어가 손을 드리워 중생을 제도하는 것을
말하며, '회두토면'이란 깨친 뒤에 중생을 제도하기 위하여 티끌
세상에 들어가 머리에 재 뒤집어쓰고 얼굴에 흙 묻는 것을 돌아
보지 않는 것을 말하며, '수법수연'이란 법을 지키며 인연 따라
자유자재하며 중생을 불법으로 이끌어 들이는 것을 말한다.

　　머리에는 재 뒤집어쓰고 얼굴에는 흙 묻은 대로
　　녹음방초 언덕 위에 유희하니 젓대 한 소리 라라리로다.
　　灰頭土面遊戱芳草岸頭一聲笛囉囉哩[10]

『유마경』「불도품」(佛道品)에서 유마거사는 보살이 능히 길 아
닌 길(非道 : 지옥 · 아귀 · 축생의 길)에 갈 수 있다면 불도를 통
달한 것임을 웅변하고 있는데, 보살이 길 아닌 길을 가는 것이
바로 온몸을 털로 덮고 머리에 뿔을 인(被毛戴角) 마소가 되어
중생을 위해 살아간다는 이류중행의 뜻이다.

　그때에 문수사리가 유마힐에게 물었다.
　"보살이 어떻게 불도를 통달합니까?"
　유마힐이 말했다.
　"만약 보살이 길 아닌 길에 간다면 불도를 통달하는 것입니다."
　(문수사리가) 또 물었다.
　"어떻게 보살이 길 아닌 길에 갑니까?"
　(유마힐이) 대답했다.
　"만약 보살이 다섯 종류의 무간지옥에 가더라도 괴로워 성냄이

없으며, 지옥에 가더라도 모든 죄악으로 더럽혀짐이 없으며, 축생에 가더라도 무명과 교만 등의 허물이 없으며, 아귀에 가더라도 공덕을 구족하며, …… 문수사리여, 보살이 능히 이와 같이 길 아닌 길에 갈 수 있다면 불도를 통달한 것입니다."

붓다의 근본정신이 중생의 중생에 의한 중생을 위한 삶에 있음을 생각할 때, 그리고 대승불교의 궁극 이념이 가없는 중생을 다 교화하고 한량없는 불국토를 건설하는 것임을 생각할 때 경허의 위대성은 크나큰 깨침이 그대로 중생과 역사에 회향되어 화광동진의 크나큰 삶을 살아간 데서 더욱 빛나는 것이다.

『화엄경』「보현행원품」은 생사에도 머물지 않고(不住生死) 열반에도 머물지 않고(不住涅槃) 뭇 삶들의 뜻에 따르는 보살의 삶을 가르치고 있는데, 경허는 북녘에서 보현행원(普賢行願)을 그대로 구현하여 깨침과 삶, 문수의 지혜와 보현의 행원이 본래 둘이 아님을 온몸으로 웅변하고 있다.

항상 중생의 뜻에 따른다는 것은 …… 내가 모두 그들에게 수순하여 갖가지로 받들어 섬기고 갖가지로 공양하기를 부모를 공경하듯이 하며, 스승이나 아라한, 부처님과 다름없이 받들며, 병들어 괴로워하는 이에게는 좋은 의사가 되고, 길 잃은 이에게는 바른 길을 보여주고, 어두운 밤에는 빛이 되고, 가난한 이에게는 감추어져 있는 보물을 얻게 하여, 보살이 이처럼 일체 중생을 평등하게 이롭게 함을 말하는 것이니라.[11]

원효는 『무량수경종요』(無量壽經宗要)에서 대승은 무아(無我)

에 노닐어 가없는 중생을 평등하게 섭화(攝化 : 불보살이 중생을
거두어 들여서 교화하는 것)하여 모두 위없는 보리에 이르게 함
을 역설하고 있다.

대승의 넓은 지혜란 바로 평등성지(平等性智)이니, 이 지혜
는 널리 제도하고 소승(小乘)으로 향하지 않는다. 이른바 무아
에 노닐기 때문에 나 아닌 것이 없고, 나 아닌 것이 없으므로
평등하게 섭화하지 않음이 없다. 이 동체지력(同體智力)으로
가없는 중생을 널리 실어 모두 위없는 보리에 함께 이르게 한
다. 그러므로 대승의 넓은 지혜라 이름한다.[12]

실로 부처와 조사는 일없는 사람이나 중생을 위해서는 한없는
일이 있는 것이다. 일없는 가운데 한량없는 일이 있으니 중생이
한량없기 때문이다.

부처와 조사는 대법왕(大法王)이라 교묘한 대비방편으로 일체
중생을 일승으로 인도해야 하며, 부처와 조사는 대의왕(大醫王)
이라 대승의 법약(法藥)으로 일체 중생의 생사라는 큰 병을 치료
해야 할 사명이 있는 것이다.

『유마경』(維摩經)에서 유마거사가 "일체 중생이 병들어 있으므
로 나도 병들어 있습니다. 만일 일체 중생의 병이 없어진다면 나
의 병도 없어질 것입니다"[13]라고 대사자후한 뜻이 바로 여기에
있는 것이며, 대혜종고 선사가 "부처와 조사는 …… 고뇌하는
중생의 생사의 큰 병을 치료했으므로 대의왕이라 부르는 것입니
다"[14]라고 갈파한 뜻이 바로 여기에 있는 것이다.

244　대혜종고 선사는 확철대오해서 불조의 경지에 이르렀다면 대

자비심을 일으켜 순경계·역경계 속에서 몸과 목숨을 아끼지 아니하고 일체 중생을 제도하는 것이 일 마친 대장부의 할 일임을 누누이 강조하고 있다.

하나를 요달하면 일체를 요달하고 하나를 깨달으면 일체를 깨닫고 하나를 증득하면 일체를 증득하는 것이 마치 한 타래 실을 벨 적에 한 번 베면 일시에 끊어지는 것과 같습니다. 가 없는 법문을 증득하는 것도 또한 그러하여 다시 차제가 없습니다. …… 만일 이미 이러한 경지에 이르렀다면 마땅히 이 법문으로써 대비심을 일으켜서 순역(順逆)의 경계 속에서 진흙탕물에 화합하여 몸과 목숨을 아끼지 아니하고 구업을 두려워하지 아니하며 일체를 구제하여 부처님의 은혜를 갚아야 할 것이니, 바야흐로 이것이 대장부의 할 일입니다.[15]

확철대오해서 오후보림까지 마치고 시절인연이 도래하면 산에서 내려와 밑 없는 배를 타고 인연 따라 일체 중생을 제도해서 다 함께 깨달음의 언덕에 올라야 하니,[16] 지눌도 부처의 일은 오직 원만히 깨달은 큰 지혜로 중생의 근기에 따라 감응하며 일체 중생을 제도하는 것임을 단언하고 있다.

만일 미세한 번뇌의 흐름도 영원히 끊어지고 원만히 깨달은 큰 지혜가 밝게 홀로 드러나면 곧 천백억 화신(化身)을 나타내어 시방세계에 중생들의 근기 따라 감응하니, 마치 달이 높은 하늘에 나타나면 그림자가 모든 물에 두루 비치듯이 응용이 무궁하고 인연 있는 중생을 제도하며 쾌락하고 근심이 없으리니,

크게 깨달은 세존이라 하느니라.[17]

경허도 「심우송 1」(尋牛頌一)에서 자루를 메고 저자에서 노닐고 방울을 흔들며 마을로 들어가서 중생을 교화하는 것이 진실로 일 마친 사람의 경계임을 노래하고 있다.

손을 드리우며 저자에 들어가다

나무여인의 꿈과 돌사람의 노래여 이것은 육진(六塵)의 그림자로다. 상(相)이 없는 부처도 용납하기 어렵거늘 비로자나의 정수리가 무엇이 그리 귀하겠나. 방초언덕에서 놀다가 갈대꽃섬에서 잠을 자네. 자루를 메고 저자에서 노닐고 방울을 흔들며 마을로 들어가니 진실로 일 마친 사람의 경계로다. 전날에 풀을 헤치고 소를 찾던 시절과 같은가 다른가. 가죽 밑에 피가 흐른다면 모름지기 눈을 똑바로 뜨고 보아야 비로소 얻으리라.

垂手入鄽

木女之夢石人之歌也是前塵影事　無相之佛難容毗盧之頂何貴遊芳草岸宿蘆花洲　荷佇遊市振鈴入村寔爲了事漢境界　與前日撥草尋牛的時節同耶不同耶　皮下有血底幸須着眼始得[18]

「심우송 2」(尋牛頌二)에서는 부처와 조사가 저잣거리에 들어가서 중생을 제도하는 것이 바로 이류 가운데의 일(異類中事)임을 거듭 노래하고 있다.

이류 가운데의 일

......

조사와 부처도 지금 이 몸 밖이러니

긴 세월 저잣거리 다니네.

異類中事

......

祖佛今身外 長年走市頭[19]

　고향을 떠나는 자는 진정 고향으로 돌아오기 위해서 떠나는 것
이다. 부모 형제를 버리고 출가해서 세간을 떠나는 것(出世間)은
그 떠남에 목적이 있는 것이 아니라, 부처 되어 일체 중생 속으
로 돌아오기 위한 것(出出世間)이다. 떠나지 않고서는 어찌 진정
으로 돌아올 수 있겠는가.

　확철대오해서 삼계를 벗어난 불보살은 일체의 지혜를 가득
실은 보배수레를 타고 삼계의 옛집으로 돌아와 동체대비를 방
편으로　동사섭(同事攝 : 불보살이　중생과　고락을　함께하면서
교화하여　불법으로　인도하는　것)하여　일체　중생을　제도하는
것이다.

　보살은 오직 대비방편(大悲方便)으로써 모든 세상에 들어가
서 깨치지 못한 중생들을 깨우쳐주며 갖가지 형상을 나타내어
역경과 순경에서 그들과 더불어 함께하여 부처를 이루도록 교
화하나니, 모두가 시작도 없는 아득히 먼 옛날부터의 청정한
원력에 의한 것이니라.[20]

경허가 스스로 박난주라 이름하고 머리를 기르고 선비의 옷차림을 하고서 서민 대중과 더불어 살아가며 때로는 거리에서 때로는 술집에서 행한 모든 것이 바로 동체대비의 방편인 것이다.

> 일승으로 나아가고자 하거든
> 육진을 미워하지 말라.
> 육진을 미워하지 않으면
> 도리어 정각과 동일함이라.[21]

경허가 북녘으로 향한 참뜻이 화광동진 이류중행에 있는데도 불구하고, 경허를 험담하고 비난하는 극히 일부의 사람들이 "경허가 시봉인 영주 사미승을 살해하고 북녘으로 도망갔다"는 소문을 퍼뜨렸으나 이는 전혀 사실이 아니다. 만일 사건의 전모가 밝혀지지 않았더라면 근대의 위대한 고승인 경허는 살인범인 떠돌이 객승으로 전락해버렸을 것이다. 사건의 경위는 이렇다.

어느 날 경허는 계룡산의 한 봉우리인 연천봉(連天峰)에 있는 등운암(騰雲庵)에 올라간 적이 있었다. 한 칸 초옥의 등운암은 연천봉 위에 있고 신원사(新元寺)에 딸린 암자였다.

경허는 시봉인 영주 사미승을 데리고 신원사를 향해 산길을 내려가고 있었다. 영주 사미가 경허의 바랑을 메고 앞장섰다. 그때 아래쪽에서 젊은이 일행이 떼지어 올라오는 것이 보였다. 그 중에는 동학사에서 심부름도 하고 잡일을 하던 양화 김 도령이라고 불리는 젊은이도 끼어 있었다. 이들은 떼지어 다니며 살인과 약

248

탈을 일삼는 비적들이었고, 양화 김 도령은 그 비적떼의 두목이었던 것이다.

영주 사미가 무리에서 양화 김 도령을 알아보고 먼저 말을 건넸다.

"아니, 양화 김 도령 아니신가."

양화 김 도령이 경허를 보고 합장하면서 말하였다.

"스님, 저는 영주 스님과 긴밀히 할 얘기가 좀 있구먼유. 잠깐 동안이면 되니까 스님께서는 먼저 내려가세유."

경허는 영주 사미가 젊은이들과 잘 아는 사이인 줄로 알고 별 의심도 없이 신원사로 내려갔다.

경허의 모습이 보이지 않게 되자 김 도령들은 영주 사미의 어깨에서 바랑을 빼앗아 뒤지기 시작했다. 바랑 안에는 잔돈 몇 푼과 헌 옷가지 그리고 책 몇 권이 전부였다. 비적들은 영주 사미를 위협하며 몸을 샅샅이 뒤져도 돈이 나오지 않자 자신들의 정체가 드러나게 될 것이 두려워 사람의 발길이 닿지 않는 깊은 숲 속으로 영주 사미를 끌고 가서 때려 숨지게 한 후 나무에 매달아 놓은 채 도망쳐버렸다.

한편 먼저 신원사로 내려간 경허는 한참을 기다려도 영주 사미가 내려오지 않자 다시 산길을 올라 젊은이들과 마주쳤던 자리까지 되돌아갔다. 그러나 영주 사미는 보이지 않았다.

하는 수 없이 산을 내려온 경허는 혼자 동학사로 향했다. 동학사에서도 며칠을 기다렸지만 영주 사미는 돌아오지 않았다. 이를 이상히 여겨 사람을 시켜 혹시 영주 사미가 갑사로 가지 않았는가 편지를 보내 문의하기도 하였다. 경허의 편지를 받은 갑사의 스님들도 영주 사미를 찾아보았으나 허사였다.

　어느 날 한 나무꾼이 깊은 산 속으로 들어가다가 우연히 나무 위에 매달린 사람의 시체를 발견하고 경찰에 신고하였다. 죽은 지 수개월이 지난 시체는 부패가 심해 형체를 알아볼 수 없었지만, 시체 옆에 떨어져 있는 바랑 속의 헌옷과 몇 권의 책이 경허의 것임을 확인한 경찰은 시체가 다름아닌 경허의 시자였던 영주 사미의 시신임을 알아냈다.

　살인범을 추적할 수 있는 유일한 단서는 시체의 목을 매달 때 사용된 발갱기였는데, 그 발갱기가 경허의 것임이 밝혀져 그가 살인범 누명을 쓰게 된 것이다.

　그 무렵 경허는 조실로 초대받아 해인사에서 장경간행불사를 증명하고 수선사를 창설하는 등 선풍을 진작하고 있었다. 경허가 시봉을 목 매달아 죽였다는 소문은 이미 호서지방에 파다하게 퍼졌고 마침내 해인사까지 돌게 되었다.

　몇 해 후, 경허의 결백이 공주 경찰서에서 우연히 밝혀졌다. 공주 경찰서에서 비적떼를 일망타진하게 되었는데, 두목 양화 김 도령과 산적 일당들이 여죄를 추궁당한 끝에 연천봉에서 영주 사미를 살해한 사실도 자백한 것이다. 이로써 영주 사미를 죽인 살인범들은 모조리 잡혔고 경허는 자연히 누명을 벗게 되었다.

　그후로도 경허를 험담하는 일부에서는 "경허가 살인죄로 구속되는 것이 두려워 삼수 갑산으로 자취를 감추었다", "경허는 살아 있는 부처가 아니라 살아 있는 마구니다"라고 허위 사실을 유포한 적도 있으나, 경허는 이에 대해 한마디 변명도 하지 않았고 결백하다는 사실을 밝혀본 일 없이 일생을 지냈다.

　그 누가 살인 누명을 쓰고도 한마디 변명도 하지 않을 수 있을 것인가? 경허는 자신을 적대하고 온갖 모함과 질시를 행하는 자를 오히려 진리의 품안으로 거두어들이는 크나큰 자비의 삶을 보여준다. 일체 선악의 굴레와 시비의 사슬을 벗어난 대무심(大無心) 경지가 아니면, 어찌 자신을 시기하고 질투하며 비방하고 욕하는 자마저 진리의 품안에 거두어들일 수 있겠는가?

붓다가 『아함경』에서 "나는 이 세간과 다투지 않는다. 다만 세간이 나와 다툴 뿐이다"라고 한 참뜻과 『보왕삼매론』(寶王三昧論)에서 "억울함을 당하여 밝히려고 하지 말라"고 한 참뜻이 경허의 이 일화 속에 감동적으로 흐르고 있다.

억울함을 당하여 밝히려 하지 말라. 밝히고자 하면 인아상(人我相)이 일어나 반드시 원망하는 마음을 돕게 되나니, 그래서 성인이 말씀하시되 '억울함을 당함으로써 수행의 문을 삼으라' 하셨느니라.

이러한즉 막히는 데서 통하게 되고 통함을 구하는 것이 도리어 막히게 되나니, 부처님께서는 많은 장애 가운데서 큰 깨달음을 얻으셨으니 앙굴마라와 제바달다의 무리가 다 반역된 짓을 했으되 부처님께서는 모두 수기(授記)를 주어 교화하사 성불케 하셨느니라. 어찌 저들의 반역으로 순종함을 삼고 저들의 훼방으로 나의 성취를 삼음이 아니리요. 이제 도를 배우는 사람이 만일 역경에 처해보지 못하면 장애에 부딪칠 때 능히 이겨내지 못하여 법왕의 큰 보배를 잃어버리게 되나니 가히 애석하지 아니하리요.

3. 저 낮은 곳을 향하여

참사람 참부처는

생사에도 머물지 않고

열반에도 머물지 않으며

오직 저 낮은 곳을 향하느니라.

홀연히 석왕사를 떠난 경허는 다시 북녘으로 북녘으로 향했다. 석왕사를 떠난 이후 경허는 경허라는 법호마저 버리고 스스로 박난주라 부르며 머리를 기른 선비의 모습으로 아무도 모르게 서민 대중들 속에 묻혀 살았기 때문에 그 행적이 전해지는 것이 거의 없다.

철저히 무소유 무집착의 삶을 살아간 그의 자취를 추적할 수 있는 유일한 자료는 그가 남긴 시와 길가는 나그네의 입 그리고 바람이 전하는 말뿐이다. 어리석은 자는 그의 삶을 비석에 새기나 지혜로운 자는 그의 삶을 허공에 새기는 법.

평안북도 영변에 이른 경허는 영변의 신시장을 지나며 술을 한 잔 얻어 마시고 나서 시 한 수를 남긴다.

시의 명성과 술의 역량 영웅호걸에 비기어

신시장에서 나그네의 회포를 푸는도다

큰 강물은 아득히 천리나 흘러가고

웅장한 산봉우리는 높고 가팔라 만 길 벼랑이네

하늘을 감동시키는 도덕 누가 우러러보지 않으며

바다를 헤아리는 문장은 울리기를 기다리지 않네

질곡 같은 영화와 명예 다 떨쳐버리고
구름과 학 짝하여 여생을 보내리라.

詩聲酒力擬豪英 新市場中遣旅情
大水淼茫千里走 雄峰嶄屹萬崖傾
薰天道德誰能仰 量海文章不待鳴
桎梏榮名都棄拂 自饒雲鶴伴餘生[22]

천리 길을 짚신에 의지하여 중생을 향해 걷고 또 걷는 진리의
나그네 경허는 자신의 길이 질곡 같은 영화스런 명예 다 떨쳐버
리고 구름과 학을 짝하여 일체 중생을 어버이처럼 섬기는 데 있
음을 읊고 있는 것이다. 나와 우주의 본래면목을 깨쳐서 진리와
하나된 경허에게는 두두물물 모두가 본래 참 고향이니(頭頭物物
本眞鄕) 어찌 낯선 타향이 있으리요.

대지산하가 바로 나의 집인데
다시 어느 곳에서 고향집을 찾으리요.[23]

경허는 다시 영변을 떠나 평안북도 희천을 거쳐 북녘으로 향하
는데, 희천 두첩산에 있는 두첩사(頭疊寺)와 풍락암[24](豊樂菴)에
서 시 한 수를 읊는다.

희천 두첩사에 앉아

1
중이 어찌 명산에 머물지 않으랴

골짝마다 안개와 놀 점점 떠오르네

신령스런 학은 오지 않고 사람은 쉬이 늙어

누각에 기대어 석양만 시름없이 바라보네.

2

샘물 길어 조밥 지어 먹고 베개를 높이 베니

풍락암에서 하룻밤 정겹네

대도는 천진이라 말을 잊었는데

산아이는 때때로 맑은 향을 사르네.

坐熙川頭疊寺

僧胡不住名山是　谷谷烟霞轉轉浮

靈鶴不來人易老　倚樓怊悵夕陽西

汲泉炊栗仍高枕　豊樂菴中一夜情

大道天眞忘語處　山童時有爇香淸[25]

　영변 희천을 거쳐 북녘으로 빈배처럼 떠돌며 인연 있는 중생을
제도하던 경허는 1905년 그의 나이 60세 무렵에 평안북도 강계
에 이르게 된다. 강계에서 경허는 훗날 임시정부 초대 교육부 차
장·의정원 평안도 대표 등을 역임한 김탁(金鐸, 일명 金允鐸,
호 靜齊, 자 淡如, 1872~1941)을 만나게 되는데, 이때 김탁은
강계군 종남면 한전동에 살고 있었다.

　어느 날 해질 무렵 김탁이 마을에서 10리쯤 떨어진 장평동을
지나가고 있을 때였다. 길 한쪽에서 대여섯 명의 청년들이 고함
을 지르면서 남루한 행색의 노인을 매질하고 있는 것이 보였다.

"이런 미친 영감은 죽여도 그만이야."

"나이값도 못하는 영감탱이 같으니라구."

그런데 몰매를 맞고 있는 노인은 한마디 변명도 대꾸도 하지 않았고 발길질과 매질을 피하려 하지도 않았다. 그냥 내버려두었다가는 노인의 생명이 위태로울 것 같았다. 김탁은 청년들을 뜯어말리며 자초지종을 물었다.

매질하던 청년 가운데 한 명이 나서서 하는 말이 노인이 우물가에서 물을 길어 머리에 이고 집으로 돌아오는 아낙네를 희롱하였다는 것이다. 김탁은 간신히 흥분한 청년

근대 대유학자요 독립 운동가인 담여 김탁.

들을 흩어 보내 그 노인을 봉변에서 구해냈다. 길바닥에 쓰러진 노인을 일으켜 세우며 김탁은 물었다.

"어디 사는 누구십니까?"

그때 갑자기 노인이 목청을 돋우어 소리쳤다.

"이 미친놈아, 할 일이 없으면 가던 길이나 갈 것이지, 괘씸하구나, 네 이놈, 이 고얀 놈 같으니라고, 남의 일을 제대로 알지도 못하고 어찌 쓸데없는 참견을 하는고?"

김탁은 고맙다는 인사는커녕 도리어 욕설 섞인 호령을 듣게 되니 기가 막히기도 하고 울화가 치밀기도 하였으나 한편으로는 노인이 이상하게 느껴져 눈여겨 바라보았다. 김탁은 순간 노인이 비범한 인물임을 알아보았다.

"아이고, 이거 제가 어른을 몰라뵈어 죄송합니다. 괜찮으시다면 누추하지만 저의 집으로 함께 가시겠습니까?"

노인은 정중한 김탁의 청을 받아들였다. 김탁은 한전동 자신의 집까지 10여 리 들길을 걸으면서 다시 노인에게 물었다.

"어디 사는 누구십니까?"

"어디 사는가는 알 수도 없고 알 필요도 없고, 다만 내 이름은 박난주라 부르고 있소이다."

박난주(朴蘭洲).

난초 란(蘭) 섬 주(洲), 난초섬, 난초가 그윽하게 피어 있는 섬. 경허는 왜 '박난주'라는 이름을 지었을까? 경허가 스스로 이름한 '박난주'의 참뜻은 무엇일까?

박씨 성은 경허의 어머니가 밀양 박씨인 점과 당시 사회와 지역을 생각할 때 자신을 감출 수 있는 적절한 성이라고 판단되어서였을 것이다. 난초(蘭)는 매화 국화 대나무와 더불어 그 고결함과 절개가 군자와 같다는 뜻인 사군자(四君子)의 하나인데, 경허가 비록 저자에 들어가 손을 드리우고 있지만 세간의 번뇌에 물들지 않고 그윽한 정법의 향기를 내뿜는 난초라는 의미는 아닐까. 섬(洲)은 법보주(法寶洲) 즉 진리의 보배섬이란 의미가 아닐까.

세간에 물들지 않는 고결한 난초가 그윽하게 피어 있는 진리의 보배섬이란 뜻의 '난주'라는 이름에 경허가 북녘으로 향한 진실이 그대로 담겨져 있는 것이다. 실로 경허는 아무도 모르는 북녘으로 가서 가난하고 고통받는 민초들의 진리의 보배섬이 되고자 했던 것이다.

장평동 거리에서 있었던 이 일화에서 경허는 왜 뭇매질을 자초한 것일까? 스스로 생사 속에 들어가 생사 없는 경계를 나투고, 스스로 괴로움 속에 들어가 참된 안락을 수용하니, 범부 중생의 상식으로 어찌 알 수 있겠는가.

마음은 일만 경계를 따라 구르고
구르는 곳마다 실로 능히 그윽하다
흐름을 따라 성품을 인득하면
기쁨도 없고 또한 근심도 없느니라.
心隨萬境轉　轉處實能幽
隨流認得性　無喜亦無憂

선비 박난주를 생불(生佛)로 숭앙하고 지성으로 섬긴 김탁의 아내 박원.

경허와 법담(法談)을 나누며 집에 돌아온 김탁은 그에게 완전히 매료되어 정성을 다하여 모셨다. 그날 이후 경허는 선비 박난주 또는 박 진사로 불리면서 얼마 동안 김탁의 집에 머무르게 되었다.

김탁의 아내 박씨(朴源, 1879~1949)의 정성스러운 시중을 받으며 경허는 그들과 한가족처럼 허물없이 지냈다. 어느 날 경허는 김탁의 아내 박씨에게 다음과 같이 말했다고 전해진다.

"계수님은 장차 충청도 수덕사 근처 보령에서 영원히 사시게 될 겁니다."

아무 연고도 없는 충청도로 가서 살게 될 것이라는 경허의 말을 들은 김탁과 부인 박씨는 의아스러움을 감추지 못했다. 그러나 경허의 예언대로 부인 박씨는 1944년(甲申) 장손 김형극(金瀅極, 1919~)을 비롯한 자손들을 데리고 월남하여 충남 보령에서 살다가 1949년(己丑) 그곳에서 임종을 맞이했다.

선비 박난주의 소문을 들은 마을 사람들의 간곡한 요청으로 경

보령 오서산에 있는 김
탁의 아내 박원의 산
소. 경허는 40여 년 후
의 일을 다 알고 있었
으니, 범부 중생의 견
해로는 도저히 짐작조
차 할 수 없는 일이다.

허는 서당을 개설하여 마을 아이들을 가르치기 시작한다.

　1868년 23세 때 대중들의 요청으로 동학사에서 개강하여 젊
은 대강사로서 학인들의 눈을 열어주었던 경허가 1905년 60세
때는 강계 김탁의 집에서 마을 사람들의 요청으로 서당을 개설
하여 배울 기회조차 없어 까막눈이 되어버린 아이들의 눈을 열
어주게 되었으니, 경허의 한없는 자비심을 어찌 헤아릴 수 있으
리요.

　서당을 개설한 경허는 아이들을 가르치는 한편 김탁을 비롯한
여러 선비들과 각별한 인연을 맺게 된다. 간화선을 대성한 송대
의 대혜종고 선사가 당시 거사불교에 지대한 영향을 미친 것처럼
경허도 김탁을 비롯한 여러 선비들과 때로 술잔을 기울이며 때로
시를 읊으며 불법의 깊은 지혜를 열어준다.

　마치 아름다운 꽃은 사람을 부르지 않지만 그 밑에는 저절로
길이 나듯이, 당시 경허의 서당에는 김탁을 비롯한 김소산(金小
山), 오하천(吳荷川), 최문화(崔文華), 이여성(李汝盛), 김유근
(金有根), 강봉헌(姜鳳軒), 한학순(韓鶴淳), 장사윤(張士允), 김

수장(金水長) 등 수십 명의 선비들과 우국지사들 그리고 수많은
서민 대중들이 모여 경허의 가르침을 받았다. 이들 가운데 특히
담여 김탁과의 인연은 각별하여 경허는 김탁을 위해 세 편의 시
를 짓기도 했다.

김담여에게 화답하다

......
가련타 고향이 하늘가에 아득한데
감회에 젖음은 청명절을 변방에서 보내는 것
동풍이 불어 꽃은 나무에 만발하니
원컨대 항아리의 술도 저 강물처럼 괴였으면.
堪憐桑梓天涯遠 又感淸明塞外過
如得東風花滿樹 願酤樽酒若江波 [26)

이 무렵 경허는 북녘의 선비들과 영변·희천·강계·위원·장
진 일대의 명승지를 두루 돌아다니면서 수많은 주옥같은 시를 남
긴다. 강계의 오남사(午南寺)·자북사(子北寺)와 같은 사찰, 인
풍루(仁風樓)·북문루(北門樓)·남문루(南門樓)·동문루(東門
樓)와 같은 누각, 육삼정(六三亭)·소산원정(小山園亭)·망미정
(望美亭)·거연정(居然亭)·면가정(眄柯亭) 같은 정자들을 유력
하면서 때로는 산하 대지와 하나된 무심경계를 읊기도 하고 때로
는 나그네의 향수를 달래는 시를 읊기도 하고 또 때로는 쓰러져
가는 나라를 걱정하는 시를 읊기도 했다.
　경허가 남긴 수백 편의 시 가운데 특히 나라의 장래를 걱정하

는 많은 시들을 통해 경허의 우국충정을 엿볼 수 있다.

......

고향을 그리워하다 귀밑털이 더욱 희어졌고
나라를 걱정하는 마음 늙을수록 붉어지네.
懷家雙鬢秋增白 憂國寸心老益丹[27]

......

병들고 술 취해서 나라 걱정 잊는가 했더니
신선 찾던 이곳도 또한 나라일세
조촐한 도시락과 담박한 나물로 위안 삼으며
서울을 잊고자 하는 옛 마음 그대로일세.

病酒伊來將忘國 訪仙是處更爲邦
淸簞淡蔬堪足慰 欲忘京洛舊心腔[28]

......

흉년 생각에 맛난 음식도 삼키기 어렵고
나라 걱정에 등나무로 만든 평상에 누워도 편치 않구나.

念荒玉食呑難下 憂國藤床臥未平[29]

이 무렵 강계에서 있었던 일화이다.

어느 날 경허는 비로관(毘盧冠 : 중이 쓰는 관의 일종)을 크게 만들어 머리에 쓰고 검은 장삼을 걸치고 저잣거리를 지나고 있었다. 짚신도 신지 않은 맨발에 한 손에는 담뱃대를 들고 다른 한 손에는 시뻘건 고기를 매단 주장자를 들고서 성큼성큼 걸어가고 있었다.

그때 마침 순찰을 돌던 헌병 두 사람이 괴이한 행색을 한 경허를 산적의 괴수쯤으로 의심하고 다짜고짜 경허를 체포한 뒤 결박하고는 경찰서로 끌고가려 하였다.

육척장신에다 거구인 경허는 그대로 땅바닥에 주저앉아서 말했다.

"이놈들아, 그러면 너희들이 나를 메고 가라."

하는 수 없이 두 사람은 장목을 구해 와서 경허의 양 다리와 두 팔을 밧줄로 꽁꽁 잡아매고 팔다리 사이에 장목을 질러넣어 들쳐 멨다. 두 사람이 땀을 뻘뻘 흘리며 경찰서로 압송해 가는데 장목에 매달린 경허는 통쾌하게 웃으며 말했다.

"그래도 내가 어지간한가 보구나! 하하하."

화가 난 두 사람이 퉁명스럽게 물었다.

"여보! 영감, 그게 무슨 소리요?"

경허는 한바탕 웃으며 대답했다.

"너희들이 나를 이렇게 메고 가야지 내 발로 걸어갈 수야 있겠느냐, 이놈들아! 하하하."

더욱 화가 난 두 사람은 경허를 내려놓고 손발을 꽁꽁 묶었던 밧줄을 풀어놓으며 말했다.

"그럼, 걸어갑시다."

두 사람은 경허의 발길을 재촉하였다. 경허는 한참 가다가 다시 껄껄 웃으면서 말했다.

"그래도 내가 어지간하구나. 이놈들아, 내가 내 발로 걸어가야지 너희들에게 메어 가서야 어디 되겠느냐? 하하하."

잡혀온 경허를 독립군이나 산적 두목쯤으로 여긴 일본 헌병대장은 직접 취조에 나섰다. 죽도록 얻어맞으면서도 경허는 한마디 변명도 한마디 항의도 하지 않았다. 아무 말 없던 경허는 마침내 붓과 종이를 청하여 일필휘지(一筆揮之)하였다.

"제행무상 시생멸법(諸行無常 是生滅法)."

헌병대장은 경허가 단숨에 써내린 글의 깊은 뜻은 알 수 없었지만, 큰 도인임을 알아보고 큰절을 하며 말했다.

"도사님, 죽을 죄를 지었습니다. 미처 알아보지 못했습니다."

헌병 대장은 사죄를 하며 경허를 극진히 대접하였다고 전해진다. 나라의 운명이 풍전등화처럼 위태로운 때에 경허가 비로관을 만들어 쓰고 검은 장삼을 입고 짚신도 신지 않은 맨발로 저잣거리를 돌아다닌 참뜻은 무엇일까?

한마음 늘 깨끗하면
곳곳마다 연꽃 피리라.
―一心常淸淨 處處蓮華開

경허는 1904년 가을 무렵 안변 석왕사에서 오백 나한 개분불사를 증명한 뒤 화광동진의 대장정에 들어가는데, 이미 경허는 기울어져가는 국운을 예견하고 있었다. 그 다음해 1905년 11월 을사조약이 체결되어 우리나라의 외교권을 완전히 박탈당했고, 그로부터 5년 뒤 1910년 8월 한일합병조약이 체결되어 일본의 가혹한 식민통치가 시작된다.

혹자는 '당대 최고의 선지식인 경허가 나라가 풍전등화처럼 위태로운데도 아무런 역사의식 없이 홀로 자취를 감추고 시정주화(詩情酒話)에만 젖어 있어야 했는가?'라고 비난한다. 그러나 이는 불법의 오묘하고 깊은 이치를 알지 못하고 근본인 뿌리를 외면하고 지엽인 잎과 가지만 보기 때문이다.

2500여 년 전에 붓다의 고국인 카필라국(Kapilavastu)이 코살라국(Kosala)에 의해서 멸망할 때 여래십력(如來十力 : 여래만이 갖춘 열 가지 지혜의 힘)과 육신통(六神通)을 구족한 붓다는 과연 어떻게 대처했는가? 부처와 조사는 항상 근원으로 돌아가서 그 근원을 치료하여 질곡과 고통의 역사를 해탈과 행복의 역사로 창조해 나간다.

모든 일이 인과의 법칙을 벗어나지는 않으니 콩 심은 데 콩 나고 팥 심은 데 팥 나는 것은 우주의 철칙이다. 인과의 법칙은 털 끝만치도 어김이 없으니, 부처님도 결정된 업(定業)은 면하기 어려운 것이다.

전생 일을 알고자 하면
금생에 받는 것이 그것이요
내생 일을 알고자 하면
금생에 짓는 것이 그것이다.
欲知前生事 今生受者是
欲知來生事 今生作者是

그러나 인과의 법칙을 국집해서 숙명론이나 운명론에 떨어진 사람은 어리석은 사람이고, 인과의 법칙을 부정해서 방종한 삶을 사는 사람은 삿된 사람이다. 인과의 법칙을 인정하지만 동시에 인과의 법칙을 초월해야 지혜로운 사람인 것이다. 그러면 부처와 조사도 인과에 떨어지는가? 백장회해(百丈懷海, 749~814) 선사와 보조지눌은 다만 인과에 어둡지 않다고 설파했다.

"많이 수행한 사람도 인과에 떨어집니까, 떨어지지 않습니까?"

"인과에 어둡지 않느니라." [30]

진심은 베풀어서 작용할 때가 있지만 경계를 따라 생기는 것이 아니라, 다만 묘한 작용으로 유희하여 인과에 어둡지 않을 뿐이니라. [31]

부처와 조사는 인과에 떨어지지 않는 것(不落因果)이 아니라 인과에 어둡지 않은 것이다(不昧因果). 설사 인과를 받더라도 인과를 받은 바 없이 받으며, 항상 중생의 공업(共業 : 여러 사람이 공동으로 받는 과보의 원인이 되는 업으로 예컨대 국가나 산하대지 등이다)과 불공업(不共業 : 개개인이 받는 과보의 원인이 되는 업으로 예컨대 개인의 신체 등이다)을 훤히 알아서 교화 제도하며, 중생들의 공업으로 이루어진 예토(穢土 : 생사번뇌의 중생 세계)를 정토(淨土 : 청정한 부처의 세계)로 만들어가는 것이다.

정토는 모두 여래의 원행(願行)으로 이루어진 것이요 ……
예토는 오직 중생들의 공업(共業)으로 이루어진 것이다. [32]

부처와 조사는 인과를 훤히 알기 때문에 일체 중생을 대신해서 모든 죄를 참회하고 일체 중생을 위해 기도하며, 일체 중생을 부처님처럼 섬긴다. 따라서 설사 가장 중한 죄인일지라도 가장 존중하며 설사 원수라도 부모와 같이 섬긴다. 여기에 불법의 깊은 이치가 있는 것이다.

우리나라의 국운과 한민족의 장래를 훤히 알고 있었던 경허가 스스로 수인(囚人)이 되어 유형지인 함경도 삼수 갑산으로 향한 근본 뜻은 화광동진에 있었지만 한편으로 한민족의 공업(共業)을 홀로 지고자 했던 게 아닐까?

중생들이 쌓아온 나쁜 업으로 말미암아 받게 되는 모든 무거운 괴로움의 과보를 내가 다 대신 받으며, 그 중생들이 모두 다 해탈을 얻고 마침내 위없는 깨침을 이루도록 하는 것이니라.[33]

한민족의 공업과 불공업을 꿰뚫어보고 있었던 경허는 당시 참담한 정치·경제적 상황에서 경성으로 나가 한 시대를 바로잡는 일보다 위없는 바른 깨침과 부처의 삶을 통해 온전한 붓다의 정신과 대승불교의 진면목 그리고 선불교의 골수를 화광동진의 삶, 이류중행의 대장정으로 드러내어 천고만대에 참사람의 모범과 참부처의 표준을 제시하는 것이 그 자신의 역사적 초역사적 사명임을 철저히 자각하고 있었던 것은 아닐까?

인과의 법칙에 어두운 범부 중생들로서는 도저히 짐작할 수도 없는 일이지만, 경허는 한민족의 무량겁 죄업을 홀로 지고 가고자 했다. 또한 얼어붙은 땅 북녘에서 수많은 연꽃을 피워내는 한편 민족의 미래를 열어갈 아이들의 눈을 열어주기 위해 서당을 개설했던 것이다.

경허는 일제 치하에 짓밟혀 신음하는 동포들과 나라 망한 줄도 모르고 피리 불고 노래하는 아이들을 보았다. 아픈 역사를 희망의 역사로 바꾸기 위해서는 미래 역사의 주체들인 아이들을 가르쳐야겠다고 생각한다.

　　……

목동은 나라 망한 한 알지 못하고

퉁소 불고 북 치며 노래하는 소리 온 마을을 울리네.

　牧童不識邦家恨　簫鼓杵謠響里門 [34]

　강계 김탁의 집에서 얼마 동안 머무르며 인연 따라 중생을 교
화제도하며 서당을 개설하여 아이들까지도 글과 불법을 알게 하
였던 경허는 다시 북녘으로 향한다. 강계를 떠나 아득령을 넘어
갑산으로 향하면서 시 한 수를 읊는다.

　　인간은 어찌 금을 귀하다고 쌓아놓는가

　　좋은 것은 맑고 한가로운 물질 밖 삶인 것을

　　소나무 잣나무 천길 골짜기 자세히 바라보니

　　안개와 놀이 점점 피어올라 만길이나 뻗치어 있구나

　　기이한 꽃들은 청춘색이 변하지 않았고

　　이상한 새들은 서로 태고의 소리를 전하네

　　흰머리 늘어뜨린 티끌에 물든 이들

　　어찌 능히 이런 곳에 깃들여서 몸과 마음 고요히 하겠는가.

　人間何貴積南金　好是淸閑物外襟

　細看松栢深千谷　漸上煙霞亘萬尋

　奇花不變靑春色　怪鳥相傳太古音

　垂白長爲塵臼客　那能捿此靜身心 [35]

　아득령을 넘고 장진을 거쳐 갑산에 도착한 경허는 그곳 웅이방
(熊耳坊) 도하동(道下洞)에서 서당을 개설한다. 갑산 일대의 아

이들을 가르치는 한편 거리에서 장터에서 서민 대중들과 술잔을 기울이고 노래하며 불법을 깨우쳐주었다.

누가 '술이 있으면 신선을 배우고 술이 없으면 부처를 배운다'(有酒學仙 無酒學佛)라고 노래했던가. 경허는 술이 있으면 불법을 가르치고 술이 없으면 유학을 가르쳤거늘(有酒教佛 無酒教儒).

> 인간도 아니요 신선도 아닐세
> 산을 갈고 달 낚으며 세월을 보내네.[36]

거리 장터에서 노닐며 서민 대중을 교화하고 서당을 개설하여 아이들을 깨우치며 선비들과 어울리며 불법의 오묘한 가르침을 설해주는 등 경허의 중생 교화 방편들은 유마거사의 불가사의하고 자유자재한 방편행과 조금도 다름없이 일치하고 있다. 실로 북녘에서 그의 삶은 『유마경』의 온전한 구현이었다 해도 과언이 아니다.

> 장기 바둑 두는 곳에 이르러서도 사람을 제도하며, 모든 이교(異教)와 외도(外道)를 받아들이더라도 바른 믿음을 허물어뜨리지 않으며, 비록 세간의 서적에 밝으나 불법을 항상 좋아하며, …… 모든 네거리에 노닐면서 중생을 이익되게 하며, …… 강론하는 곳에 들어가서 대승으로 인도하며, 여러 학당에 들어가서 아이들을 깨우치며, 음탕한 집에 들어가서 음욕의 허물을 보여주며, 술집에 들어가서도 능히 그 뜻을 세운다. 장자(長者)들과 있으면 장자들 중 웃어른으로 수승한 법을 설해주며, 거사들과 있으면 거사들 중 웃어른으로 그들의 탐욕과

집착을 끊게 하며, …… 장자 유마힐은 이와 같이 무량한 방편으로 중생을 이익되게 하였다.[37)]

경허는 스스로 박난주라 이름하였다. 머리를 기르고 선비의 옷차림으로 거리에서 장터에서 그들의 언어와 몸짓으로 살아가며 교화 제도하는 한편 홀로 있을 때는 고요히 선정에 들어 끝없이 닦되 닦음이 없이 닦는 참수행자의 모습을 보여준다.

> 좌선하는 데 작은 창문 방해로울 게 없어
> 맑고 시원하도다. 봄강물 소리 기꺼이 듣노라니
> 한 단지 술로 푸른 산을 대하고
> 천리 돌아가는 길에 백발만 날리네.
> 打坐何妨有小窓 淸冷也喜聽春江
> 一樽相對靑山萬 千里歸來白髮雙[38)]

또한 경허는 때로 선비의 차림으로 때로 서민의 옷차림으로 묻혀 지냈지만 홀로 있을 때는 가벼이 가사 장삼을 입어보며 감회에 젖었으니, 그의 삶이 결코 세간과 출세간에 머문 것이 아니라 출출세간에 있었음을 보여주는 것이다.

> 새 문화나 구식이 둘 다 미천한 것에 의지한 것이라
> 통음하여 한 번 잊으니 옳기도 하고 혹 그르기도 하구나
> 목 마르던 창자에 훈훈히 술기운 도니
> 야윈 겨드랑이에 날개 돋혀 날을 것 같구나
> 상한 마음 병이 들어 어느덧 늙었는데

기쁘다, 영묘한 싹 비를 맞아 살찌네

누가 내 주머니 속에 보배비결 감추어진 것을 알랴

어떤 때에는 가벼이 가사 장삼 입어보노라.

新文舊式兩依微　痛飮一忘是或非

渴腸堪止輪輪轉　瘦腋怳如翼翼飛

爲傷病檪經霜老　也喜靈芽得雨肥

誰識囊中藏寶訣　有時輕着六銖衣[39]

　경허는 부처와 중생, 진(眞)과 속(俗), 출세간과 세간 등 일체의 벽을 허물어 버리고 부처와 중생이 조금도 차별이 없으며 진과 속, 출세간과 세간이 원융무애함을 역설하고 온몸으로 실천했던 것이다.

　1300여 년 전에 원효도 『대승기신론별기』(大乘起信論別記)에서 진·속이 평등함을 밝히고, 『금강삼매경론』(金剛三昧經論)에서는 『금강삼매경』의 대의(大意)를 서술하면서 진·속이 원융무애함을 천명하고, 화광동진의 삶을 온몸으로 보여주었다.

　염·정(染淨)이 원융하므로 진·속이 평등하다.[40]

　무릇 한마음의 근원은 유·무를 떠나서 홀로 청정하며, 삼공(三空 : 我空·法空·俱空)의 바다는 진·속을 융합하여 담연(淡然)하다.

　담연하므로 둘을 융합하였으나 하나가 아니며, 홀로 청정하므로 양변을 떠났으나 중간도 아니다. 중간이 아니지만 양변을 떠났으므로 유가 아닌 법이 곧 무에 머물지 않고, 무가 아닌 모

양(相)이 곧 유에 머물지 않는다. 하나가 아니나 둘을 융합하였
으므로 진이 아닌 사(事)가 속이 아니며, 속이 아닌 이(理)가
진이 아니다. 둘을 융합하였으나 하나가 아니므로 진·속의 성
(性)이 성립하지 않음이 없고, 염·정의 모양이 갖추어지지 않
음이 없다.[41]

참으로 위없는 바른 깨침을 얻었다면 어찌 진과 속, 출세간과
세간이라는 차별상이 남아 있겠는가? 참으로 불조의 경지에 이르
렀다면 어찌 불조의 삶을 살지 않을 수 있겠는가? 이러한 의미에
서 원효와 경허는 깨침과 삶이 온전히 하나된 위대한 고승이자
영원한 인류의 스승인 것이다.

육조혜능은 삿된 견해가 세간이며 바른 견해가 출세간이니 삿
됨과 바름을 다 물리치는 것이 바로 단박 깨치는 가르침이며 대
승임을 역설하고 있다.

> 법은 원래 세간에 있어서
> 세간에서 세간을 벗어나나니
> 세간을 떠나지 말며
> 밖에서 출세간의 법을 구하지 말라.
> 삿된 견해가 세간이요
> 바른 견해는 세간을 벗어남이니
> 삿됨과 바름을 다 쳐 물리치면
> 보리의 성품이 완연하리로다.
> 이는 다만 단박 깨치는 가르침이며
> 또한 대승이라 이름하나니

미혹하면 수많은 세월을 지나나

깨치면 잠깐 사이로다.[42)]

 간화선을 대성한 대혜종고도 "세간법이 바로 불법이요 불법이
바로 세간법이다"[43)]라고 천명하고 있으며, 만공도 "세간법과 불
법이 둘이 아니요 부처와 중생이 하나니, 이 불이법을 증득해야
참인간이 되나니라"[44)]라고 가르치고, "참사람이 된다면 속이 곧
진이요 진이 곧 속이라 진·속이 둘이 아닐 것입니다"[45)]라고 단
언하고 있다.

 경허도 일찍이 천장암에서 「오도가」를 부르고 난 후 어느 날
읊은 시에서 세속과 청산, 세간과 출세간, 속과 진이 둘이 아님
을 노래하여 진속불이(眞俗不二)를 천명하고 있다.

 세속과 청산 어느 것이 옳은가

 봄이 오니 성마다 꽃피지 않은 곳이 없다네.

 누군가 성우(惺牛)의 일을 묻는다면

 돌계집 마음속 겁 밖의 노래라 하리라.

 이 노래를 부르고 드디어 주장자를 꺾어 문 밖으로 던져버리고
훌훌 털고 산을 내려와서 빈 배처럼 떠돌며 인연따라 중생을 제
도하기 시작했으니, '성우의 일'이 바로 일없는 가운데 무한한
일, 즉 화광동진임을 암시하고 있다.

 세간과 출세간, 속과 진이 본래 둘이 아니나 세간에 집착하는
세속인의 병을 치유하기 위해 출세간법을 설하고, 출세간에 집착
하는 출가인의 병을 치유하기 위해 다시 출출세간법을 설하는 것

이다. 세간과 출세간, 속과 진을 다 놓아버리고 출출세간의 삶,
화광동진의 삶을 온몸으로 살아가야 실로 참사람(眞人), 참부처
(眞佛)라 할 것이다.

대도와 하나된 참사람, 참부처가 어찌 중생을 멀리 하겠는가?
도가 사람을 멀리하는 것이 아니라 사람이 도를 멀리하고(道不遠
人人遠道) 산이 세속을 떠난 것이 아니라 세속이 산을 떠났으니
(山不離俗俗離山), 실로 대도는 사람을 멀리 하지 않는 것이다(大
道不遠人). 경허는 희천 두첩사를 지나며 이러한 이치를 시로 읊
고 있다.

> 무생의 한 곡조 노래를 부르니
> 대천세계에 금물결이 이는구나
> 대도는 사람을 멀리하지 않는다고 누가 말했나
> 뭐라 해도 뜬세상 꿈인 걸 어이하리
> 온종일 산빛은 맑게 비쳐 오고
> 먼 마을 숲 그림자 어지러이 언덕에 이어져 있구나
> 물건마다 다 진면목이니
> 수컷 암컷 부처 마군은 가려서 무엇하리.
>
> 唱出无生一曲歌　大千沙界湧金波
> 雖云大道不人遠　其奈浮生如夢何
> 永日山光淸入座　遙村林影亂連坡
> 拈來物物皆眞面　何必雌黃辨佛魔 [46]

이러한 진속불이, 진속원융무애(眞俗圓融無碍)의 이치들이
경허의 화광동진 속에 그대로 드러나고 있다. 진속이제중도(眞

경허의 이류중행의 대
장정은 '저 낮은 곳을
향하여' 핀 연꽃이 아
닐까.

俗二諦中道)를 통달한 경허가 비록 머리를 기르고 선비의 옷차림으로 티끌세상에 묻혀 중생들과 함께 살았지만 티끌세상에 물듦 없었으니, 그의 화광동진은 중생을 교화 제도하기 위한 불보살의 삶이었으며, 그의 무애행은 불가사의한 방편행이었던 것이다.

불보살의 삶과 불가사의한 방편행으로 출가 수행자는 물론 서민 아이들까지도 불법으로 인도하니 한반도 마을마다 거리마다 경허의 교화가 미치지 않은 곳이 없었다. 경허의 삶은 세간을 떠나되 출세간에 머물지 않고 출세간을 떠나되 세간에 머물지도 않는 출출세간의 삶이었고 더러운 진흙 속에 핀 향기로운 연꽃이었다.

어디를 가나 걸림이 없고 시방법계를 꿰뚫어 삼계에 자유자재하니, 온갖 차별된 경계에 들어가도 휘말리지 않는다. ……
어느 국토를 가든지 거기에 노닐면서 중생을 교화하나, 단 한
번도 일념(一念)을 떠난 적 없고 곳곳마다 청정하여 시방법계
에 빛이 사무치니, 만법이 한결같다.[47]

"말세가 되면 참 중은 들로 내려오고, 거짓 중은 산으로 들어
간다"(眞僧下野 假僧入山)라고 한 참뜻도 경허의 이류중행의 대
장정 '저 낮은 곳을 향하여'란 메시지 속에서 읽어낼 수 있지 않
을까?

연꽃이 물에 젖지 아니하듯 해와 달이 허공에 머물지 아니하듯
티끌세상을 두루 돌아다니며 뭇삶을 해탈의 길로 이끌어 들인 경
허의 삶에서 우리의 제2화두 즉 삶과 역사에 대한 화두를 풀어갈
실마리를 발견하게 된다. 화광동진의 삶, 중생의, 중생에 의한,
중생을 위한 삶, 저 낮은 곳을 향한 삶에서 진정 우리가 지향해
야 할 삶을 찾게 된다.

경허의 한글 친필. 한
획 한 획에 저 낮은 곳
을 향한 대자비가 강물
처럼 흐른다.

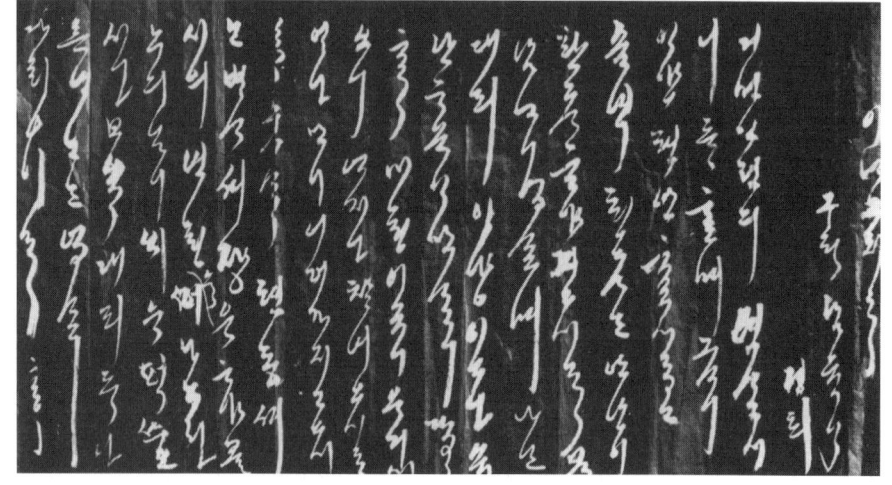

해가 허공에 자리하듯이
연꽃이 물에 젖지 아니하듯이
시방세계를 두루 돌아다니며
모든 중생을 교화하고
악도(惡道)의 괴로움을 없애어
보살행을 구족하리라.[48]

　우리는 경허의 불성과 공성에 대한 철저한 깨침에서 제1화두
즉 인간과 우주의 본질과 그 실상에 대한 화두를 풀어갈 실마리
를 발견했고, 이제 경허의 깨친 이후 화광동진의 삶, 이류중행의
대장정에서 제2화두를 풀어갈 열쇠를 발견했다.

제1화두 : 존재의 본질과 그 실상
　　　　　→ 경허의 깨침 = 불성(佛性) · 공성(空性)
　　　　　→ 참사람(眞人)
제2화두 : 삶과 역사
　　　　　→ 경허의 삶 = 영원한 진리 · 크나큰 자유의 삶,
　　　　　　대해탈의 역사
　　　　　→ 참삶(眞生)

　위없는 바른 깨침과 부처의 삶 · 해탈의 역사가 둘이 아니니,
위없는 바른 깨침 없이는 부처의 삶과 해탈의 역사가 있을 수가
없고 부처의 삶과 해탈의 역사가 없이는 위없는 바른 깨침을 얻
었다고 할 수가 없다. 왜냐하면 위없는 바른 깨침을 얻었다면 부
처의 삶을 살지 않을 수가 없으며, 부처의 삶을 살지 않는다면

이미 바른 깨침이 아니기 때문이다.

요컨대 존재의 본질과 그 실상인 불성·공성을 철저히 깨쳐야 참사람 참부처가 될 수 있고, 참사람이 되어야 영원한 진리의 삶·크나큰 자유의 삶·대해탈의 역사를 일구어내는 참삶, 큰삶을 살 수 있는 것이다.

열반

여래란 어디로부터 온 바도 없으며
또한 가는 바도 없으므로
여래라 이름하느니라.
如來者 無所從來
亦無所去 故名如來[1]

1. 짚신 한 켤레마저 거두어 갔네

"스님께서 이제 가신다면 언제 다시 돌아오십니까?"
"잎이 떨어져 뿌리로 돌아가니 올 때는 입이 없느니라."[2]

경허가 강계 갑산 등 북녘에서 빈 배처럼 떠돌며 인연 따라
중생을 교화 제도하는 동안 김탁의 가족은 물론 아무도 경허가
누구인가를 전혀 알지 못했다. 사람들은 선비 박난주의 깊은 학
식과 뛰어난 문장, 범상치 않은 몸가짐으로 보아 비범한 인물로
짐작하고 있을 뿐이었다. 철저히 자신을 숨기고 티끌세상에 묻
혀 불보살의 삶을 살았으니, 그가 곧 산 부처임을 누가 능히 알
았으리요.
『중용』에서 "군자는 중용에 의지하여 세상에 숨겨져 알아주지

않는다 하더라도 후회하지 않는 것이니, 오직 성인만이 그렇게 할 수 있다"³⁾고 하지 않았던가.

> 문득 창 밖에 두견새 우는 소리를 들으니
> 눈에 가득한 봄산이 다 고향이로구나.
>
> 忽聞杜宇啼窓外 滿眼春山盡故鄕

경허의 신분은 짚세기 선사 수월에 의해 밝혀지게 된다. 경허가 갑산 웅이방 도하동에서 서당을 개설하여 코흘리개 아이들을 깨우치는 한편 거리에서 장터에서 서민 대중들과 술잔을 기울이고 노래하며 불법으로 인도하던 무렵, 경허의 맏제자인 수월이 묘향산 보현사(普賢寺)를 떠나 강계를 거쳐 북간도로 가는 도중에 마을 사람들로부터 경허의 소문을 전해 듣게 되었다.

수월은 1887년 33세 때에 천수대비주삼매를 얻은 이후 천장암을 떠나 금강산과 지리산을 바람처럼 떠돌며 납자들의 눈을 열어 주다가, 1907년 오대산 상원사(上院寺)에서 잠시 머물다가 묘향산으로 들어가 보현사 중비로암(中毘盧庵)에서 3년 동안 머물렀다. 1910년 중비로암을 떠나 강계 자북사(子北寺)에서 얼마 동안 지내게 된다. 자북사는 경허가 선비들과 함께 찾아가 시를 읊은 사찰이기도 하다.

> 여러 벗들과 자북사에 올라
>
> 늙어서 쇠약해도 괴롭게 산에 오름은
> 다만 신선과 옥난간에서 노니는 인연 때문이네

머나먼 변방에 시 짓는 것 보고 그대가 학인가 했고
향산의 결사를 찾음은 내 또한 중인 때문일세
사바세계 중생 그 누가 꿈을 깨었나
천 강에 달이 비치니 가히 법등을 전할 만하네
이제 이 나라 염천의 여름이니
원컨대 자비의 구름 곳곳마다 펼쳐지이다.

衰老於山轉苦登　只緣仙客玉欄憑

留詩遼塞君疑鶴　尋社香山我亦僧

下界塵生誰悟夢　千江印月可傳燈

而今鰈域如炎夏　有願慈雲處處凝[4]

경허의 맏제자인 수월
이 머문 묘향산 보현사.

수월은 강계 땅을 탁발을 하며 떠돌다가 우연히 마을 사람들로부터 경허의 소문을 듣게 되었다. 기골이 장대한 체구에 수염을 기르고 선비의 차림으로 강계·위원·장진·갑산 등 관서와 관북은 물론 국경을 넘어 만주 지방을 바람처럼 떠도는 비범한 도인이 있다는 소문을 듣는 순간, 수월은 직감으로 그 소문의 주인공이 다름아닌 스승 경허임을 알아차렸다.

경허가 김탁의 집에 얼마 동안 머물렀다는 사실을 전해들은 수월은 곧바로 김탁의 집을 찾아가서 경허가 갑산 웅이방 도하동에서 서당을 개설하여 아이들을 가르치고 있다는 사실을 확인하였다.

수월은 다시 강계를 떠나 아득령을 넘어 여러 날을 걸어서 경허가 머물고 있는 도하동 서당을 찾아갔다. 해질 무렵에 서당에 도착하여 섬돌 위에 가지런히 놓인 짚신을 보자 수월은 스승 경허의 짚신임을 알아보고 뜨거운 눈물이 솟구쳐 올랐다.

천장암에서 정진하는 틈틈이 스승 경허로부터 짚신 삼는 법을 배웠고, 훗날 북간도에서 수많은 나그네에게 짚신을 삼아주고 주먹밥을 만들어준 짚신 선사 수월이 아닌가. 짚신을 보자마자 스승 경허임을 알아본 수월은 방안에 있는 경허를 불렀다.

"스님, 안녕하십니까?"

방안에서는 대답이 없었다.

"스님, 안에 계시옵니까?"

역시 아무 대답이 없자 수월은 더 크게 경허를 불렀다.

"스님, 안에 계시옵니까?"

그제야 방안에서 대답이 있었다.

"거기 뉘시오?"

"스님, 저 수월입니다."

사랑하는 제자가 애타게 스승을 불렀지만 끝내 방문은 열리지 않았다.

"난 그런 사람 모르오. 사람을 잘못 찾은 듯싶소. 그러니 가던 길이나 계속 가시오."

수월은 스승 경허의 뜻을 알고 더 이상 경허를 부르지 않았다. 수월은 정성을 다해 짚신 한 켤레를 삼아 섬돌 위에 올려놓고 삼 배를 올리고 물러나왔다.

맏제자인 수월이 그토록 애타게 스승을 불렀지만 경허가 끝내 모른다고 한 뜻은 무엇이며, 수월이 섬돌 위에 짚신 한 켤레를 삼아 올린 뜻은 무엇인가?

'모르오'라는 그 한마디를 듣기 위해 천리길을 걸어온 제자에 게 '모르오'라는 그 한마디를 일러준 스승.

'모르오'라는 그 한마디로 대사자후를 한 스승에게 짚신 한 켤 레를 삼아 올린 제자.

'모르오'라는 그 한마디로 제자가 가야 할 길을 바로 일러준 스승과 짚신 한 켤레로 스승의 열반 길을 밝게 비춰준 제자.

홀연히 자취를 감추고 북녘에서 태양과 같은 삶을 살아온 스승 이요, 춥고 배고픈 땅 북간도에서 달과 같은 삶을 살기 위해 천 리길을 걸어가던 제자가 아닌가. 그날 섬돌 위에 놓인 짚신을 비 추던 태양과 달만이 그 뜻을 알 수 있으리라.

슬픔과 기쁨은 한 베개의 꿈이요
만남과 헤어짐은 십 년의 정이로다
말없이 고개를 돌리니
산꼭대기에는 흰구름이 이는구나.[5]

짚신 한 켤레를 삼아 올리고 서당을 떠난 수월은 그후 두 해 남짓 스승 곁을 차마 떠나지 못하고 갑산에서 멀지 않은 회령, 경원, 명천 같은 곳을 떠돌며 지냈다. 스승 경허의 열반이 멀지 않았음을 알고 있었던 수월은 스승의 열반을 기다렸다가 그 소식을 만공과 혜월 등 다른 제자들에게 알려주기 위해서였다.

수월이 떠난 후 경허는 변함없이 서당에서 아이들을 가르치고 저잣거리에서 술잔을 기울이며 서민 대중들을 교화하였다. 그러나 마치 쓰러져가는 나라의 국운과 운명을 같이하듯 경허는 하루가 다르게 쇠약해지기 시작했다.

이 무렵 경허가 쓴 몇 편의 시들은 한결같이 인생의 무상과 병든 노년의 고독을 노래하고 있다. 1911년 한겨울, 묵은 해가 저물어가는 섣달 그믐날 밤에 경허는 홀로 서당에 앉아 「섣달 그믐날 밤」(除夕)이라는 제목으로 시를 한 수 읊는다.

천 갈래 쌓이는 회포 어찌 말로 다 하랴
산은 깊고 눈은 차가운데 쓸쓸한 글방일세
지난해 청명은 강계읍에서 보냈는데
올해 섣달 그믐은 갑산 마을에서 맞는구나
홀연히 고향에는 꿈속에서나 가보았는데
기약도 없는 나그네의 시름 잠시 잊어볼꺼나
창 앞에 등불이 빛나고 사방이 고요한데
이웃집 닭 우는 소리에 쓸쓸히 문에 기대네.
千緒暗懷詎以言 山深雪冷一書軒
去歲淸明江界邑 今年除夕甲山村

俄忽鄉關先入夢 不期旅悒暫忘痕
窓燈耿耿喧譁絶 佇聽隣鷄幾倚門[6]

1912년 4월 초순 무렵, 경허는 갑산을 떠나 백두산으로 향한다. 혜산·보천을 지나 삼지연을 거쳐 백두산 기슭에 도달했다. 아름드리 원시림이 울창하고 고산식물이 무성한 산길을 산새들 산짐승들과 함께 유하주(流霞酒)에 취해 신비롭고 웅장하게 솟아 있는 백두봉에 올랐다. 백두봉에 우뚝 선 경허는 하늘과 땅, 그리고 삼라만상을 흔쾌히 인가하고 껄껄 웃었다. 참으로 대천세

김탁의 손자 무양 김형극(武洋 金瀅極, 1919~). 임정 첩보 36호조 일원으로 민족의 독립에 헌신한 독립운동가요 감여학(堪輿學)의 대가이며, 영원한 산수인(山水人)이다. 그는 필자에게 경허의 이류중행(異類中行)을 입증하는 새로운 자료를 전해주었고, 북녘에서 빚은 연꽃 같은 경허의 삶과 일화를 생생하게 증언해주었으며, 천문·지리의 비경을 열어준 이 시대의 선사(仙師)이다.

계에 세 대장부가 있으니 하늘과 땅 그리고 경허라 할 것이다.

경허가 열반을 앞두고 백두산에 오른 참뜻은 무엇일까? 신선 중의 신선이 경허요, 산 중의 산이 백두산 아닌가. 깨침 그대로 지혜산(智慧山)이요 삶 그대로 자비수(慈悲水)인 경허요, 민족의 성산(聖山)이요 겨레의 성수(聖水) 천지를 담고 있는 백두산이 아닌가. 하늘과 땅 그리고 사람이 하나된 자만이 경허의 참뜻을 알 수 있으리라.

1912년 4월 하순 어느 날, 글방으로 찾아온 김탁에게 경허는 자신이 쓰던 담뱃대와 쌈지를 가리키며 이렇게 말하였다.

"여보게 담여, 내가 죽거든 이 담뱃대와 쌈지를 함께 묻어주시오."

"그 담뱃대와 쌈지가 그토록 소중한 것입니까?"

"훗날 이 담뱃대와 쌈지를 찾는 사람이 있을 것이오."

그 담뱃대와 쌈지는 8년 전 천장암에서 만공에게 전법게를 주
며 후래불법을 부촉하고 북녘으로 향할 때 만공이 스승 경허에게
올린 선물이다.

나와 詩와 담배는
異音 同曲의 三位一體

나와 내 詩魂은
곤곤히 샘솟는 煙氣

끝없는 곡선의 선율을 타고
영원히 푸른 하늘 품속으로
각각 물들여 스며든다.[7]

4월 24일. 울 밑에 앉아 학동들이 풀 뽑는 것을 구경하다가 홀
연히 누워 일어나지 못하며 말하였다.

"내가 매우 피곤하구나."

학동들이 뛰어가 마을 사람들에게 알리자 사람들이 글방으로
모여들었다. 마을 사람들이 경허를 부축하여 방안으로 들어갔다.
먹지도 않고 말도 하지 않고 신음도 하지 않고 다리를 펴고 누워
있던 경허는 그 이튿날 해뜰 무렵 홀연히 일어나 앉아 붓을 잡아
게송을 썼다.

마음달이 외로이 둥그니

빛이 만상을 삼켰도다

빛과 경계를 함께 잊으니

다시 이것이 무슨 물건인고.

心月孤圓　光吞萬像

光境俱忘　復是何物[8]

　열반송을 쓴 후 붓에 듬뿍 먹을 묻히고 게송 밑에다 일원상(一
圓相 : ○)을 그리고 나서 붓을 던지고는 오른쪽으로 누워 입적하
였으니, 1912년 4월 25일 세수 67세 법랍 59세였다.

　경허의 열반송으로 알려져 있는 이 게송은 마조도일의 법을 이
은 반산보적(盤山寶積) 선사의 게송으로『조당집』(祖堂集) 제15
권과『선문염송』(禪門拈頌) 제7권 등에 실려 있다.

　　마음달이 외로이 둥그니

　　빛이 만상을 삼켰도다

　　빛은 경계를 비추지 않고

　　경계 또한 있지 않나니

　　빛과 경계 함께 없으면

　　다시 이것이 무슨 물건인고.[9]

　경허는 생사 없는 열반의 경지를 이 게송으로써 노래하고, '다
시 이것이 무엇인고'라는 물음에 일원상을 그려 스스로 답하고
있다.

　경허가 입적한 날, 글방은 기이한 향내가 가득하여 여러 날이
지나도 흩어지지 않았고, 산이 무너지고 땅이 진동하였으며 해와

달이 그 빛을 잃었다고 한다. 경허의 입적 소식을 들은 마을 사람들은 하늘이 무너지고 땅이 꺼지는 슬픔 속에서 여러 날을 흐느껴 울며 보냈다고 한다.

한암 선사는 스승 경허의 천화(遷化 : 고승의 죽음)에 대해 다음과 같이 비통해하고 있다.

오호라! 슬프도다. 대선지식이 세상에 출현하심은 실로 만겁에 만나기 어려운 일이거늘, 우리가 비록 잠시 친견을 하였으나 오래 모셔 배우지 못했고 귀적(歸寂)하시던 날도 또한 후사를 참례하여 결정하지 못하였으니, 옛 도인의 입멸시와 같이 한을 남겼도다.[10]

김탁과 마을 사람들은 유교식으로 예를 갖추어 장례를 지냈으며 갑산의 난덕산(難德山)에 경허의 시신을 안치했다. 김탁은 경허의 유언대로 관 속에 담뱃대와 쌈지를 함께 넣어 매장하였다. 그리고 경허가 쓰던 유품과 수백 편의 시들을 소중히 간직하였다. 이때 김탁이 소중히 보관한 경허의 유품들과 주옥 같은 시들은 북녘 땅에서 경허의 화광동진을 밝힐 중요한 단서가 되었다.

여기 한 自然兒가
그대로 와서
그대로 살다가
自然으로 돌아갔다.

풀은 푸르라

해는 빛나라
自然 그대로.

이승의 나뭇가지에서 우는 새여.
빛나는 바람을 노래하라.[11]

　경허가 입적한 지 1년 뒤 1913년 여름 어느 날, 경허의 천화
를 알리는 수월의 서신이 수법제자 혜월과 만공이 머물고 있던
예산군 정혜사에 도착했다. 서신의 내용은 스승 경허가 머리를
기르고 선비의 차림을 하고 갑산·강계 등을 내왕하면서 혹은 시
골 서당에서 훈장도 하고 혹은 시장 거리에서 술잔을 기울이기도
하다가 임자년 봄에 갑산 웅이방 도하동 서재에서 입적했다는 것
이었다.
　수월은 스승 경허의 열반 소식을 어떻게 알았을까? 그리고 왜
스승의 열반 소식을 한 해나 지나서 알려야 했을까?
　짚신 한 켤레를 삼아 올리고 글방을 물러나왔으나 스승 곁을
차마 떠나지 못하고 갑산에서 멀지 않은 회령·경원·명천 같은
곳을 떠돌다가 다시 갑산을 찾아갔다가 알게 되었을까. 아니면
미리 부탁해놓은 사람을 통해서 알게 되었을까. 어떤 사람은 수
월이 강계의 김탁을 찾아가 스승이 열반하면 예산 정혜사에 알려
달라는 부탁을 했을 것이라고 한다. 그러나 스승 경허의 뜻을 모
를 리 없는 수월이 김탁에게 경허가 누구인지를 말하고 스승이
열반하면 정혜사에 알려달라는 부탁을 했다고 보기는 어려우며,
한암이 쓴 경허 행장에도 수월의 서신이 정혜사로 왔다고 했을
뿐 김탁에 대한 이야기는 한마디도 없다.

당시의 우편이나 통신, 교통 시설이 열악했기 때문에 수월도 스승 경허의 열반 소식을 몇 달 뒤에야 알게 되었던 것이 아닐까. 수월은 스승의 열반 소식을 듣자마자 바로 갑산으로 달려가 스승이 묻힌 무덤 곁에서 몇날 며칠을 크나큰 슬픔 속에서 보냈을 것이다. 스승의 무덤을 떠나 다시 북녘으로 향하는 길에 수월은 경허의 열반을 알리는 서신을 정혜사로 부치고는 두만강을 건너 춥고 배고픈 땅 북간도로 간다. 그 무렵 아직 열차가 다니지 않았던 삼수 갑산 땅에는 민간 우편 시설이 없었기 때문에 수월은 아마 강계나 단천으로 나와서 정혜사로 서신을 부쳤을 것이다.[12]

북간도에서 20여 년을 머무르며 나라를 잃고 떠돌던 조선 민초들에게 묵묵히 짚신을 삼아 주고 주먹밥을 만들어주며 바람처럼 살아갔으니, 사자는 사자를 낳고 사자의 삶을 살아가는 법.

만공은 수월의 서신을 통해 경허의 열반을 듣고 하염없이 눈물을 흘리며 슬퍼했다. 그리고 스승 경허를 기리며 열반을 추모하는 시 한 수를 읊는다.

착함은 부처를 지나고 악함은 호랑이를 지나던
경허 선사여
천화하여 어느 곳으로 향하셨는가
술에 취해 꽃 같은 얼굴로 누워 계시네.[13]

법제자 만공이 스승 경허에 대해 '착함은 부처를 지나고 악함은 호랑이를 지난다'고 표현한 이 시구야말로 경허의 진면목을 바로 드러내고 있다.

김탁의 친필. 대전에 있는 수운교(水雲敎) 본전 도솔천의 현판.

만공과 혜월은 곧바로 행장을 꾸려 갑산으로 출발했다. 갑산 웅이방 도하동 글방에 도착하여 수소문 끝에 김탁을 만났다. 김탁이 소중히 보관하고 있던 유품을 본 순간 틀림없이 스승 경허임을 확인하였다. 그리고 나서 난덕산에 있는 경허 무덤을 찾아갔다. 만공과 혜월은 풀이 자란 봉분을 무너뜨리고 땅을 파 관을 꺼냈다. 관 속에서 담뱃대와 쌈지가 나와 스승 경허의 시신임을 확인할 수 있었다.

다비식이 거행된 난덕산에는 김탁을 비롯한 많은 선비들과 마을 사람들 그리고 코흘리개 아이들까지 경허를 추모하기 위하여 모여들었다. 만공과 혜월은 경허의 시신을 화장하는 다비식을 거행하였다. 만공은 다비식을 올리며 시 한 수를 읊었다.

예로부터 시비에 여여한 나그네가
난덕산에서 겁외가(劫外歌)를 그쳤네
나귀와 말 태워 다한 이 저문 날에
먹지 않는 소쩍새가 '솥 작다' 한탄하네.[14]

경허의 다비는 날이 저물어서야 끝났다. 온전히 중생을 위해 자신의 삶을 불사른 경허의 육신은 타오르는 불 속에서 한 줌 재로 남았다. 만공과 혜월은 화장한 뼈를 남김없이 수습하여(拾骨) 부순(碎骨) 후 평소 경허가 즐겨 다니던 갑산의 강과 산 그리고 들녘에 골고루 뿌렸다(散骨).

덕숭산 금선대 진영각. 최광익이 그리고 만공이 영찬을 지은 경허의 진영이 봉안되어 있다.

2. 경허는 어디에 있는가

> 올 때는 흰구름과 더불어 왔고
> 갈 때는 밝은 달을 따라갔나니
> 오는 가는 한 주인공이여
> 필경 어느 곳에 있는고.[15]

경허가 열반한 지 24년째 되는 1936년 납월(臘月 : 음력 섣달) 8일 당시 유명한 인물화가였던 설산 최광익(崔光益)이 경허의 진영을 그리고 만공이 「경허법사 영찬」을 지어 덕숭산 금선대(金仙臺) 진영각(眞影閣)에 봉안하였다.

거울이 텅 비었으니 본래 거울조차 없고
소를 깨달았으니 일찍이 소도 아니네
거울조차 없고 소도 아닌 곳곳에서
산 눈 걸림 없이 술과 여자라네.[16]

장신 거구에 머리는 깎고 수염은 길게 기르고 오른손에 주장자를 잡고 가부좌를 하고 붉은 빛깔의 법의를 입은 모습의 진영이다. 하늘과 땅을 덮어버릴 듯한 눈빛에서는 지혜의 검과 자비의 그물이 번득이고, 부처와 조사를 삼켜버릴 듯이 굳게 다문 입에서는 우뢰 같은 침묵이 강물처럼 흐른다.

경허의 진영은 금선대 진영각에 있지만, 경허는 어디에 있는가? 이 질문에 대한 답은 당대(唐代) 황벽희운 선사와 배휴(裵休, 797~870)거사의 문답에 들어 있다.

황벽 선사가 홍주 개원사(開元寺)에 머물고 있을 때 배휴거사가 어느 날 절로 들어오다가 벽화를 보고 그 절 주지스님에게 물었다.

"이것은 무슨 그림입니까?"

"고승들을 그린 그림입니다."

"고승들의 겉모습은 여기에 있지만, 고승들은 어디에 계십니까?"

그 절 주지스님이 아무런 대답을 못하자 배휴가 물었다.

"이곳에 선승은 없습니까?"

"한 분 계십니다."

배휴는 황벽 선사를 청하여 뵙고 여쭈었다.

"고승들은 어디에 계십니까?"

그러자 황벽 선사가 배휴를 불렀다.

"배휴!"

"예!"

"어디에 있는고?"

배휴는 이 말끝에 깨치고 이 기연으로 황벽 선사의 재속제자
(在俗弟子)가 되었다고 한다.

홀연히 한 무사인이 되었으니 이것을
부처라 하나니라. 이 몸을 벗고 가더라도
가고오기를 자재하야 죽고살기를 제마음대로
임의로 하야 죽는 사람 같지 않고 무심무사
심상하니 세상사람 생각하면 신음 고통
불쌍하다 도인이라 하는 이는 몸뚱이는
죽더라도 불생불멸 이 마음이 천상인간
자재유희 소요쾌락 한이 없네.[17]

부처와 조사의 경지에서는 나고 죽음, 오고감이 본래 없으며
중생을 제도하기 위해서 방편으로 열반을 나타낼 뿐이다. 부처와
조사가 탄생한 것도 중생을 위함이요 열반에 든 것도 중생을 위
함이니, 중생에게 무상법(無常法)을 깨우쳐서 대각(大覺)의 길로
인도하기 위한 방편인 것이다. 부처와 조사가 열반에 든 것은 구
멍 없는 젓대를 불며 삼계에 소요자재하는 모습이며 생사 없는
도리를 그대로 보이신 것이다.

경허의 허망한 색신(色身)은 흙과 물과 불과 바람으로 돌아갔
지만, 영원한 법신(法身)은 상주불멸하여 언제나 대사자후를 하
고 있는 것이다.

중생을 제도하기 위하여
방편으로 열반을 나타내지만
실제는 내가 죽지 않고
항상 여기서 법을 설한다.

爲度衆生故　方便現涅槃
而實不滅度　常住此說法

경허의 길과 21세기의 길

자신을 섬(등불)으로 삼아 머무르고
자신을 의지처로 삼아 머물러라.
진리를 섬(등불)으로 삼아 머무르고
진리를 의지처로 삼아 머물러라.
住於自洲 住於自依
住於法洲 住於法依[1]

인류는 도도한 역사의 물결 속에서 제1의 물결인 농경혁명과
제2의 물결인 산업혁명을 경험했고, 20세기 말에 거대한 제3의
물결인 정보혁명을 목도하고 있다. 그리고 인류가 지금 경험하고
있는 정보혁명이 완성되면, 미지의 21세기에 밀려올 제4의 물결
은 인류의 크나큰 삶의 혁명인 존재혁명일 것이다.

과연 이 문명사적 대전환의 시대에 참인간 참삶의 길로, 중생
해탈과 역사해탈의 길로 우리를 인도할 손가락과 뗏목은 무엇인
가? 세계의 지성인들은 현대를 풍미하고 있는 포스트모더니즘이
나 해체주의는 전환기의 문제를 해결할 수 있는 새로운 방안이
될 수 없는 것으로 보고 있으며, 인간과 자연의 공존을 모색하거
나 자연과의 합일을 지향하는 생태주의적 세계관이나 우주와 사
회 그리고 인간을 보는 궁극적 지혜와 예지의 보고이며 우주적

생명의 종교인 불교가 21세기 사상의 주요 형태가 될 것이라고
전망하고 있다.

　필자는 끝없이 깊고 넓고 오묘한 불교사상과 그 불교사상의 바
다에서 밑 없는 배를 타고 구멍 없는 젓대를 불면서 지혜의 달빛
을 드리운 수많은 인물 가운데 특히 2500여 년의 전 불교사에서
태양과 같은 존재인 경허의 위대한 깨침과 웅혼한 삶에서 21세기
를 이끌 새 문명의 새 패러다임을 창출할 수 있다고 확신한다.

　　역사　바로　세우기는
　　불교　바로　세우기로부터
　　불교　바로　세우기는
　　경허　바로　세우기로부터

　필자가 서두에서 제시한 제1화두 즉 인간과 우주의 본질과 그
실상은 경허의 위대한 깨침으로 그 답을 얻었고, 제2화두 즉 우
리가 온몸으로 일구어야 할 삶과 역사는 경허의 웅혼한 삶으로
그 답을 얻었다.

　경허는 제1화두와 제2화두, 깨침과 삶·역사, 참사람과 참
삶, '저 높은 곳을 향하여'와 '저 낮은 곳을 향하여'가 둘이 아
님을 온몸으로 보여주었다. 실로 존재의 본질과 그 실상에 대
한 위없이 바른 깨침과 물이 만물을 기르고 산이 만물을 거두
어들이듯 중생을 기르고 중생을 거두어들인 웅혼한 삶은 미지
의 21세기를 비춰줄 깨침의 별이요 삶의 등대임에 틀림없다.

　2500여 년 전 보리수 아래에서 쿠시나가라(Kuśinagara)까지
붓다의 삶과 1300여 년 전 무덤 속에서 혈사(穴寺)까지 원효의

경
허

296

삶, 그리고 100여 년 전 천장암에서 갑산 웅이방까지 경허의 삶은 오늘날 우리의 삶과 같은가 다른가? 진정 진리와 하나되고 중생과 하나되고 자유와 하나되는 삶은 무엇인가? 그리고 문명사적 위기를 극복하고 21세기 인류의 크나큰 삶의 혁명인 존재혁명을 이끌어 가야 할 우리가 지향해야 할 중생해탈과 역사해탈의 삶은 과연 무엇인가?

붓다는 우리에게 '자신과 진리를 섬(등불)으로 삼아 밖으로 치닫지 말고 안으로 내 마음을 깨달아 부처를 이루고 부처의 삶을 살라'고 가르치고, 원효는 '한마음의 근원으로 돌아가(歸一心源) 일체 중생을 풍요롭고 이익되게 하라(饒益衆生)'고 가르치며, 경허는 "마음 근원을 비추어 요달하여 온몸을 털로 덮고 머리에 뿔을 이라"(照了心源 被毛戴角)고 가르친다.

필자는 인류의 영원한 스승인 붓다와 원효 그리고 경허가 우리에게 전하는 중생해탈과 역사해탈의 메시지를 가을 하늘에 다음과 같이 새기고자 한다.

그대가 참부처(眞佛)이니
뿌리(佛性)로 돌아가
알몸(空性)으로 살아가라.

붓다와 원효 그리고 경허의 깨침과 삶은 '뿌리로 돌아가 알몸으로 살아가라'는 그 한마디에 있으며, 2500여 년의 인도불교사와 2000여 년의 중국불교사 그리고 1600여 년의 한국불교사가 바로 뿌리로 돌아가 알몸으로 살아가려는 뭇 삶들의 여정인 것이다.

'뿌리로 돌아가라' 는 것은 일체 존재의 본질인 불성(佛性)을 깨달아 '참사람' 이 되라는 의미이고, '알몸으로 살아가라' 는 것은 일체 존재의 실상인 공성(空性)을 바로 보아 '참삶' 을 살아가라는 의미이다.

뿌리로 돌아가면 알몸으로 살아가지 않을 수 없고 알몸으로 살아가기 위해서는 뿌리로 돌아가야 하는 것이니, 뿌리로 돌아가는 것과 알몸으로 살아가는 것은 둘이 아니다. 불성을 바로 깨치면 공성의 삶을 살아가지 않을 수 없으며, 참사람이 되면 참삶을 살지 않을 수 없는 것이다.

뿌리 · 佛性 · 歸一心源 · 上求菩提 · 지혜(智慧) · 참사람(眞人)
알몸 · 空性 · 饒益衆生 · 下化衆生 · 행원(行願) · 참삶(眞生)

영원한 진리와 하나되고 뭇 삶과 하나되며 크나큰 자유와 하나된 삶이 바로 자신과 진리를 섬(등불)으로 삼고 의지처로 삼아 '한마음의 근원으로 돌아가 일체 중생을 이익되게 하는 삶', '뿌리로 돌아가 알몸으로 살아가는 삶', '참사람이 되어 살아가는 참삶' 인 것이다.

붓다의 본회와 대승불교의 정신과 선불교의 골수와 간화선의 진면목은 바로 뿌리와 알몸, 깨침과 삶, 문수의 지혜와 보현의 행원, 참사람과 참삶이 온전히 하나임을 대중과 역사 속에 그대로 구현하는 데 있는 것이다.

이제 나는 등대 없이 끝없는 길을 가는 나그네를 위해 경허라는 깨침의 별빛과 경허라는 삶의 달빛에 노닐며 줄 없는 거문고를 타며 구멍 없는 젓대를 불며 온몸으로 노래하고자 한다.

마음 근원을(心源)

비추어 요달하여(照了)

온몸을 털로 덮고(被毛)

머리에 뿔을 이라(戴角)

민족의 선각자요 대시인이었던 만해 한용운이 『경허집』 서문에서
경허의 문장과 시에 대해 '문장마다 선이요 구절마다 법이어서 실
로 기이한 문장이요 기이한 시'라고 높이 찬탄하고 있듯이, 경허가
남긴 450여 편의 주옥같은 시를 통해 시선(詩仙) 이백과 시성(詩
聖) 두보에 비견할 수 있는 시불(詩佛)이었음을 깨닫게 된다.
경허의 시는 시심(詩心)과 선심(禪心)이 하나된 시선일치(詩禪一致)
의 경지와 산하 대지와 무심도인이 하나된 물아일체(物我一體)의 경
지를 노래하고 있다. 더욱이 경허의 삶 그 자체가 위대한 대서사시이
기 때문에 더욱 깊은 감동을 일으킨다.
실로 시와 삶이 오롯이 하나된 시생불이(詩生不二)의 시불 경허의
언어의 길이 끊어진 곳에서 피어오른 시에 어찌 취하지 않을 수 있
으랴.

취하라 취하라 취하라 그것이 술이건 시건 생이건 간에

오도송(悟道頌)

홀연히 코뚜레를 뀈 콧구멍 없다는 말을 듣고
몰록 삼천대천세계가 내 집임을 깨달았네
유월 연암산 아랫길에
들사람 일없이 태평가를 부르는구나.
忽聞人語無鼻孔 頓覺三千是我家
六月鷰巖山下路 野人無事太平歌

301

가석하도다 인생 백년의 일이여
너와 내가 한 무덤이네.
可惜百年事　爾我同一丘

누가 옳고 누가 그른가
모두 꿈속의 일이로다
북망산 아래
누가 너이고 누가 나인가.
誰是孰非　夢中之事
北邙山下　誰爾誰我

산도 절로 푸르고 물도 절로 푸른데
맑은 바람 불어오고 흰구름 돌아가네
하루 종일 반석 위에 놀면서
내가 세상을 버렸거니 다시 무엇을 바라리요.
山自靑水自綠　淸風拂白雲歸
盡日遊盤石上　我捨世更何希

은선동에 노닐며(遊隱仙洞)

산은 사람과 더불어 아무 말이 없고
구름은 새를 따라 함께 날으네

물 흐르고 꽃 핀 곳
담담히 돌아감을 잊고자 하네.
山與人無語　雲隨鳥共飛
水流花發處　淡淡欲忘歸

우연히 읊다(偶吟)

해 저문 빈 절에서
무릎 안고 한가로이 졸았네
바람소리에 놀라 깨어 보니
서리 맞은 단풍 잎이 뜰에 가득하네.
斜陽空寺裡　抱膝打閑眠
蕭蕭驚覺了　霜葉滿階前

우연히 읊다(偶吟)

화창한 태평스러운 봄에
보고 볼수록 온갖 초목이 다 새롭네
계룡산 위에 비가 내려
어젯밤 티끌을 함초롬히 적셨네.
熙熙太平春　看看百草新
鷄龍山上雨　昨夜浥輕塵

우연히 읊다(偶吟)

머리를 떨구며 언제나 졸고 있나니
조는 일밖에 별일이 없네
조는 일밖에 별일이 없으니
머리를 떨구며 언제나 졸고 있네.
低頭常睡眠　睡外更無事
睡外更無事　低頭常睡眠

우연히 읊다(偶吟)

일없음이 오히려 일을 이룸이라
사립문 닫고 한낮에 조나니
산새들이 나의 고독 아는지
그림자 그림자가 창 앞을 지나가네.
無事猶成事　掩關白日眠
幽禽知我獨　影影過窓前

우연히 읊다(偶吟)

연암산 눈 덮인 아래
흰 눈꽃에 황혼이 지네
서동이 와서 아뢰기를

공양북은 이미 울었노라고.

燕頷雪衣下 白花日已曛

書童來我告 飯鼓已鳴云

천장암(天藏庵)

세속과 청산 어느 것이 옳은가

봄이 오니 성마다 꽃피지 않은 곳이 없다네

누군가 성우의 일을 묻는다면

돌계집 마음속 겁 밖의 노래라 하리라.

世與靑山何者是 春城無處不開花

傍人若問惺牛事 石女心中劫外歌

해인사 구광루(海印寺九光樓)

아름다운 장경각은 신선봉을 대했는데

지난 일 모두 한바탕 꿈일세

마침 하늘과 땅을 삼키고 토하는 나그네 있어

구광루 위에서 천산을 저울질하네.

猗猗經閣對仙巒 往事無非一夢間

適有乾坤吞吐客 九光樓上秤千山

우연히 읊다(偶吟)

부처니 중생이니 내 모르니
평생을 그저 취한 듯 미친 듯 보내려네
때로는 일없이 한가로이 바라보니
먼 산은 구름 밖에 층층이 푸르네.
佛與衆生吾不識　年來宜作醉狂僧
有時無事閑眺望　遠山雲外碧層層

영명당과 함께 불령으로 가는 도중에(與永明堂行佛靈途中)

무엇을 가리켜 거짓이다 참이다 하는가
참과 거짓 모두 참되지 못한 데서 왔네
안개 놀은 날리고 잎이 떨어져 가을 모습 조촐한데
옛 그대로 청산은 참을 대하고 있네.
摘何爲妄摘何眞　眞妄由來總不眞
霞飛葉下秋容潔　依舊靑山對面眞

석왕사 영월루(題釋王寺映月樓)

산사의 봄날 꽃은 싸라기눈 같고
기이한 새소리에 낮잠이 달다
온갖 공덕과 신통광명을 증명할 수 없는 곳에

하늘에 꽂힌 새벽 봉우리 쪽보다 더 푸르도다.

上方春日花如霰　異鳥聲中午夢甘

萬德通光無證處　揷天曉嶂碧於藍

채약상 조씨의 운을 따라(次採藥商趙氏韻)

공명을 원치 않고 다만 산을 원하여

산중에서 약초를 캔 지 몇 해인가

깊고 깊은 송뢰와 연기와 놀 속에서

한 곡조 지초 노래에 온갖 경계 한가하네.

不願功名但願山　山中採藥幾年間

深深松籟烟霞裏　一曲芝歌萬境閑

범어사에서 해인사로 가다 읊다(自梵魚寺向海印寺道中口號)

앎은 얕고 이름만 높아 세상은 위태롭고 어지러운데

어느 곳에 이 몸 감출까 알 수가 없네

어촌과 술집이 어디엔들 없으랴마는

다만 숨긴 이름 더욱 새로워질까 저어하노라.

識淺名高世危亂　不知何處可藏身

漁村酒肆豈無處　但恐匿名名益新

김담여에게 화답하다(和金淡如)

가련타 고향이 하늘가에 아득한데
감회에 젖음은 청명절을 변방에서 보내는 것
동풍이 불어 꽃은 나무에 만발하니
원컨대 항아리의 술도 저 강물처럼 괴였으면.

堪憐桑梓天涯遠　又感淸明塞外過

如得東風花滿樹　願酤樽酒若江波

공귀리에서 여러 벗들에게 화답하다(公貴里和諸盆)

병들고 술 취해서 나라 걱정 잊는가 했더니
신선 찾던 이곳도 또한 나라일세
조촐한 도시락과 담박한 나물로 위안을 삼으며
서울을 잊고자 하는 옛마음 그대로일세.

病酒伊來將忘國　訪仙是處更爲邦

淸簞淡蔬堪足慰　欲忘京洛舊心腔

영변의 신시장을 지나며(過寧邊新市場)

시의 명성과 술의 역량 영웅호걸에 비기어
신시장에서 나그네의 회포를 푸는도다
큰 강물은 아득히 천리나 흘러가고

웅장한 산봉우리는 높고 가팔라 만길 벼랑이네
하늘을 감동시키는 도덕 누가 우러러 보지 않으며
바다를 헤아리는 문장 울리기를 기다리지 않네
질곡 같은 영화와 명예 다 떨쳐버리고
구름과 학을 짝하여 여생을 보내리라.
詩聲酒力擬豪英　新市場中遺旅情
大水淼茫千里走　雄峰嶄屹萬崖傾
薰天道德誰能仰　量海文章不待鳴
桎梏榮名都棄拂　自饒雲鶴伴餘生

희천 두첩사에 앉아서(坐熙川頭疊寺)

무생의 한 곡조 노래를 부르니
대천세계에 금물결이 이는구나
대도는 사람을 멀리하지 않는다고 누가 말했나
뭐라 해도 뜬 세상 꿈인 걸 어이하리
온종일 산빛은 맑게 비쳐 오고
먼 마을 숲그림자 어지러이 언덕에 이어져 있구나
물건마다 다 진면목이니
수컷 암컷 부처 마군은 가려서 무엇하리.
唱出无生一曲歌　大千沙界湧金波
雖云大道不人遠　其奈浮生如夢何
永日山光淸入座　遙村林影亂連坡
拈來物物皆眞面　何必雌黃辨佛魔

금강산유산가(金剛山遊山歌)

1 人間天地 此世間이 渺蒼海之 一粟이라
　蜉蝣草露 우리生涯 朝不謀夕 世道로다.
……

5 高麗國에 願生하야 金剛山을 一見함은
　支那人도 그랬거든 況此우리 朝鮮일까.

6 門前一步 나서면은 千里江山 咫尺이라
　日暖風和 春三月에 金剛觀景 하러가세.
……

9 天下一大 名山이요 十方世界 佛國일세
　一陣淸風 건듯부니 丈夫胸襟 灑落하다.
……

13 人面不知 何處去가 野中石塔 뿐이로다
　浮屠亭을 지나가서 長安寺로 들어가니
……

20 長慶峰下 長慶庵은 造化翁의 建築인듯
　觀音峰下 觀音庵은 어찌그리 絶妙한가.
……

35 淸溪水와 玉溪水를 限量없이 마신後에
　安養庵을 내려와서 七星閣을 잠깐보고
……

45 一萬二千 重重峰은 十疊屏風 되었도다
　衆香城裡 梵天宮에 法起菩薩 主席되고
……

64 萬像岩을 觀景하고 普德窟로 올라가니
　　十九層의 구리기둥 溪光山色 둘러있다.
......

77 毘盧峰을 올라가니 金剛山의 上峰이라
　　群山萬壑 赴荊門은 古人小說 있거니와
......

95 萬景台와 佛頂台는 望之鬱然 奇絶하고
　　九淵洞과 玉上洞은 塵世念이 頓絶이다.
......

110 天上인지 人間인지 吾未知其 所以로다
　　新金剛을 구경하니 菩薩窟이 더욱좋다.
......

134 新舊萬物 다본후에 海金剛을 觀景가자
　　萬頃滄波 欲暮天에 一葉片舟 잡아타고
......

141 朝鮮關東 八景에는 半島江山 이름높다
　　江南風月 閒多年에 나를몇해 기다렸나
......

164 呑天浴日 壯한光景 丈夫意氣 滿天이라
　　平海郡에 내려가서 越松亭을 바라보니
......

175 普天下에 여러同胞 이책보고 案內하소
　　金剛山이 정좋으니 한번 觀景 잊지마세.

참선곡(參禪曲)

忽然히 생각하니 都是夢中 이로다
千萬古 英雄豪傑 北邙山 무덤이요
富貴文章 쓸데없다 黃泉客을 免할소냐
嗚呼라 나의몸이 풀끝에 이슬이요
바람속의 燈불이라 三界大師 부처님이
叮嚀이 이르시되 마음깨쳐 成佛하여
生死輪廻 永斷하고 不生不滅 저國土에
常樂我淨 無爲道를 사람마다 다할줄로
八萬藏經 遺傳하니 사람되어 못닦으면
다시工夫 어려우니 나도어서 닦아보세
닦는길을 말하려면 허다히 많건마는
대강추려 적어보세 앉고서고 보고듣고
着衣喫飯 對人接語 一切處 一切時에
昭昭靈靈 知覺하는 이것이 어떤건고
몸뚱이는 송장이요 妄想煩惱 本空하고
天眞面目 나의부처 보고듣고 앉고눕고
잠도자고 일도하고 눈한번 깜작할새
千里萬里 다녀오고 許多한 神通妙用
分明한 나의마음 어떻게 생겼는고
疑心하고 疑心하되 고양이가 쥐잡듯이
주린사람 밥찾듯이 목마른이 물찾듯이
六七十 늙은寡婦 子息을 잃은후에
子息생각 간절틋이 생각생각 잊지말고

깊이궁구　　하여가되　　一念萬年　　되게하여
廢寢忘飡　　할지경에　　大悟하기　　가깝도다
忽然히　　　깨달으면　　本來生긴　　나의부처
天眞面目　　絶妙하다　　阿彌陀佛　　이아니며
釋迦如來　　이아닌가　　젊도않고　　늙도않고
크도않고　　작도않고　　本來생긴　　自己靈光
盖天盖地　　이러하고　　涅槃眞樂　　가이없다
地獄天堂　　本空하고　　生死輪廻　　本來없다
善知識을　　찾아가서　　了然히　　　印可맞아
다시疑心　　없은後에　　世上萬事　　忘却하고
隨緣放曠　　지내가되　　빈배같이　　떠놀면서
有緣衆生　　濟度하면　　報佛恩德　　이아닌가
一切戒行　　지켜가면　　天堂人間　　壽福하고
大願力을　　發하여서　　恒隨佛學　　생각하고
同體大悲　　마음먹어　　貧病乞人　　괄세말고
五蘊色身　　생각하되　　거품같이　　觀을하고
바같으로　　逆順境界　　夢中으로　　생각하여
喜怒心을　　내지말고　　虛靈한　　　나의마음
虛空과　　　같은줄로　　眞實히　　　生覺하여
八風五欲　　一切境界　　不動한　　　이마음을
泰山같이　　써나가세　　허튼소리　　우스개로
이날저날　　헛보내고　　늙는줄을　　忘却하니
무슨工夫　　하여볼까　　죽을제　　　苦痛中에
後悔한들　　무엇하리　　四肢百節　　오려내고
머리골을　　쪼개는듯　　五臟六腑　　찢는중에

앞길이 　 캄캄하니 　 寒心慘酷 　 내노릇이
이럴줄을 　 뉘가알꼬 　 저地獄과 　 저畜生에
나의身世 　 慘酷하다 　 百千萬劫 　 嗟跎하야
다시人身 　 망연하다 　 參禪잘한 　 저道人은
앉아죽고 　 서서죽고 　 앓도않고 　 蟬脫하며
오래살고 　 곧죽기를 　 제맘대로 　 自在하며
恒河沙數 　 神通妙用 　 任意快樂 　 自在하니
아무쪼록 　 이世上에 　 눈코를 　 쥐어뜯고
부지런히 　 하여보세 　 오늘내일 　 가는것이
죽을날이 　 당도하니 　 푸줏간에 　 가는소가
자욱자욱 　 死地로세 　 이전사람 　 參禪할제
마디그늘 　 아꼈거늘 　 나는어이 　 放逸하며
이전사람 　 參禪할제 　 잠오는것 　 성화하야
송곳으로 　 찔렀거든 　 나는어이 　 放逸하며
이전사람 　 參禪할제 　 하루해가 　 가게되면
다리뻗고 　 울었거든 　 나는어이 　 放逸한고
無明業識 　 毒한술에 　 昏昏不覺 　 지내가니
嗚呼라 　 슬프도다 　 타일러도 　 아니듣고
꾸짖어도 　 조심않고 　 심상히 　 지내가니
희미한 　 이마음을 　 어이하여 　 인도할꼬
쓸데없는 　 貪心瞋心 　 공연히 　 일으키고
쓸데없는 　 許多分別 　 날마다 　 紛擾하니
우습도다 　 나의지혜 　 누구를 　 한탄할꼬
知覺없는 　 저나비가 　 불빛을 　 貪하여서
저죽을줄 　 모르도다 　 내마음을 　 못닦으면

如干戒行　少分福德　도모지　虛事로세
嗚呼라　寒心하다　이글을　자세보아
하루도　열두시며　밤으로도　조금자고
부지런히　工夫하소　이노래를　깊이믿어
책상위에　펴어놓고　시시때때　警策하소
할말을　다하려면　海墨寫而不盡이라
이만적고　그치오니　부디부디　깊이아소
다시할말　있사오니　돌장승이　아이나면
그때에　말하리라

열반송(涅槃頌)

마음달이 외로이 둥그니
빛이 만상을 삼켰도다
빛과 경계를 함께 잊으니
다시 이것이 무슨 물건인고.
心月孤圓　光呑萬像
光境俱忘　復是何物

간화선(看話禪) 화두를 참구하여 화두를 타파하고 진여불성을 깨닫는 참선수행.

개분불사(改粉佛事) 낡고 오래된 불상이나 나한상을 새로 단장하여 조성하는 불사.

결제(結制) 하안거 동안거 각각 석 달 동안 선원에서 밖에 나가지 않고 참선수행에 전념하는 안거를 시작하는 것.

경절문(徑截門) 수행의 단계나 점차를 거치지 않고 바로 여래의 경지에 들어가는 문으로 화두를 타파하여 견성성불하는 활구참선법(活句參禪法)을 말한다.

고칙(古則) 옛 불조(佛祖)의 기연언구(機緣言句)가 종지(宗旨)를 열어 보인 불변의 법칙이라는 의미이다.

공(空) 대승불교에서 모든 존재의 실상을 드러내고 바라밀을 실천하는 데 핵심적인 개념으로, 모든 존재는 인연을 따라 생긴 것이므로 고정불변하는 실체라고 할 만한 것이 없으므로 공이라 한다.

공안(公案) '공부지안독'(公府之案牘)의 준말로 원뜻은 관청의 문서 또는 법령을 말하나, 선종에서는 수행인의 지침이 되고 좌표가 되는 불조의 기연언구(機緣言句)를 말한다. 부처님과 조사들이 깨달은 기연(機緣)을 공안이라고 하는 것은 국가의 법령이 누구나 준수해야 하는 법령인 것처럼 수행인의 깨달음이 불조(佛祖)의 깨달음과 계합하는지를 점검하는 법령과 같은 것이기 때문이다.

공업(共業) 여러 사람이 공동으로 받는 과보의 원인이 되는 업으로 국가나 산하 대지 등이다.

광혜(狂慧) 미친 지혜.

금강정정(金剛正定) 일체의 번뇌를 끊고 구경과를 증득한 삼매.

돈오(頓悟) 몰록 깨침.

동사섭법(同事攝法) 불보살이 중생과 고락을 함께하면서 진리의 길
로 이끌어 들이는 것.

득력(得力) 하루 스물네 시간을 밤낮없이 다니거나 머물거나 앉거
나 눕거나 오직 화두만을 간절하고 알뜰하게 참구하여 날이 오
래고 달이 깊어지면 의심이 한 덩어리가 되어 화두를 의식적으
로 들지 아니해도 저절로 들려져 있게 되며 꿈속에서도 화두가
들려져 있게 되는데, 공부에 힘을 얻는 이러한 경계를 득력이라
고 한다.

무문인(無文印) 문자 없는 부처님의 심인(心印).

무사인(無事人) 위없는 바른 깨침을 이루어 일생의 할 일을 마친 일
없는 사람.

무생(無生) 일체의 존재현상은 그 참모습이 공(空)하기 때문에 나고
죽음이 본래 없음(無生無滅)을 말한다.

무생법(無生法) 나고 죽음이 없는 이치.

무생일곡가(無生一曲歌) 나고 죽음이 없는 도리를 읊은 한 곡조 노래.

무위진인(無爲眞人) 함이 없는 참사람.

반연(攀緣) 마음이 대상에 대하여 작용을 일으키는 것.

법등(法燈) 진리의 등불.

법왕(法王) 진리의 왕이란 의미로 일체의 괴로움을 벗어나 청정하고
미묘한 일체지의 지위에 들어가 대자재력을 얻은 여래를 비유한
명칭.

법화(法化) 정법의 교화.

보임장양(保任長養) 진여불성을 깨친 뒤에 다시 숲 속이나 토굴에
들어가 자취를 감추고(晦光韜跡, 韜晦) 이름을 숨기며 물러나 성
태(聖胎)를 오래오래 기르는 것을 말하며, 오후보임(悟後保任) 또
는 장양성태(長養聖胎)라고도 한다.

본각(本覺) 본래 깨쳐 있음.

본지풍광(本地風光) 일체 중생이 본래 갖추고 있는 심성을 말하며
본래면목이라고도 한다.

불각(不覺) 깨치지 못하고 무명망상으로 미혹함.

불공업(不共業) 개개인이 받는 과보의 원인이 되는 업으로 예컨대 개인의 신체 등이다.

불요의(不了義) 중생의 근기에 따라 점차로 구경의 이치로 인도하는 방편.

비로관(毘盧冠) 중이 쓰는 관의 일종.

사구참선(死句參禪) 공안을 이론으로 따지고 더듬어서 알아들어가는 참선.

사난(四難) 부처님을 만나 정법을 듣기가 어려운 것을 네 가지로 나눈 것으로 우선 부처님을 만나기 어렵고(値佛難), 만난다 하더라도 설법의 어려움이 있으며(說法難), 그 법을 듣기 어렵고(聞法難), 듣더라도 법을 믿고 받아 지니기 어려움(信受難)을 말한다.

사문(沙門) 출가 수행승.

사생(四生) 모든 생명체가 태어나는 방식에 따라 네 가지로 분류한 것으로 모태에서 태어나는 태생(胎生), 알에서 태어나는 난생(卵生), 습기 속에서 태어나는 습생(濕生), 의탁함이 없이 홀연히 태어나는 화생(化生)을 말한다.

사지(四智) 부처님의 네 가지 지혜로서 안식·이식·비식·설식·신식의 오식을 전환하여 얻는 지혜인 성소작지(成所作智), 제6 의식을 전환하여 얻는 묘관찰지(妙觀察智), 제7 말나식을 전환하여 얻는 평등성지(平等性智), 제8 아뢰야식을 전환하여 얻는 대원경지(大圓鏡智)를 말한다.

삼계(三界) 중생들이 윤회하는 세계를 욕계·색계·무색계로 구분한 것.

삼문수업(三門修業) 간경·참선·염불.

삼신(三身) 불신(佛身)을 세 가지로 분류한 것으로 영원한 진리 그 자체인 법신(法身), 과거의 수행과 공덕으로 얻는 보신(報身), 중생을 교화하기 위하여 역사 속에 나툰 응신(應身)을 말한다.

삼요(三要) 바른 공안 참구의 세 가지 기본 요건으로 크나큰 신심(大

信心)·크나큰 분심(大憤心)·크나큰 의심(大疑心)을 말한다.

삼제(三際) 과거·현재·미래.

상당(上堂) 법석에 올라서 법을 설하는 것.

선지식(善知識) 중생을 교화하고 인도하여 진리의 눈을 뜨게 하는 자를 말하며, 선우(善友)·승우(勝友)·선친우(善親友)라고도 한다.

섭화(攝化) 불보살이 중생을 거두어들여서 교화하는 것.

성적등지(惺寂等持) 또렷또렷함과 고요함을 가지런히 지님.

쇳송(鐘頌) 새벽 저녁마다 예불하기 직전에 종이나 금고를 치면서 하는 법식.

시각(始覺) 수행하여 비로소 깨침.

아뇩다라삼막삼보리(阿耨多羅三藐三菩提) 위없이 바른 깨달음.

여래십력(如來十力) 여래만이 갖춘 열 가지 지혜의 힘.

여실언교(如實言敎) 진실한 말씀의 가르침.

예토(穢土) 생사번뇌의 중생세계.

오음(五陰) 오온(五蘊)이라고도 하며 모든 존재를 구성하는 다섯 가지의 물질·정신적 요소로서 물질적 요소인 색(色), 감수작용의 수(受), 표상작용의 상(想), 의지작용의 행(行), 인식작용의 식(識)을 말한다.

요의(了義) 진실하고 오묘한 구경의 이치.

용무생사(用無生死) 생사 없는 이치를 자유자재로 쓰는 것.

위법망구(爲法忘軀) 법을 위해 몸을 잊는 것, 즉 진리를 위해 몸과 목숨을 바치는 것.

위음왕불(威音王佛) 공겁 때에 가장 먼저 성불한 부처.

육취(六趣) 중생들이 윤회하는 여섯 가지 세계로 지옥·아귀·축생·아수라·인간·천상을 말한다.

이류중행(異類中行) 불보살이 스스로 생사윤회하는 육도중생 속에 들어가 교화 제도하는 것.

이오위칙(以悟爲則) 깨침으로써 법칙을 삼는다.

인경불사(印經佛事) 대장경을 간행하는 불사.

일대사인연(一大事因緣) 부처가 이 세상에 출현하는 유일하고 큰 인연.

일심불란(一心不亂) 일심으로 아미타불을 생각하여 마음이 조금도 산란하지 않음.

입전수수(入廛垂手) 불보살이 동체대비심으로 저자에 들어가 손을 드리워 중생을 제도하는 것을 말한다.

점안식(點眼式) 새로 조성된 불상에 눈동자를 그려 넣는 의식.

정토(淨土) 청정한 부처의 세계.

조도(助道) 깨달음을 얻는 데 도움이 되는 수행도.

조도(祖道) 조사선(祖師禪)의 도(道).

조사관(祖師關) 화두가 견성성불(見性成佛)하기 위하여 통과해야 하는 종문(宗門)의 관문(關門)이라는 의미이다.

증사(證師) 법회를 증명하는 법사.

천화(遷化) 고승의 죽음.

치선(癡禪) 어리석은 선.

타성일편(打成一片) 화두에 대한 의심이 한 조각을 이루어 의심만이 홀로 독로한 경계.

해제(解制) 선원에서 석 달 동안의 안거를 끝마치는 것.

혜명(慧命) 지혜의 목숨.

화광동진(和光同塵) 불보살이 끝없는 자비심으로 한량없는 중생을 교화제도하기 위하여 자신을 감추고 티끌세상에 들어가 중생과 더불어 살아가면서 불법으로 인도하는 것.

화두(話頭) '말'이란 뜻으로 두(頭)는 어조사이다. 깨침을 판단하고 지극한 이치를 드러내는 참말이요 산 말귀이다. 참선수행자에게 참구하는 과제로 주어지는 지극한 이치를 표시하는 불조(佛祖)의 기연(機緣)이나 언구(言句)·문답·동작을 말하며, 공안(公案)·고칙(古則)·화칙(話則)·조사관(祖師關)이라고도 한다. 보통 『전등록』(傳燈錄)에 수록된 불조(佛祖) 1701인의 숫자에 따라서 천칠백공안이라고 말하지만, 법계의 삼라만상(森羅萬象) 두두물물(頭頭物物)이 공안 아닌 것이 없다.

활구참선(活句參禪) 일체 이론을 배제하고 오직 꽉 막힌 알 수 없는 의심으로 공안을 관조해 나가는 참선.

회광반조(廻光返照) 한 생각 일어날 때 바로 그 일어나는 한 생각을
    돌이켜 비추어 보는 것.

회두토면(灰頭土面) 깨친 뒤에 중생을 제도하기 위하여 티끌세상에
    들어가 머리에 재 뒤집어쓰고 얼굴에 흙 묻는 것을 돌아보지 않음
    을 말한다.

길의 성현 경허, 그 위대한 깨침과 웅혼한 삶

1) 윤선도(尹善道, 1587~1671)의 시, 「낙서재에서 우연히 읊다(樂書齋偶吟)」.

2) 『이제의(二諦義)』(『大正藏』 45, 112쪽 하).

3) 『무심론(無心論)』, (『대정장』 85, 1269쪽 상).

4) 『대승기신론(大乘起信論)』(『대정장』 32, 576쪽 상).

5) 『십문화쟁론(十門和諍論)』(『韓佛全』 1, 838쪽 중).

6) 『사십이장경(四十二章經)』(『대정장』 17, 722쪽 중). "出家沙門者 斷欲去愛 識自心源 達佛深理 悟佛無爲 內無所得 外無所求 心不繫道 亦不結業 無念無作 無修無證 不歷諸位 而自崇最 名之爲道."

7) 『권수정혜결사문(勸修定慧結社文)』(『한불전』 4, 698쪽 상). "詳其佛祖 垂慈爲物之門 要令我輩 休息諸緣 虛心冥契 不外馳求."

8) 『경허집』, 「법계당에게 보이다(示法界堂)」(『한불전』 11, 595쪽 중).

9) 『금강반야바라밀경(金剛般若波羅蜜經)』(『대정장』 8, 749쪽 중). "一切賢聖 皆以無爲法 而有差別."

10) 최남선(崔南善, 1890~1957)은 "인도 및 서역의 서론적 불교, 지나의 각론적 불교에 대하여, 조선은 결론적 불교를 건립했다"라고 했다. 최남선, 「조선불교」, 『육당최남선전집』 2(현암사, 1973), 551~554쪽.

11) 한암대종사문집편찬위원회(편), 「선사 경허화상 행장」, 『한암일발록』(민족사, 1996), 298쪽. "孰能於此 具丈夫之志 而徹悟自性 成就其第一功德而以大智慧光明義 廣大流通於後五百歲後也哉 則我先師 鏡虛和尙 是也."

12) 진성원담(역), 『경허선사법어 : 진흙소의 울음』(홍법원, 1993), 5쪽.

13) 석명정(역), 『경허집』(극락선원, 1991), 428쪽.

14) 이성타, 「경허시대의 선과 결사」, 『한국종교사상의 재조명』(원광대학교출판국, 1993), 426쪽.

15) 권상로, 「한국선종약사」, 『백성욱 박사 송수기념 불교학논문집』(동국대학교, 1959), 292쪽.

16) 서경수, 「경허연구」, 『석림』, 3호(1969. 11), 14쪽.

17) 고익진, 「경허당 성우의 도솔이생론과 그 시대적 의의」, 『한국미륵사상연구』(동국대학교 출판부, 1987), 408쪽.

18) 김지견, 「경허선사산고」, 『선무학술논집』, 5집(1996. 1), 12쪽.

탄생과 성장

1) 『선문염송(禪門拈頌)』 권1(『高麗大藏經』 46, 1쪽 하).

2) 『수행본기경』 권상, 「보살강신품 2」(『대정장』 3, 463쪽 하). "天上天下 唯我爲尊 三界皆苦 吾當安之."

3) 『경허집』, 「함께 정혜를 닦아 도솔천에 나며 성불하기 위한 결사문(結同修定慧同生兜率同成佛果楔社文)」(『한불전』 11, 603쪽 중).

4) 김영태, 『한국불교사』(경서원, 1997), 240쪽.

5) 『경허집』, 「함께 정혜를 닦아 도솔천에 나며 성불하기 위한 결사문」(『한불전』 11, 602쪽 중).

6) 『경허집』, 「화엄사 상원암을 복원하고 선방을 설립하며 정하는 완규문(華嚴寺上院庵復設禪室定完規文)」(『한불전』 11, 601쪽 상).

7) 『불소행찬(佛所行讚)』 권1, 「생품」(『대정장』 4, 1쪽 중). "我唯此一生 當度於一切."

8) 『경허집』, 「약보」(『한불전』 11, 587쪽 하).

9) 경허성우선사법어집간행회(편), 『경허법어』(인물연구소, 1981), 736쪽.

10) 진성원담(역), 『경허선사법어 : 진흙소의 울음』(홍법원, 1993), 5쪽.

11) 이흥우, 『경허선사 : 공성의 피안길』(민족사, 1996), 17쪽.

12) 서경수, 「경허연구」, 『석림』, 3호(1969. 11), 15쪽.

13) 성타, 「경허의 선사상」, 『한국불교사상사』(원광대학교 출판국, 1975), 1104쪽.

14) 한암대종사문집편찬위원회(편), 「선사 경허화상 행장」, 『한암일발록』(민족사, 1996), 298쪽.

15) 방한암, 「경허화상 행장」, 『불교』, 95호(1932. 5), 21쪽.

16) 권상로, 「한국선종약사」, 『백성욱 박사 송수기념 불교학논문집』(동국대학교, 1959), 292쪽.

17) 김지견, 「사자상승과 만목청산」, 『한암일발록』(민족사, 1996), 483~484쪽.

18) 『경허집』, 「서룡화상 행장」(『한불전』 11, 612쪽 하).

19) 『경허집』, 「법제자 한암에게 주다」(與法子漢巖)(『한불전』 11, 639쪽 상).

20) 『묘법연화경(妙法蓮華經)』 권1, 「방편품(方便品)」(『대정장』 9, 7쪽 상). "諸佛世尊 欲令衆生開佛知見使得淸淨故出現於世 欲示衆生佛之知見故出現於世 欲令衆生悟佛知見故出現於世 欲令衆生入佛知見道故出現於世."

21) 순치 황제 출가시. "百年世事三更夢 萬里江山一局碁 籠鷄有食湯禍近 野鶴無

糧天地寬."

22) 서산대사, 『선가귀감(禪家龜鑑)』(용화선원, 1986), 136쪽. "鴻飛天末迹留沙 人去黃泉名在家."

23) 『불본행집경(佛本行集經)』권12, 「유희관촉품(遊戲觀囑品)」(『대정장』 3, 706 쪽 상).

위대한 출가

1) 『경허집』, 「중 노릇 하는 법」(『한불전』 11, 597쪽 상).

2) 『발심수행장』(『한불전』 1, 841쪽 상). "離心中愛是名沙門 不戀世俗是名出家 行者羅網狗被象皮 道人戀懷蝟入鼠宮."

3) 『사십이장경』(『대정장』 17, 722쪽 상). "識心達本 解無爲法 名曰沙門."

4) 서산대사, 『선가귀감』(용화선원, 1986), 133쪽.

5) 조지훈(1920~1968)의 시, 「古寺 1」.

6) 한암대종사문집편찬위원회(편), 「선사 경허화상 행장」, 『한암일발록』(민족사, 1996), 299쪽.

7) 성철(性徹, 1912~1993) 스님 출가시. "彌天大業은 紅爐雪이요 跨海雄基도 赫日露로다 誰人이 甘死片時夢가 超然獨步 萬古眞이로다."

8) 『혈맥론(血脈論)』(『대정장』 48, 373쪽 하). "若不急尋師 空過一生 …… 不因 師悟者 萬中希有."

9) 『묘법연화경』권7, 「묘장엄왕본사품」(『대정장』 9, 60쪽 하). "大王當知 善知識 者是大因緣 所謂化導令得見佛發阿耨多羅三藐三菩提心."

10) 『대방광불화엄경(大方廣佛華嚴經)』권68, 「입법계품」(『대정장』 10, 366쪽 하). "善知識者則是如來 善知識者一切法雲 善知識者諸功德藏 善知識者難可 値遇 善知識者十力寶因 善知識者無盡智炬 善知識者福德根芽 善知識者一切智 門智海導師 善知識者至一切智助道之具."

11) 은정희(역주), 『대승기신론소 · 별기』(일지사, 1991), 29~33쪽.

12) 성철(편역), 『돈황본 육조단경』(장경각, 1988), 177~178쪽.

13) 『경허집』, 「진흙소의 울음(泥牛吼)」(『한불전』 11, 591쪽 중).

14) 만공, 「나를 찾는 법―참선법」, 『만공법어 : 보려고 하는 자가 누구냐』(묘광, 1983), 249~264쪽.

15) 『대방광불화엄경』권40, 「입부사의해탈경계보현행원품(入不思議解脫境界普賢 行願品)」(『대정장』 10, 845쪽 하). "剝皮 爲紙 析骨爲筆 刺血爲墨 書寫經典 積如須彌 爲重法故 不惜身命."

16) 『경허집』, 「우연히 읊다(偶吟)」(『한불전』11, 615쪽 중).

17) 조정권의 시, 「산정묘지」.

수행과 성도

1) 『경허집』(『한불전』11, 628쪽 중).

2) 이만열, 『한국사연표』(역민사, 1996), 149쪽.

3) 『경허집』, 「참선곡(參禪曲)」(『한불전』11, 630쪽 하).

4) 김달진(역), 『법구경』(현암사, 1988), 85쪽.

5) 『금강반야바라밀경』(『대정장』8, 752쪽 중). "一切有爲法 如夢幻泡影 如露亦
如電 應作如是觀."

6) 『사십이장경』(『대정장』17, 724쪽 상). "佛問諸沙門 人命在幾間 對曰 在數日
間 佛言 子未能爲道 復問一沙門 人命在幾間 對曰 在飯食間 佛言 子未能爲道
復問一沙門 人命在幾間 對曰 在呼吸之間 佛言 善哉, 子可謂能爲道者矣."

7) 『대혜보각선사서(大慧普覺禪師書)』(『대정장』47, 936쪽 하). "無常迅速 生死
事大 …… 但把生死兩字 貼在鼻尖兒上 不要忘了 時時提撕話頭."

8) 『수심결』(『한불전』4, 713쪽 하). "願諸修道之人 莫生放逸 莫著貪 婬如救頭
燃 不忘照顧 無常迅速 身如朝露 命若西光 今日難存 明亦難保 切須在意 切須
在意."

9) 『경허집』, 「등암화상에게 주다(與藤菴和尙)」(『한불전』11, 594쪽 중).

10) 탄허(역), 『초발심자경문(初發心自警文)』(불서보급사, 1971), 189~190쪽.
"玉兔昇沈催老像 金烏出沒促年光 求名求利如朝露 或苦或榮似夕烟."

11) 『증도가(證道歌)』(『대정장』48, 396쪽 하). "分別名相不知休 入海算沙徒自困
却被如來苦呵責 數他珍寶有何益."

12) 『묘법연화경』 권1, 「방편품」(『대정장』9, 7쪽 상). "我以無數方便種種因緣譬喻
言辭 演說諸法 是法非思量分別之所能解 唯有諸佛 乃能知之."

13) 『대방광원각수다라요의경(大方廣圓覺修多羅了義經)』(『대정장』17, 915쪽 하).
"何況能以有思惟心 測度如來圓覺境界 如取螢火燒須彌山 終不能著 以輪廻心
生輪廻見 入於如來大寂滅海 終不能至."

14) 『화엄일승법계도(華嚴一乘法界圖)』(『한불전』2, 1쪽 상). "法性圓融無二相 諸
法不動本來寂 無名無相絶一切 證智所知非餘境."

15) 『대혜보각선사서』(『대정장』47, 931쪽 하). "諸佛諸祖 並無一法與人 只要當
人自信自肯自見自悟耳."

16) 『대혜보각선사서』(『대정장』47, 941쪽 하). "古德有言 硏窮至理 以悟爲則 若

說得天華亂墜 不悟總是癡狂外邊走耳."

17) 『진심직설』(『한불전』 4, 715쪽 상). "曰佛祖出頭 無法與人 只要衆生 自見本性
…… 奈何大道玄曠 非有非無 眞心幽微 絶思絶議故 不得其門而入者 雖檢五千
之藏教 不以爲多 洞曉眞心者 但出一言之擬比 早是剩法矣."

18) 서산대사, 『선가귀감』(용화선원, 1986), 73쪽.

19) 『경허집』, 「장 상사와 김석두에게 보내는 서간(上張上舍金石頭書)」(『한불전』
11, 611쪽 하).

20) 부설거사(浮雪居士)의 사부시(四浮詩). "假使說法如雲雨 感得天花石點頭 乾
慧未能免生死 思量也是虛浮浮."

21) 『전등록』 권11, 「영운지근조」(『대정장』 51, 285쪽 중). "僧問 如何是佛法大意
師曰 驢事未去 馬事到來."

22) 『송고승전(宋高僧傳)』 권4, 「의상전(義湘傳)」(『대정장』 50, 729쪽 상). "心生
故種種生法 心滅故龕墳不二 又三界唯心萬法唯識 心外無法胡用別求."

23) 중봉, 『산방야화』, 백련선서간행회(역), 선림고경총서 2(장경각, 1988),
45~46쪽.

24) 『대혜보각선사서』(『대정장』 47, 921쪽 하). "此一字子 乃是摧許多惡知惡覺底
器仗也."

25) 『대혜보각선사서』(『대정장』 47, 923쪽 상). "這一字子 便是箇破生死疑心底刀
子也."

26) 중봉, 『산방야화』, 백련선서간행회(역), 선림고경총서 2(장경각, 1988), 49쪽.

27) 『간화결의론(看話決疑論)』(『한불전』 4, 713쪽 상). "然話頭無字 如一團火 近
之則燎却面門故 無佛法知解措着之處 所以云此無字 破惡知惡解底器仗也."

28) 『신심명(信心銘)』(『대정장』 48, 376쪽 중~하). "多言多慮 轉不相應 絶言絶
慮 無處不通."

29) 『불과원오선사벽암록(佛果圜悟禪師碧巖錄)』 권2(『대정장』 48, 161쪽 상). "須
參活句 莫參死句 活句下薦得 永劫不忘 死句下薦得 自救不了."

30) 『무문관』(『대정장』 48, 292쪽 하). "參禪須透祖師關 妙悟要窮心路絶."

31) 『간화결의론』(『한불전』 4, 737쪽 상). "禪門此等如實言句 若比教門 雖是省略
若比徑截門話頭 則以有佛法知解故 未脫十種病 所以云 夫參學者 須參活句 莫
參死句 活句下薦得 永劫不忘 死句下薦得 自救不了 是以大慧禪師 以沒滋味話
頭 參學者 參詳不滯十種病 直下承當 便能使得三句 不爲三句所使 …… 伏望
觀行出世之人 參詳禪門活句 速證菩提 幸甚幸甚."

32) 『심법요초』(『한불전』 7, 650쪽 상). "大抵學者 須參活句 莫參死句 活句下薦
得 堪與佛祖爲師 死句下薦得 自救不了 活句者 徑截門也 沒心路沒語路無摸索

327

故也 死句者 圓頓門也 有理路有心路有閒解思想故也."

33) 경허, 「13세 동자 경석에게 보이다」(示慶奭十三歲童子), 『경허집』(극락선원, 1991), 60~61쪽.

34) 성철(편역), 『돈황본 육조단경』(장경각, 1988), 164쪽. "卽煩惱是菩提 捉前念迷凡夫 後念 悟卽佛."

35) 『돈오입도요문론』(『卍續藏經』 110, 849쪽 하). "修頓悟者 不離此身 卽超三界 經云 不壞世間而超世間 不捨煩惱而入涅槃."

36) 『법집별행록절요병입사기』(『한불전』 4, 762쪽 중). "此上旨趣 非斷煩惱得菩提 正是達煩惱爲菩提 乃爲眞修眞斷耳 故先德云 菩薩迷時 以菩提爲煩惱 菩薩悟時 以煩惱爲菩提 正謂是也."

37) 『원돈성불론』(『한불전』 4, 731쪽 중). "一切衆生 無明妄想 無別自性 全是十方諸佛三身四智之本源 故云欲知一切諸佛源 悟自無明本是佛."

38) 『경허집』, 「승화상에게 주다(贈承華上人)」(『한불전』 11, 596쪽 상).

39) 『경허집』, 「등암화상에게 주다」(『한불전』 11, 594쪽 상~중).

40) 성철(편역), 『돈황본 육조단경』(장경각, 1988), 174쪽. "不悟 卽佛是衆生 一念若悟 卽衆生是佛."

41) 『권수정혜결사문』(『한불전』 4, 698쪽 상). "恭聞 人因地而倒者 因地而起 離地求起 無有是處也 迷一心而起無邊煩惱者 衆生也 悟一心而起無邊妙用者 諸佛也 迷悟雖殊 而要由一心 則離心求佛者 亦無有是處也."

42) 『칙수백장청규(勅修百丈淸規)』 권7, 「좌선의(坐禪儀)」(『대정장』 48, 1143쪽 상). "於閒靜處 厚敷坐物 結跏趺坐 或半跏趺 以左掌安右掌上 兩大拇指相拄 正身端坐 令耳與肩對 鼻與臍對 舌拄上齶 脣齒相著 目須微開 免致昏睡 若得禪定 其力最勝."

43) 『칙수백장청규』 권7, 「좌선의」(『대정장』 48, 1143쪽 상). "若欲出定 徐徐動身 安詳而起 不得卒暴 出定之後 常作方便 護持定力."

44) 『대혜보각선사서』(『대정장』 47, 924쪽 하). "左右具正信立正志 此乃成佛作祖 基本也."

45) 『고봉화상선요』(『卍續藏經』 122, 714쪽 상~하). "若謂著實參禪 決須具足三要 第一要 有大信根 明知此事 如靠一座須彌山 第二要 有大憤志 如遇殺父寃讐 直欲便與一刀兩段 第三要 有大疑情 如暗地做了一件極事 正在欲露未露之時 十二時中 果能具此三要 管取克日功成 不怕瓮中走鼈 苟闕其一 譬如折足之鼎 終成廢器."

46) 『대혜보각선사보설(大慧普覺禪師普說)』(『대정장』 47, 886쪽 상). "大疑之下 必有大悟."

47) 『무문관』(『대정장』 48, 293쪽 상). "將三百六十骨節 八萬四千毫竅 通身起箇
疑團 參箇無字 晝夜提撕."

48) 『경허집』, 「중 노릇 하는 법」(『한불전』 11, 597쪽 상~598쪽 중).

49) 『경허집』, 「법문곡」(『한불전』 11, 635쪽 하).

50) 『고봉화상선요』(『卍속장경』 122, 719쪽 상~하). "若論此事 只要當人 的有切
心 纔有切心 眞疑便起 眞疑起時 不屬漸次 直下 便能塵勞頓息 昏散屛除 一
念不生 前後際斷 纔到者般時節 管取摧門落臼 若是此念不切 眞疑不起 饒你
坐破蒲團百千萬箇 依舊日午打三更."

51) 『경허집』, 「참선곡」(『한불전』 11, 631쪽 상~중).

52) 『사십이장경』(『대정장』 17, 723쪽 하). "佛言 絃緩何如 曰不鳴矣 絃急何如 曰
聲絶矣 急緩得中何如 諸音普矣 佛告沙門 學道猶然 執心調適 道可得矣."

53) 『경허집』, 「등암화상에게 주다」(『한불전』 11, 594쪽 중).

54) 『경허집』, 「진흙소의 울음」(『한불전』 11, 590쪽 하~591쪽 상).

55) 『선종결의집』(『卍속장경』 113, 973쪽 하). "若用疑時 先須發憤怒心 疑趙州因
甚道無 …… 此一箇疑字 單只疑趙州因甚道無 不是看趙州無 不是念趙州無 今
時學人多是看這無字 念這無字 眞可怜也."

56) 황벽선사의 게송. "塵勞迥脫事非常 緊把繩頭做一場 不是一飜寒徹骨 爭得梅花
撲鼻香."

57) 『경허집』, 「진흙소의 울음」(『한불전』 11, 590쪽 하).

58) 『경허집』, 「함께 정혜를 닦아 도솔천에 나며 성불하기 위한 결사문」(『한불전』
11, 604쪽 하).

59) 『경허집』, 「동래군 금정산 범어사 계명암 창설 선사기」(『한불전』 11, 610쪽 중).

60) 백련선서간행회(편), 『영원한 자유의 길』(장경각, 1994), 134~135쪽.

61) 혜각존자(편), 『몽산법어』(용화선원, 1986), 6쪽.

62) 『대혜보각선사서』(『대정장』 47, 922쪽 중). "日久月深 纔覺省力 便是得力處
也."

63) 『대혜보각선사서』(『대정장』 47, 936쪽 하). "得力處乃是省力處 省力處乃是得
力處."

64) 『경허집』, 「참선곡」(『한불전』 11, 631쪽 중).

65) 『간화결의론』(『한불전』 4, 735쪽 상). "忽然於沒滋味無摸索底話頭上 嘖地一發
則一心法界 泂然明白 故心性所具百千三昧無量義門 不求而圓得也."

66) 한암대종사문집편찬위원회(편), 「참선곡」, 『한암일발록』(민족사, 1996), 166~
167쪽.

67) 혜각존자(편), 『몽산법어』(용화선원, 1986), 39쪽.

68) 『경허집』, 「약보」(『한불전』, 11, 588쪽 상~중).

69) 석명정(역주), 「선사 경허화상 행장」, 『경허집』(극락선원, 1991), 410쪽.

70) 경허, 「우연히 읊다(偶吟)」, 『경허집』(『한불전』, 11, 615쪽 상).

71) 한암대종사문집편찬위원회(편), 「참선곡」, 『한암일발록』(민족사, 1996), 167~168쪽.

72) 서산대사, 『선가귀감』(용화선원, 1986), 74~75쪽.

73) 『경허집』, 「참선곡」(『한불전』, 11, 631쪽 하).

74) 『경허집』, 「중 노릇 하는 법」(『한불전』, 11, 598쪽 상).

75) 『경허집』, 「심우송」(『한불전』, 11, 629쪽 하).

76) 석명정(역주), 『삼소굴소식』(영축총림통도사 극락선원, 1997), 391~394쪽.

77) 『경허집』, 「자암거사에게 보내는 서간(上慈庵居士書)」(『한불전』, 11, 611쪽 중).

78) 김학주(역), 『논어』(서울대학교출판부, 1985), 200쪽.

79) 원효, "靑山疊疊彌陀窟 滄海茫茫寂滅宮."

80) 조정권의 시, 「獨樂堂」.

81) 한암문도회(편), 「선사 경허화상 행장」, 『한암일발록』(민족사, 1996), 310쪽.

법왕의 노래

1) 『불본행집경(佛本行集經)』권33, 「전묘법륜품(轉妙法輪品)」상(『대정장』, 3, 808쪽 상~하).

2) 한암대종사문집편찬위원회(편), 「참선곡」, 『한암일발록』(민족사, 1996), 168쪽.

3) 『경허집』, 「오도가」(『한불전』, 11, 628쪽 하~629쪽 중).

4) 한암대종사문집편찬위원회(편), 「선사 경허화상 행장」, 『한암일발록』(민족사, 1996), 303쪽.

5) 『대혜보각선사서』(『대정장』, 47, 932쪽 중). "所謂我爲法王於法自在 得失是非 焉有罣礙."

6) 『불성론』권3(『대정장』, 31, 806쪽 상~중). "次第在三位中 三位者 一不淨位 謂衆生界 二者淨位 謂菩薩地 三者最淸淨位卽是佛地.";『구경일승보성론(究竟一乘寶性論)』권3, 「일체중생유여래장품(一切衆生有如來藏品)」(『대정장』, 31, 832쪽 상). "有不淨有淨 及以善淨等 如是次第說 衆生菩薩佛."

7) 『불성론』권3(『대정장』, 31, 806쪽 중).

8) 『수심결』(『한불전』, 4, 708쪽 중). "但識自心 恒沙法門 無量妙義 不求而得."

9) 『경허집』, 「승화상인에게 주다」(『한불전』, 11, 595쪽 하).

10) 『대혜보각선사서』(『대정장』, 47, 917쪽 상). "當恁麽時 始能回三毒爲三聚淨戒

回六識爲六神通 回煩惱爲菩提 回無明爲大智."

11) 『경허집』, 「법문곡」(『한불전』 11, 635쪽 하~636쪽 상).

12) 『경허집』, 「등암화상에게 주다」(『한불전』 11, 594쪽 상).

13) 성철(편역), 『돈황본 육조단경』(장경각, 1988), 144쪽. "一燈 能除千年闇 一智 能滅萬年愚."

14) 한암대종사문집편찬위원회(편), 「선사 경허화상 행장」, 『한암일발록』(민족사, 1996), 303쪽.

15) 『경허집』, 「화엄사 상원암을 복원하고 선방을 설립하며 정하는 완규문」(『한불전』 11, 601쪽 상).

16) 『경허집』, 「범어사 금강암 칠성각 창건기」(『한불전』 11, 610쪽 하).

17) 김달진(역), 『한산시』(세계사, 1991), 372쪽. "君不見 三界之中紛擾擾 祇爲無明不了絶 一念不生心澄然 無去無來不生滅."

18) 『진심직설』(『한불전』 4, 720쪽 중~하). "據此經文 信知達悟圓覺眞心 本無生死 今知無生死 而不能脫生死者 功夫不到故也 …… 所以知無生死 不如體無生死 體無生死 不如契無生死 契無生死 不如用無生死."

19) 『경허집』, 「법문곡」(『한불전』 11, 635쪽 중).

20) 『경허집』, 「참선곡」(『한불전』 11, 631쪽 중).

21) 서산대사, 『선가귀감』(용화선원, 1986), 88~89쪽.

22) 『대방광불화엄경』 권51, 「여래출현품(如來出現品)」(『대정장』 10, 272쪽 하~273쪽 상). "奇哉奇哉 此諸衆生 云何具有如來智慧 愚痴迷惑 不知不見 我當教以聖道 令其永離妄想執著 自於身中 得見如來廣大智慧 與佛無異."

23) 『대방광불화엄경』 권10, 「야마천궁보살설게품(夜摩天宮菩薩說偈品)」(『대정장』 9, 465쪽 하). "心佛及衆生 是三無差別."

24) 『대반열반경』 권7, 「여래성품(如來性品)」(『대정장』 12, 405쪽 중). "一切衆生 悉有佛性 煩惱覆故 不知不見."

25) 『대반열반경』 권20, 「고귀덕왕보살품(高貴德王菩薩品)」(『대정장』 12, 740쪽 중). "必得阿耨多羅三藐三菩提 得見佛性."

26) 『대반열반경』 권7, 「여래성품(如來性品)」(『대정장』 12, 405쪽 상). "因見佛性 得成阿耨多羅三藐三菩提."

27) 『대반열반경』, 「사자후보살품(師子吼菩薩品)」(『대정장』 12, 776쪽 상). "衆生佛性 諸佛境界 …… 見佛性故 …… 解脫生死 得大涅槃."

28) 『대방등여래장경(大方等如來藏經)』(『대정장』 16, 457쪽 중~하).

29) 『진심직설』(『한불전』 4, 717쪽 상~중). "三世菩薩同學 蓋學此心也 三世諸佛同證 蓋證此心也 一大藏教詮顯 蓋顯此心也 一切衆生迷妄 蓋迷此心也 一切行

人發悟 盖悟此心也 一切諸祖相傳 盖傳此心也 天下衲僧參訪 盖參此心也 達此
心則頭頭皆是物物全彰 迷此心則處處顚倒念念痴狂 此體是一切衆生本有之佛性
乃一切世界生發之根源."

30) 『경허집』, 「진흙소의 울음」(『한불전』 11, 590쪽 하~591쪽 상).

31) 『경허집』, 「승화상인에게 주다」(『한불전』 11, 596쪽 상).

32) 『증도가』(『대정장』 48, 396쪽 상). "無相無空無不空 卽是如來眞實相."

33) 『소품반야바라밀경(小品般若波羅蜜經)』 권4(『대정장』 8, 552쪽 하). "行般若
波羅蜜 知一切法空.";『소품반야바라밀경』 권8(『대정장』 8, 571쪽 하). "須菩
提 一切法離相 一切法空相."

34) 『소품반야바라밀경』 권4(『대정장』 8, 554쪽 상). "從般若波羅生諸佛薩婆若
智 從薩婆若智還生般若波羅蜜.";『소품반야바라밀경』 권8(『대정장』 8, 574쪽
상). "學薩婆若爲學般若波羅蜜 學佛地十力四無所畏十八不共法.";『마하반야
바라밀경(摩訶般若波羅蜜經)』(『대정장』 8, 375쪽 중). "一切種智是諸佛智."

35) 『소품반야바라밀경』 권8(『대정장』 8, 571쪽 중~하). "須菩提 過去諸佛皆從六
波羅蜜生 未來諸佛皆從六波羅蜜生 在十方無量阿僧祇世界諸佛 皆從六波羅蜜
生 又三世諸佛薩婆若 皆從六波羅蜜生 何以故 諸佛行六波羅蜜 以四攝法攝取
衆生 所謂布施愛語利益同事 得阿耨多羅三藐三菩提 須菩提 是故當知 六波羅
蜜是大師 是父是母是舍是歸 是洲是求是究竟道 六波羅蜜利益日切衆生."

36) 『소품반야바라밀경』 권4(『대정장』 8, 552쪽 하). "一切法空."

37) 『소품반야바라밀경』 권6(『대정장』 8, 566쪽 하). "一切法空相不可得說."

38) 『소품반야바라밀경』 권1(『대정장』 8, 540쪽 상~중). "菩薩 …… 於大乘以空
法住般若波羅蜜."

39) 『마하반야바라밀경』 권1(『대정장』 8, 219쪽 하).

40) 『중론』(『대정장』 30, 33쪽 중).

41) 『마하반야바라밀경』 권7(『대정장』 8, 269쪽 중). "諸法和合生 無自性."

42) 『반야바라밀다심경(般若波羅蜜多心經)』(『대정장』 8, 848쪽 하).

43) 『중론』(『대정장』 30, 1쪽 중). "不生亦不滅 不常亦不斷 不一亦不異 不來亦不
出 能說是因緣 善減諸戱論 我稽首禮佛 諸說中第一."

44) 『잡아함경(雜阿含經)』 권12(『대정장』 2, 85쪽 중). "彼如來自覺此法 成等正覺."

45) 『중아함경(中阿含經)』 권7(『대정장』 1, 467쪽 상). "若見緣起便見法 若見法便
見緣起."

46) 『중론』(『대정장』 30, 34쪽 하). "是故經中說 若見因緣法 則爲能見佛 見苦集
減道."

47) 『중론』(『대정장』 30, 33쪽 중). "衆因緣生法 我說卽是無 亦爲是假名 亦是

中道義.”

48) 김달진(역), 『법구경』(현암사, 1988), 184쪽.

49) 『금강반야바라밀경』(『대정장』 8, 731쪽 중). “一切法 皆是佛法.”

50) 소동파의 시. “溪聲便是廣長舌 山色豈非淸淨身 夜來八萬四千偈 他日如何擧
似人.”

51) 만공문도회(편), 『만공법어 : 보려고 하는 자가 누구냐』(묘광, 1983), 168쪽.
“流水西來曲 樹葉迦葉舞.”

52) 『경허집』, 「등암화상에게 주다」(『한불전』 11, 593쪽 상).

53) 『화엄론절요서(華嚴論節要序)』(『한불전』 4, 767쪽 상). “世尊說之於口 卽爲敎
祖師傳之於心 卽爲禪 佛祖心口 必不相違 豈可不窮根源 而各安所習 妄興諍論
虛喪天日耶.”

54) 『권수정혜결사문』(『한불전』 4, 700쪽 중). “何如先須信解心性本淨 煩惱本空
而不妨依解薰修者也 外攝律儀而忘拘執 內修精慮而非伏捺 可謂於惡斷 斷而無
斷 於善修 修而無修 爲眞修斷矣 若能如是定慧雙運 萬行齊修 則豈比夫空守默
之癡禪 但尋文之狂慧者也.”

55) 『법집별행록절요병입사기』(『한불전』 4, 746쪽 중~하). “予見敎學者 滯於權敎
所說 眞妄別執 自生退屈 或口談事事無碍 不修觀行 不信有自心悟入之秘訣
纔聞禪者 見性成佛 以謂不出頓敎離言之理 不知此中 圓悟本心 不變隨緣性相
體用 安樂富貴 同於諸佛之意 豈爲有智慧人也 又見禪學者 但知過量機 不踐階
梯 徑登佛地之義 不信此錄中有悟解後 初入十信位之文 以故纔有自心開發處
不知解行之深淺 染習之起滅 多有法慢 所發言句 越分過頭 華嚴論亦云 大心凡
夫 於信因中契諸佛果德 分毫不謬 方成信也 若知此意 則不自屈不自高 方爲得
意修心者也.”

56) 『법집별행록절요병입사기』(『한불전』 4, 741쪽 상). “須依如實言敎 決擇悟修之
本末 以鏡自心 卽於時中觀照 不枉用功爾.”

57) 『경허집』, 「등암화상에게 주다」(『한불전』 11, 603쪽 상).

58) 징관, 『대방광불화엄경수소연의초(大方廣佛華嚴經隨疏演義鈔)』 권22(『대정장』
36, 248쪽 하). “曉公云 如言而取所說皆非 得意而談所說皆是.”

59) 원효, 『열반종요』(『한불전』 1, 524쪽 상).

60) 『수심결』(『한불전』 4, 713쪽 중). “若具丈夫之志 求無上菩提者 捨此奚以哉
切莫執文 直須了義 ——歸就自己 契合本宗 則無師之智 自然現前 天眞之理
了然不昧 成就慧身 不由他悟.”

61) 서산대사, 『선가귀감』(용화선원, 1986), 34쪽.

62) 『경허집』, 「동곡화상 영찬(東谷和尙影讚)」(『한불전』 11, 614쪽 하).

63) 『경허집』, 「등암화상에게 주다」(『한불전』 11, 593쪽 상~중).

64) 『경허집』, 「범어사에 선원을 시설한 계의서(梵魚寺設禪社契誼序)」(『한불전』 11, 600쪽 중).

65) 『경허집』, 「장 상사와 김석두에게 보내는 서간」(『한불전』 11, 611쪽 상~중). "盖生死涅槃凡聖善惡等事 以至禪誦祈念等行 無非是外."

66) 『경허집』, 「가가가음」(『한불전』 11, 634쪽 상).

67) 『경허집』, 「중 노릇 하는 법」(『한불전』 11, 599쪽 상).

68) 서산대사 「임하사(林下辭)」. "吁 若非無絃琴無孔笛兮 吾誰與唱太平之曲也哉."

69) 『경허집』, 「가가가음」(『한불전』 11, 634쪽 하).

70) 전강선사법어 Tape 654, 전강선사일대기 Tape 7.

71) 전강선사 오도송(悟道頌). "어젯밤 달빛은 누각에 가득하더니(昨夜月滿樓) 창 밖은 갈대꽃 가을이로다(窓外蘆花秋) 부처와 조사도 신명을 잃었는데(佛祖喪身命) 흐르는 물은 다리를 지나오는구나(流水過橋來)."

전법과 선풍 진작

1) 『증도가』(『대정장』 48, 396쪽 중).

2) 서산대사의 선시. "萬國都城如蟻垤 千家豪傑若醯雞 一窓明月淸虛枕 無限松風韻不齊."

3) 한암대종사문집편찬위원회(편), 「참선곡」, 『한암일발록』(민족사, 1996), 168~169쪽.

4) 『수심결』(『한불전』 4, 710쪽 상~중). "若悟此心 眞所謂不踐階梯 徑登佛地 步步超三界 歸家頓絶疑 便與人天爲師 悲智相資 具足二利 堪受人天供養 日消萬兩黃金 汝若如是 眞大丈夫 一生能事已畢矣."

5) 『경허집』, 「법문곡」(『한불전』 11, 635쪽 하~636쪽 상).

6) 『경허집』, 「우연히 읊다」(『한불전』 11, 615쪽 상).

7) 효봉, 「미래사(彌來寺) 상량문」, 『효봉법어집』(불일출판사, 1995), 169쪽.

8) 『법집별행록절요병입사기』(『한불전』 4, 766쪽 상~중). "若眞出世丈夫 不被言說知解使作 卽於十二時中 觸境逢緣處 不作世諦流布 亦不作佛法理論 而有一條活路 自然見三世諸佛敗闕處 六代祖師敗闕處 天下善知識敗闕處 然後運出自家財寶 賑濟一切 則皇恩佛恩 一時報畢也."

9) 한암대종사문집편찬위원회(편), 「일진화(一塵話)」, 『한암일발록』(민족사, 1996), 93쪽.

10) 『경허집』, 「천장암(題天藏庵)」(『한불전』 11, 618쪽 상).

11) 이상범의 시, 「九千洞 詩」.

12) 『대방광불화엄경』 권40, 「입부사의해탈경계보현행원품」(『대정장』 10, 848쪽 상). "乃至虛空世界盡 衆生及業煩惱盡 如是一切無盡時 我願究竟恒無盡."

13) 『경허집』, 「우연히 읊다」(『한불전』 11, 616쪽 하).

14) 경허, 「범어사 여름안거 해제날 원효암에 올라」(梵魚寺解夏日上元曉庵), 『경허집』(『한불전』 11, 617쪽 중~하).

15) 이지관(편저), 『가야산 해인사지』(가산문고, 1992), 147쪽.

16) 이지관(편저), 『가야산 해인사지』(가산문고, 1992), 160쪽.

17) 『증도가』(『대정장』 48, 396쪽 상). "獅子吼無畏說 百獸聞之皆腦裂 香象奔波失却威 天龍寂聽生欣悅."

18) 『사십이장경』(『대정장』 17, 722쪽 하). "何者爲善 唯行道善 何者最大 志與道合大."

19) 『증도가』(『대정장』 48, 396쪽 중). "或是或非人不識 逆行順行天莫測."

20) 『증도가』(『대정장』 48, 396쪽 중). "欲得不招無間業 莫謗如來正法輪."

21) 『금강반야바라밀경』(『대정장』 8, 752쪽 상). "若以色見我 以音聲求我 是人行邪道 不能見如來."

22) 한암대종사문집편찬위원회(편), 「악기식(惡氣息)」, 『한암일발록』(민족사, 1996), 101~102쪽.

23) 『전심법요(傳心法要)』(『대정장』 48, 381쪽 상). "凡夫取境 道人取心 心境雙忘 乃是眞法 忘境猶易 忘心至難."

24) 중봉, 『산방야화』, 백련선서간행회(역), 선림고경총서 2(장경각, 1988), 84쪽.

25) 만공문도회(편), 『만공법어 : 보려고 하는 자가 누구냐』(묘광, 1983), 79쪽.

26) 『대혜보각선사서』(『대정장』 47, 943쪽 상). "古人云 我不重先師道德 只重先師不爲我說破 若爲我說破 豈有今日."

27) 한암대종사문집편찬위원회(편), 「선사 경허화상 행장」, 『한암일발록』(민족사, 1996), 309~313쪽.

28) 『증도가』(『대정장』 48, 396쪽 하). "大象不遊於兎徑 大悟不拘於小節 莫將管見謗蒼蒼 未了吾今爲君決."

29) 『경허집』, 「우연히 읊다」(『한불전』 11, 615쪽 하).

30) 『증도가』(『대정장』 48, 395쪽 하). "窮釋子口稱貧 實是身貧道不貧 貧則身常披縷褐 道則心藏無價珍 無價珍用無盡 利物應時終不悋."

31) 일타(편역), 『禪, 삼매로 가는 길』(해인사출판부, 1991), 167쪽.

32) 『증도가』(『대정장』 48, 396쪽 상). "縱遇鋒刀常坦坦 假饒毒藥也閑閑."

33) 진묵대사의 시. "天衾地席山爲枕 月燭雲屛海作樽 大醉居然仍起舞 却嫌長袖

掛崑崙."

34) 『경허집』, 「우연히 읊다」(『한불전』 11, 618쪽 하).

35) 조정권의 시, 「코스모스」.

36) 『금강삼매경론』(『한불전』 1, 604쪽 중). "無理之至理 不然之大然."

37) 『수심결』(『한불전』 4, 714쪽 상). "悲夫 井蛙焉知滄海之闊 野干何能師子之吼."

38) 『증도가』(『대정장』 48, 396쪽 중). "栴檀林無雜樹 鬱密森沈師子住 境靜林閒
獨自遊 走獸飛禽皆遠去."

39) 한암대종사문집편찬위원회(편), 「선사 경허화상 행장」, 『한암일발록』(민족사,
1996), 303~304쪽.

40) 한암대종사문집편찬위원회(편), 「선사 경허화상 행장」, 『한암일발록』(민족사,
1996), 308~309쪽.

41) 진제, 『진제대선사법어집 : 염화인천』(화산문화, 1998), 281~282쪽.

42) 『경허집』, 「법제자 혜월에게 주다(與法子慧月)」(『한불전』 11, 639쪽 상).

43) 『전심법요』(『대정장』 48, 382쪽 상). "自如來付法迦葉已來 以心印心 心心
不異."

44) 『신심명』(『대정장』 48, 376쪽 중). "至道無難 唯嫌揀擇 但莫憎愛 洞然明白."

45) 『수심결』(『한불전』 4, 709쪽 중). "況事上神通 於達人分上 猶爲妖怪之事 亦
是聖末邊事."

46) 『경허집』, 「진흙소의 울음」(『한불전』 11, 591쪽 상).

47) 만공문도회(편), 『만공법어 : 보려고 하는 자가 누구냐』(묘광, 1983), 305~306쪽.

48) 『경허집』, 「청암사 수도암에 오르다(上靑岩寺修道庵)」(『한불전』 11, 619쪽 상).

49) 김탄허, 「현대불교의 거인」, 『한국의 인간상』 3(신구문화사, 1965), 336쪽.

50) 한암대종사문집편찬위원회(편), 『한암일발록』(민족사, 1996), 180~181쪽.

51) 한암대종사문집편찬위원회(편), 「경허화상 전별시에 대한 화답시(和鏡虛和尙
餞別詩)」, 『한암일발록』(민족사, 1996), 178~179쪽.

52) 『대혜보각선사서』(『대정장』 47, 928쪽 상). "師子遊行 不求伴侶."

53) 『경허집』, 「마정령에서 초동과 문답(於馬亭嶺與樵童問答)」(『한불전』 11, 596
쪽 중).

54) 『경허집』, 「범어사에서 해인사로 가는 도중에 읊다(自梵魚寺向海印寺道中口
號)」(『한불전』 11, 617쪽 하).

55) 『경허집』, 「만공 스님이 화상께서 가신 후 중생을 어떻게 교화합니까 하고 물
음에 답하다(答滿空間和尙歸去後衆生如何敎化)」(『한불전』 11, 618쪽 상).

56) 『경허집』, 「법제자 만공에게 주다」(『한불전』 11, 596쪽 하~597쪽 상).

57) 『증도가』(『대정장』 48, 395쪽 하). "常獨行常獨步 達者同遊涅槃路."

1) 법정,『그물에 걸리지 않는 바람처럼—숫타니파타 강론집』(샘터, 1990), 80쪽.

2) 청허휴정의 선시.“山自無心碧 雲自無心白 其中一上人 亦是無心客.”

3) 『경허집』,「금강산 유산가」(『한불전』 11, 641쪽 중~651쪽 중).

4) 『경허집』,「경허집서」(『한불전』 11, 587쪽 중).

5) 『경허집』,「석왕사영월루(題釋王寺映月樓)」(『한불전』 11, 618쪽 상).

6) 한암대종사문집편찬위원회(편),「참선곡」,『한암일발록』(민족사, 1996), 168쪽.

7) 김영태,『한국불교사』(경서원, 1997), 65~69쪽.

8) 『경허집』,「운달산을 지나며 읊다(雲達山途中口號)」(『한불전』 11, 616쪽 중).

9) 『묘법연화경』(『대정장』 9, 17쪽 상).

10) 『경허집』,「금봉당에게 써주신 팔첩병(書錦峯堂八帖屛)」(극락선원, 1991), 59~60쪽.

11) 『대방광불화엄경』 권40,「입부사의해탈경계보현행원품(入不思議解脫境界普賢行願品)」(『대정장』 10, 845쪽 하~846쪽 상).“言恒順衆生者 …… 我皆於彼隨順而轉 種種承事 種種供養 如敬父母 乃至奉師長 及阿羅漢 乃至如來 等無有異 於諸病苦 爲作良醫 於失道者 示其正路 於闇夜中 爲作光明 於貧窮者 令得伏藏 菩薩如是平等饒益一切衆生.”

12) 『무량수경종요』(『한불전』 1, 560쪽 하).“大乘廣智者 是平等性智 此智廣度 不向小乘 謂遊無我故無不我 無不我故 無不等攝 以此同體智力 普載無邊有情 皆令同至無上菩提 是故 名爲大乘廣智.”

13) 『유마힐소설경(維摩詰所說經)』,「문수사리문질품(文殊師利問疾品)」(『대정장』 14, 544쪽 중).“以一切衆生病是故我病 若一切衆生病滅則我病滅.”

14) 『대혜보각선사서』(『대정장』 47, 935쪽 상).“佛祖 …… 醫苦惱衆生生死大病 號大醫王.”

15) 『대혜보각선사서』(『대정장』 47, 925쪽 하).“一了一切了 一悟一切悟 一證一切證 如斬一結絲 一斬一時斷 證無邊法門亦然 更無次第 …… 若已到恁麽田地 當以此法門興起大悲心 於逆順境中和泥合水 不惜身命不怕口業 拯拔一切以報佛恩 方是大丈夫所爲.”

16) 혜각존자(편),『몽산법어』(용화선원, 1986), 140쪽.

17) 『수심결』(『한불전』 4, 711쪽 하).“若微細流注永斷 圓覺大智 朗然獨存 卽現千百億化身 於十方國中 赴感應機 似月現九霄 影分萬水 應用無窮 度有緣衆生 快樂無憂 名之爲大覺世尊.”

18) 『경허집』,「심우송」(『한불전』 11, 630쪽 중).

19) 『경허집』, 「심우송」(『한불전』11, 630쪽 하).

20) 『대방광원각수다라요의경』(『대정장』17, 916쪽 하). "菩薩唯以大悲方便 入諸
世間 開發未悟 乃至示現 種種形相 逆順境界 與其同事 化令成佛 皆依無始淸
淨願力."

21) 『신심명』(『대정장』48, 376쪽 하). "欲趣一乘 勿惡六塵 六塵不惡 還同正覺."

22) 『경허집』, 「영변의 신시장을 지나며(過寧邊新市場)」(『한불전』11, 622쪽 상).

23) 소요태능(逍遙太能, 1562~1649)의 선시. "大地山河是我家 更於何處覓鄕家."

24) 사찰문화연구원(편저), 『북한사찰연구』(한국불교종단협의회, 1993), 644쪽.

25) 『경허집』, 「회천 두첩사에 앉아(坐熙川頭疊寺)」(『한불전』11, 618쪽 하~619
쪽 상).

26) 『경허집』, 「김담여에게 화답하다(和金淡如)」(『한불전』11, 624쪽 상).

27) 『경허집』, 「박리순과 회포를 풀다(與朴利淳敍懷)」(『한불전』11, 621쪽 하).

28) 『경허집』, 「공귀리에서 여러 벗들에게 화답하다(公貴里和諸益)」(『한불전』11,
622쪽 중~하).

29) 『경허집』, 「상원암에서 하천과 함께 옛일을 이야기하다(上院庵與荷川敍舊)」
(『한불전』11, 623쪽 하).

30) 『백장회해선사어록』(『卍속장경』119, 819쪽 하). "老人便問 大修行底人 還落
因果也無 師云 不昧因果."

31) 『진심직설』(『한불전』4, 722쪽 중). "眞心有時施用 非逐境生 但妙用遊戲 不昧
因果耳."

32) 『무량수경종요』(『한불전』1, 555쪽 상). "淨土 皆是如來願行所成 …… 穢土
唯由衆生共業所成."

33) 『대방광불화엄경』권40, 「입부사의해탈경계보현행원품」(『대정장』10, 846쪽
중). "若諸衆生 因其積集諸惡業故 所感一切極重苦果 我皆代受 令彼衆生 悉
得解脫 究竟成就無上菩提."

34) 『경허집』, 「설날 아침(元旦)」(『한불전』11, 620쪽 하).

35) 『경허집』, 「갑산 들어가는 길에 강계 아득포 재를 넘으며(入甲山路踰江界牙得
浦嶺)」(『한불전』11, 620쪽 상).

36) 서산대사 「백운처사에게(贈白雲處士)」. "不是人間不是仙 耕山釣月度流年."

37) 『유마힐소설경』, 「방편품」(『대정장』14, 539쪽 상~중).

38) 『경허집』, 「공귀리에서 여러 벗들에게 화답하다」(『한불전』11, 622쪽 중~하).

39) 『경허집』, 「공귀리에서 여러 벗들에게 화답하다」(『한불전』11, 622쪽 하).

40) 『대승기신론별기(大乘起信論別記)』(『한불전』1, 677쪽 하). "染淨融故 眞俗
平等."

41) 『금강삼매경론』(『한불전』 1, 604쪽 중). "夫一心之源 離有無而獨淨 三空之海 融眞俗而湛然 湛然 融二而不一 獨淨 離邊而非中 非中而離邊故 不有之法 不卽住無 不無之相 不卽住有 不一而融二故 非眞之事 未始爲俗 非俗之理 未始 爲眞也 融二而不一故 眞俗之性 無所不立 染淨之相 莫不備焉."

42) 성철(편역), 『돈황본 육조단경』(장경각, 1988), 212쪽. "法元在世間 於世出世間 勿離世間上 外求出世間 邪見是世間 正見出世間 邪正悉打却 菩提性宛然 此但是頓教 亦名爲大乘 迷來經累劫 悟則刹那間."

43) 『대혜보각선사서』(『대정장』 47, 929쪽 하). "世間法則佛法 佛法則世間法也."

44) 만공문도회(편), 『만공법어 : 보려고 하는 자가 누구냐』(묘광, 1983), 277쪽.

45) 만공문도회(편), 『만공법어 : 보려고 하는 자가 누구냐』(묘광, 1983), 77쪽.

46) 『경허집』, 「회천 두첩사에 앉아」(『한불전』 11, 623쪽 상).

47) 『진주임제혜조선사어록(鎭州臨濟慧照禪師語錄)』(『대정장』 47, 498쪽 중).

48) 『문수사리발원경(文殊師利發願經)』(『대정장』 10, 879쪽 상). "猶日處虛空 蓮花不著水 遍行遊十方 教化諸群生 除減惡道苦 具足菩薩行."

열반

1) 『금강반야바라밀경』(『대정장』 8, 752쪽 중).

2) 『육조대사법보단경』(『대정장』 48, 361쪽 중). "衆日 師從此去 早晚可回 師日 葉落歸根 來時無口."

3) 김학주(역주), 『중용』(서울대학교출판부, 1995), 39쪽.

4) 『경허집』, 「여러 벗들과 자북사에 올라(與諸益上子北寺)」(『한불전』 11, 625쪽 상).

5) 서산대사 선시, 「준선자(俊禪子)」. "悲歡一枕夢 聚散十年情 無言却回首 山頂白雲生."

6) 『경허집』, 「섣달 그믐날 밤」(除夕)(『한불전』 11, 620쪽 하).

7) 공초 오상순(空超 吳相淳, 1894~1963)의 시, 「나와 詩와 담배」.

8) 『경허집』(『한불전』 11, 636쪽 하).

9) 『선문염송(禪門拈頌)』 권7(『고려대장경』 46, 117쪽 상). "心月孤圓 光呑萬象 光非照境 境亦非存 光境俱亡 復是何物."

10) 한암대종사문집편찬위원회(편), 「선사 경허화상 행장」, 『한암일발록』(민족사, 1996), 308쪽.

11) 김달진의 시, 「비명(碑銘)」.

12) 김진태, 『달을 듣는 강물』(해냄, 1996), 174~175쪽.

13) 『경허집』, 「경허법사의 천화를 듣고 읊다(聞鏡虛法師遷化吟)」(『한불전』 11, 651쪽 하). "善惡過虎佛 是鏡虛禪師 遷化向甚處 酒醉花面臥."

14) 『경허집』, 「함경북도 갑산군 웅이면 난덕산 아래 스승의 다비식 때 읊다(於咸北甲山郡熊耳面難德山下先師茶毘時吟)」(『한불전』 11, 651쪽 하). "舊來是非如如客 難德山止劫外歌 驢馬燒盡是暮日 不食杜鵑限小鼎."

15) 서산대사의 시, 「죽은 중을 곡하며(哭亡僧)」. "來與白雲來 去隨明月去 去來一主人 畢竟在何處."

16) 『경허집』, 「경허법사 영찬(鏡虛法師影讚)」(『한불전』 11, 651쪽 하).

17) 『경허집』, 「법문곡」(『한불전』 11, 636쪽 상).

경허의 길과 21세기의 길

1) 『잡아함경』 권2, 「십육비구경(十六比丘經)」(『대정장』 2, 8쪽 상).

1846년(1세) 8월 24일 전주 자동리에서 아버지 송두옥(宋斗玉)과 어머니 밀양 박씨의 둘째 아들로 태어나다.

1854년(9세) 어머니를 따라 서울로 와서 경기도 의왕시 청계사로 가서 계허(桂虛)를 은사로 출가하다.

1859년(14세) 여름 청계사에서 여름을 지내게 된 한 선비로부터 글을 배우다. 늦가을에 계룡산 동학사로 와서 당시 조선 제일의 강백으로 명성을 떨치던 만화보선(萬化普善)에 게 붓다의 일대시교(一代時敎)를 배우며, 대·소승 경전은 물론 유가와 도가의 경전까지 두루 섭렵하다.

1868년(23세) 대중들의 요청으로 동학사에서 개강하여 끝없이 교학을 연찬하는 한편 젊은 대 강사로서 명성을 전국에 떨치다.

1879년(34세) 여름 어느 날 옛 은사를 찾아가는 도중 천안 근처 콜레라가 창궐하는 마을에서 시신이 널려 있는 참혹한 현장을 보고 문자와 중생의 알음알이는 아무 소용이 없 음을 사무치게 절감하고 대발심하여 동학사로 되돌아와 강원을 철폐하고 '여사 미거 마사도래'(驢事未去 馬事到來)라는 화두를 참구하며 처절한 수행을 하다. 11월 보름께 '소가 되어도 고삐 뚫을 구멍이 없다'는 말을 듣고 확철대오하다.

1880년(35세) 봄에 연암산 천장암으로 가서 누더기 한 벌을 손수 지어 입고 보임장양(保任長 養)에 들어가 이듬해 6월까지 전 불교사, 선종사에서 유례를 찾아볼 수 없는 오 후보임을 하다.

1881년(36세) 6월 어느 날 이가 들끓고 있는 누더기를 활짝 벗어버리고 여래의 세계를 선포하 는 「오도가」(悟道歌)를 부르다.

1882년(37세) 이후로 17년을 천장암·개심사·문수사·부석사·수덕사·정혜사를 비롯하여 마 곡사·묘각사·장곡사·대련사·봉곡사·보석사·태고사·영은사·영탑사·갑 사·동학사·신원사·법주사 등 호서지방에서 정법의 깃발을 높이 세우고 선풍 을 크게 일으키며 많은 일화를 남기다.

1884년(39세) 10월에 동학사에서 훗날 법제자 만공인 14세의 도암(道岩) 행자를 만나다.

1898년(53세) 도비산 부석사에서 금정산 범어사(梵魚寺)의 초청을 받아 만공·침운과 함께 범어사로 가서 영남 최초의 선원을 개설하고 하안거를 지도하는 등 선풍을 진 작하다.

1899년(54세) 봄에 가야산 해인사 조실(祖室)로 초대받다.
  가을에 국왕의 칙명으로 추진하는 장경간행불사를 증명하고, 또한 수선사를 창설하고 「함께 정혜를 닦아 도솔천에 나며 성불하기 위한 결사문」(結同修定慧同 生兜率同佛果稧社文)을 지어 결사운동을 주창하니 대중들이 모두 추대하여 법주(法主)로 모시다.

이 무렵 청암사 수도암에서 24세의 한암을 만나다.

1900년(55세)　1월 하순 조계산 송광사 점안식에 증사(證師)로 초청받아 가서 머무르니, 이로부 터 한두 해에 걸쳐 송광사를 비롯한 화엄사·천은사·백장암·실상사·영원사·벽 송사·쌍계사·태안사·송광암 등 호남 일대에 선원을 창설하고 선풍을 진작하다. 여름에 다시 영남지방으로 가서 통도사·내원사·백운암·표충사 등 여러 사찰 을 순력하며 선풍을 크게 떨치고, 그 얼마 뒤 대승사·윤필암·동화사·파계사 등 경상북도 지방에도 선원을 창설하며 눈 푸른 납자들의 안목을 열어주다.

1902년(57세)　늦봄에 혜월에게 전법게를 주다. 범어사에서 『선문촬요』(禪門撮要)를 편찬하여 선문의 정로(正路)를 제시하다.

가을에는 마하사의 나한전 개분불사를 증명하다.

1903년(58세)　해인사 조실로 있으면서 한글과 한문 혼용인 「참선곡」, 「가가가음」(可歌可吟)과 순 한글로 씌어진 「법문곡」, 「중 노릇 하는 법」 등을 지어서 누구든지 불법을 알 게 하고 해탈도를 얻게 하다.

겨울에 해인사에서 법제자인 한암과 이별할 때 서문 한 편과 시 한 수를 지어 주다.

1904년(59세)　1월 해인사에서 인경불사를 매듭짓다.

2월에 천장암에 도착해서 2월 11일 만공에게 전법게를 주며 후래불법을 부촉하 고는 북녘으로 향하다.

봄에 오대산 월정사에서 『대방광불화엄경』(大方廣佛華嚴經) 법회에서 3개월 간 법문을 하다.

여름에 금강산을 유람하며 무려 175편의 연작시 「금강산 유산가」(金剛山遊山歌) 를 비롯해 2편의 「금강산 명구」(金剛山名句)와 2편의 「제헐성루」(題歇惺樓) 등 주옥 같은 시를 남기다.

가을에 금강산을 떠나 안변 석왕사에 이르러 오백 나한 개분불사를 증명하고, 홀연 히 석왕사를 떠나 화광동진(和光同塵), 이류중행(異類中行)의 대장정에 들어가다.

1905년(60세)　석왕사를 떠난 이후 북녘으로 빈 배처럼 떠돌며 스스로 박난주(朴蘭洲)라 부르 고 머리를 기르고 선비의 옷차림을 하고서 손을 드리우며 저자에 들어가 서민 대 중들 속에 묻혀 살며 중생을 교화 제도하다.

평안북도 영변 회천을 거쳐 강계 지방에 이르러 김탁의 집에 머무르며 서당 을 개설하여 민족의 미래를 열어갈 아이들을 일깨워주고 북녘의 선비들과 어 울리며 불법의 오묘한 가르침을 설하며 거리 장터에서 노닐며 서민 대중을 교화하다.

이 무렵 북녘의 선비들과 영변·희천·강계·위원·장진 일대의 명승지를 두루 돌아다니면서 수많은 주옥 같은 시를 남기다. 강계의 오남사·자북사와 같은 사찰, 인풍루·북문루·남문루·동문루와 같은 누각, 육삼정·소산원정·망미정·거연정·면가정 같은 정자들을 유력하면서 때로는 산하 대지와 하나된 무심경계를 읊기도 하고 때로는 나그네의 향수를 달래는 시를 읊기도 하고 때로는 쓰러져 가는 나라를 걱정하는 시를 읊기도 하다.

1910년(65세)	이 무렵 강계를 떠나 갑산 웅이방 도하동에서 서당을 개설하여 아이들을 가르치는 한편 거리에서 장터에서 서민 대중들과 술잔을 기울이고 노래하며 불법을 깨우쳐주다.
1912년(67세)	4월 25일 열반송을 읊은 뒤 일원상(一圓相 : ○)을 그리고 나서 입적하다.
1913년(열반 1년)	여름 어느 날 경허의 천화(遷化)를 알리는 수월의 서신이 법제자 만공과 혜월이 머물고 있던 예산군 정혜사에 도착하다. 만공과 혜월이 갑산군 웅이면 난덕산으로 가서 다비를 봉행하다.
1930년(열반 18년)	당시 금강산 유점사 선원 조실로 있던 만공을 중심으로 법제자들이 경허의 법어집출판불사를 추진하다.
1931년(열반 19년)	3월 15일 한암은 오대산 월정사에서 「선사 경허화상 행장」을 쓰다.
1936년(열반 24년)	납월(臘月) 8일 당시 유명한 인물화가였던 설산 최광익(雪山 崔光益)이 경허의 진영을 그리고 만공이 「경허법사 영찬」을 지어 「경허당 대선사 성우 진영」(鏡虛堂大禪師惺牛眞影)을 덕숭산 금선대 진영각(眞影閣)에 봉안하다.
1942년(열반 30년)	봄에 김영운(金靈雲) 윤등암(尹燈岩) 등이 법어와 선시, 유묵(遺墨) 등 경허 관련 자료를 수집하기 위해 갑산, 강계와 만주 일대를 다녀오다.
	가을에 한용운이 서문을 쓰고 수집한 자료를 편집하여 중앙선원판본(中央禪院板本)으로 『경허집』이 간행되다.
1980년(열반 68년)	3월 덕숭산 정혜사 능인선원에서 경허성우 선사 법어집간행회가 발기되어 『경허집』에 누락된 법어와 게송 그리고 일화와 유묵을 수집하다.
1981년(열반 69년)	11월 20일 경허성우 선사 법어집간행회가 편집하고 진성원담(眞惺圓潭) 선사가 번역한 『경허법어』가 인물연구소에서 간행되다.
1990년(열반 78년)	11월 명정(明正)이 번역한 『경허집』이 극락선원(極樂禪院)에서 간행되다.
1999년(열반 87년)	1월 22일 한국선의 근본도량인 덕숭총림 수덕사에서 경허·만공선사의 선사상을 토대로 한국불교의 선맥을 정립하고 정법을 수호하며, 나아가 21세기 새 문명의 새 패러다임을 인류사회에 제시하려는 대원력으로 한국불교선학연구원을 개원하다.
1999년(열반 87년)	5월 28일 한국불교선학연구원이 '경허의 선사상과 역사적 위치' 라는 주제로 제1회 한국선학 학술회의를 개최하다.

1. 경허 저술

1) 법어(法語)
「진흙소의 울음」(泥牛吼)
「심우도 법문」(尋牛圖法門)
「일진화」(一塵話)
「등암화상에게 주다」(與藤菴和尙)
「답화」(答話)
「법계당에게 보이다」(示法界堂)
「승화상인에게 주다」(贈承華上人)
「마정령에서 초동과 문답」(於馬亭嶺與樵童問答)
「박태평과 문답」(與朴太平問答)
「금봉당에게 써주신 팔첩병」(書錦峯堂八帖屛)
「13세 동자 경석에게 보이다」(示慶奭十三歲童子)
「법제자 만공에게 주다」(與法子滿空)
「법제자 혜월에게 주다」(與法子慧月)
「법제자 한암에게 주다」(與法子漢巖)
「상당」(上堂)
「중 노릇 하는 법」

2) 서문(序文)
「범어사 계명암 수선사 방함 청규」(梵魚寺鷄鳴庵修禪社芳啣淸規)
「범어사에 선원을 설립한 계의서」(梵魚寺設禪社契誼序)
「해인사 수선사 방함인」(海印寺修禪社芳啣引)
「정법안장 서」(正法眼藏序)
「화엄사 상원암을 복원하고 선방을 설립하여 정하는 완규문」(華嚴寺上院庵復設
    禪室定完規文)
「함께 정혜를 닦아 도솔천에 나며 성불하기 위한 결사문」(結同修定慧同生兜率同
    成佛果稧社文)
「남원 천은사 불량계 서」(南原泉隱寺佛糧契序)

「덕유산 송계암을 복원하는 권선문」(德裕山松溪庵回祿後成造勸善文)

「상포계 서」(喪布稧序)

「범어사 총섭 방함록 서」(梵魚寺總攝芳啣錄序)

3) 기문(記文)

「합천군 가야산 해인사 수선사 창건기」(陜川郡伽倻山海印寺修禪社創建記)

「범어사 계명암 창건기」(梵魚寺鷄鳴庵創建記)

「동래군 금정산 범어사 계명암 창설 선사기」(東萊郡金井山梵魚寺鷄鳴庵創設禪
   社記)

「범어사 금강암 칠성각 창건기」(梵魚寺金剛庵七星閣創建記)

「동리산 태안사 만일회 범종 단나 방함기」(桐裏山泰安寺萬日會梵鐘檀那芳啣記)

4) 서간(書簡)

「장 상사와 김석두에게 보내는 서간」(上張上舍金石頭書)

「자암거사에게 보내는 서간」(上慈庵居士書)

「김 석사와 장 상사에게 보내는 서간」(上金碩士張上舍書)

「기증무이당」(寄贈無二堂)

5) 행장(行狀)

「서룡화상 행장」(瑞龍和尙行狀)

「취은화상 행장」(取隱和尙行狀)

6) 영찬(影贊)

「금우화상 영찬」(錦雨和尙影贊)

「인봉화상 영찬」(茵峯和尙影贊)

「대연화상 영찬」(大淵和尙影贊)

「귀암화상 영찬」(歸庵和尙影贊)

「고암화상 영찬」(古庵和尙影贊)

「금봉화상 영찬」(金峰和尙影贊)

「동곡화상 영찬」(東谷和尙影贊)

7) 시(詩) 450여 편

8) 가(歌)

「오도가」(悟道歌)

「심우송 1」(尋牛頌)

「심우송 2」(尋牛頌)

「참선곡」(參禪曲)

「가가가음」(可歌可吟)

「법문곡」

2. 경허 관련 저서

경허성우(편집), 『선문촬요』, 금정산 범어사, 1968.

경허성우선사법어집간행회(편), 『경허법어』, 인물연구소, 1981.

김길상(편), 『달마가 서쪽에서 온 까닭은?』, 홍법원, 1990.

김달진(편역), 『현대한국선시』, 열화당, 1987.

김영태, 『한국불교사』, 경서원, 1997.

김정휴, 『무상 속에 영원을 산 사람들』, 홍법원, 1969.

─── , 『한국고승평전』, 홍법원, 1982.

─── , 『백척간두에서 무슨 절망이 있으랴』, 명상, 1991.

─── , 『소설 경허 : 슬플 때마다 우리 곁에 오는 초인』, 불교시대사, 1992.

김진성(편), 『만공어록』, 약수암, 1976.

김진태, 『달을 듣는 강물』, 해냄, 1996.

김호성, 『방한암선사』, 민족사, 1995.

대동불교연구원(편), 『경허집』, 보련각, 1970.

만공문도회(편), 『만공법어 : 보려고 하는 자가 누구냐』, 묘광, 1983.

불일미술관, 『근세고승유묵』, 불일출판사, 1996.

서종범(편), 『조계종사 자료집』, 1989.

석명정(역), 『경허집』, 극락선원, 1990.

─── (역), 『한암집』, 극락선원, 1990.

─── , 『茶이야기 禪이야기』, 대원정사, 1994.

─── (역), 『근세한국고승서간집 : 삼소굴소식』, 극락선원, 1997.

윤청광, 『경허 큰스님 : 착한 일 많이 하게 그대가 부처일세』, 언어문화, 1996.

이능화, 『조선불교통사』, 신문관, 1918.

이종찬, 『한국불가 시문학사론』, 불광출판부, 1993.

이흥우, 『경허선사 : 공성의 피안길』, 민족사, 1996.

진성원담(역), 『경허선사법어 : 진흙소의 울음』, 홍법원, 1993.

최인호, 『길 없는 길』, 샘터, 1993.

한암대종사문집편찬위원회(편), 『한암일발록』, 민족사, 1996.

한암중원(찬)·연남거사(편저), 『선사 경허화상 행장』, 대한전통불교연구원, 1982.

3. 경허 관련 논문

고익진, 「경허당 성우의 도솔이생론과 그 시대적 의의 : 결동수정혜동생도솔동성 불과계사문을 소개하며」, 『한국미륵사상연구』, 동국대학교출판부, 1987.

권기종, 「한국선학의 재출발 : 방한암」, 『한국인물대계 9 : 현대의 인물』, 박우사, 1972.

권상로, 「한국선종약사」, 『백성욱 박사 송수기념 불교학논문집』, 동국대학교, 1959.

김경집, 「경허의 계율관 연구」, 『미천 목정배 박사 화갑기념논총 : 미래불교의 향 방』, 장경각, 1997.

김지견, 「선화라는 사족」, 『동국사상』 1, 1958.

──── , 「경허선사산고」, 『선무학술논집』 5, 1995.

김탄허, 「현대불교의 거인 : 방한암」, 『한국의 인간상 3 : 종교가·사회봉사자편』, 신구문화사, 1965.

김호성, 「결사의 근대적 전개 양상 : 정혜결사의 계승을 중심으로」, 『보조사상』 8, 1995.

목정배, 「경허」, 『옴』, 대원정사, 1985.

──── , 「만공활선」, 『옴』, 대원정사, 1985.

서경수, 「경허연구」, 『승가』 3, 1969.

──── , 「경허연구」, 『불교철학의 한국적 전개』, 불광출판부, 1990.

서종범, 「조선시대 선문법통설에 대한 고찰」, 『중앙승가대학 논문집』 1, 1992.

석지현, 「구법과 세속의 갈림길 : 경허」, 『한국인물대계 5 : 이조의 인물 3』, 박우 사, 1972.

성타, 「경허의 선사상」, 『숭산 박길진 박사 화갑기념 : 한국불교사상사』, 원광대 학교출판국, 1975.

──── , 「사라진 선을 되살리고 : 경허 스님」, 『늘 깨어 있는 사람』, 홍사단출판 부, 1984.

──── , 「경허선사」, 『한국불교 인물사상사』, 민족사, 1990.

———, 「경허 시대의 선과 결사」, 『진산 한기두 박사 화갑기념 : 한국종교사상의 재조명』, 원광대학교출판국, 1993.

———, 「경허선사의 선세계」, 『한국불교학』 22, 1997.

이기영, 「조선왕조 말기의 불교」, 『민족문화연구』 10, 1976.

이봉춘, 「조선 후기 선문의 법통고 : 경허의 법맥계보를 중심으로」, 『한국불교학』 22, 1997.

이은윤, 「경허선사」, 『한국불교의 현주소』, 여원출판국, 1985.

이종찬, 「경허대사론 : 기문 기시 시인적 역량을 중심으로」, 『조선시대 한시 작가론』, 이회문화사, 1996.

정광호, 「비운의 시대와 선승의 도력 : 송만공」, 『한국인물대계 8 : 현대의 인물』, 박우사, 1972.

정성본, 「만공선사의 생애와 선사상 연구」, 『한국불교학』 22, 1997.

정병조, 「근대선의 중흥조 경허」, 『보살도의 숨결 : 한국불교위인열전』, 대원정사, 1992.

지운, 「각자의 음행에 대한 소고 : 경허 스님의 계행에 대한 휴암 스님의 평가는 옳은가?」, 『승가』 12, 1995.

최병헌, 「조선시대 불교법통설의 문제」, 『한국사론』 19, 1988.

최성렬, 「한국선종의 중흥조 : 경허선사」, 『현대고승인물평전 상』, 불교영상회보사, 1994.

한중광, 「경허의 선사상 : 돈점관을 중심으로」, 『백련불교논집』 5 · 6, 1996.

———, 「지눌과 경허의 선사상 연구 : 선교관과 간화선관을 중심으로」, 『구산논집』 2, 1998.

———, 「경허성사의 사상체계와 한국선의 진로」, 『덕숭선학』 2, 2000.

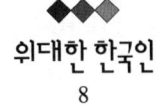

위대한 한국인
8

경허

부처의 거울 중생의 허공

지은이 **한중광**
펴낸이 **김언호**
펴낸곳 **(주) 도서출판 한길사**

등록 • 1976년 12월 24일 제74호
주소 • 413-756 경기도 파주시 광인사길 37
전화 • 02-955-2000~4
팩스 • 02-955-2005
www.hangilsa.co.kr
E-mail: hangilsa@hangilsa.co.kr

제1판 제1쇄 1999년 1월 20일
제1판 제8쇄 2015년 3월 20일

값 16,000원
ISBN 978-89-356-2097-5 04990
• 잘못 만들어진 책은 구입하신 서점에서 바꿔드립니다.